Penthesilea und ihre Schwestern

# The Language
# of Classical Literature

The titles published in this series are listed at *brill.com/tlcl*

# Penthesilea und ihre Schwestern

*Amazonenepisoden als Bauform des Heldenepos*

*von*

Susanne Borowski

## BRILL

LEIDEN | BOSTON

Library of Congress Cataloging-in-Publication Data

Names: Borowski, Susanne, 1967- author.
Title: Penthesilea und ihre Schwestern : Amazonenepisoden als Bauform des
    Heldenepos / von Susanne Borowski.
Description: Leiden ; Boston : Brill, [2022] | Series: The language of classical
    literature, 2590-2709 ; volume 35 | Originally presented as the author's thesis
    (doctoral) - Universiteit van Amsterdam, 2019. | Includes bibliographical
    references and index. |
Identifiers: LCCN 2021034463 (print) | LCCN 2021034464 (ebook) |
    ISBN 9789004472723 (hardback ; acid-free paper) | ISBN 9789004472747
    (ebook)
Subjects: LCSH: Amazons in literature. | Sex role in literature. | Epic poetry,
    Classical–History and criticism. | Intertextuality.
Classification: LCC PA3015.A55 B67 2022 (print) | LCC PA3015.A55 (ebook) |
    DDC 398/.352–dc23
LC record available at https://lccn.loc.gov/2021034463
LC ebook record available at https://lccn.loc.gov/2021034464

Typeface for the Latin, Greek, and Cyrillic scripts: "Brill". See and download: brill.com/brill-typeface.

ISSN 2590-2709
ISBN 978-90-04-47272-3 (hardback)
ISBN 978-90-04-47274-7 (e-book)

Printed by Printforce, United Kingdom

*Für Arianne*

∴

# Inhalt

# Dankwort

Die vorliegende Arbeit ist die leicht überarbeitete Fassung meiner Dissertation, die im Herbst 2019 von der Fakultät der Geisteswissenschaften der Universität von Amsterdam angenommen wurde.

Mein erster Dank gilt Prof. Dr. Irene de Jong und Dr. Mark Heerink. Vom Moment der Antragstellung an hat Prof. Dr. de Jong mich begeistert und gleichzeitig kritisch fordernd unterstützt. Ihre strukturierte Arbeitsweise und ihre unerschöpfliche Kenntnis der Literatur haben mich vor vielen Irrwegen bewahrt. Dr. Heerink war jederzeit bereit, meine Ideen ausführlich zu diskutieren. Seine kritische Offenheit und sein großer Enthusiasmus haben mich in vieler Hinsicht inspiriert.

Meine Eltern können die Vollendung meiner Arbeit leider nicht mehr miterleben, sind aber im Herzen immer bei mir. Sie haben die Basis für meine wissenschaftliche Neugierde gelegt.

Ich danke der Niederländischen Organisation für wissenschaftliche Forschung (NWO) für die Förderung dieser Arbeit mit Mitteln des Förderprogramms „Promotiebeurs voor Leraren". Ich danke auch OIKOS, der Niederländischen Forschungsgemeinschaft für Altertumswissenschaften, die mich von Beginn meines Projektes an in das sehr aktive Netzwerk der niederländischen Altertumswissenschaftler eingebunden hat.

Für die sorgfältige Korrektur des Manuskriptes danke ich Dr. Ursula Enderle, die mich insbesondere vor zahlreichen Niederlandismen behütet hat.

Ein besonderer Dank gilt Barbara de Vos, Dr. Wilbert Smulders, Dr. Aniek van den Eersten, Anna Mashi und den Mitgliedern des Amsterdamer Hellenistenclubs, die mir in verschiedenen Stadien der Arbeit durch ihr kritisches Lesen und ihre konstruktiven Kommentare geholfen haben, meine Argumentation zu überdenken und präzise zu formulieren. Auch der anonymen Gutachterin des Herausgebers gilt mein besonderer Dank für das gründliche Lesen und den konstruktiven Kommentar.

Meinen Freunden Dr. Niels Koopman und Dr. Suzanne Luger will ich nicht nur für ihr sorgfältiges Lesen, ihre Diskussionsbereitschaft und ihren kritischen Kommentar danken, sondern ganz besonders auch für ihre moralische Unterstützung.

Nicht genug danken kann ich meiner Freundin Dr. Roswitha Simons. Mit ihr konnte ich immer zuerst mein Textverständnis und meine Interpretation diskutieren. Sie ließ mir keine Nachlässigkeit im wissenschaftlichen Denken durchgehen und ermunterte mich unermüdlich, meinen eigenen Zugang zur Welt des Epos zu finden. Ohne ihre Unterstützung wäre diese Arbeit nicht geworden, was sie ist.

Ich widme diese Arbeit Arianne van den Berg, die mich durch alle Höhen und Tiefen des Schreibens als mein Fels in der Brandung begleitet hat.

# KAPITEL 1

# Einleitung

Am Anfang dieses Buches stand die Neugier nach Kriegerinnen im Epos, Frauen also, die sich in epischen Kampfhandlungen unter Einsatz ihrer Waffen behaupten. Es zeigte sich schnell, dass regelmäßig nicht nur die aus der Mythologie bekannten Amazonen, ein Volk berittener Kriegerinnen aus dem Schwarzmeergebiet, sondern auch andere kriegerische Frauen auftreten, die ihrerseits regelmäßig mit Amazonen verglichen und als solche dargestellt werden.[1] Die Aufmerksamkeit richtete sich damit auf die Amazonenkönigin Penthesilea und ihre kriegerischen Schwestern im Heldenepos. Die vorliegende Arbeit ist von einem doppelten Anliegen geprägt: Einerseits soll der Nachweis erbracht werden, dass Amazonenepisoden als eine Bauform des Epos zu betrachten sind. Andererseits wird untersucht, wie das Kämpfen der Amazonen gegendert ist.

Ethnische Amazonen[2] treten über Jahrhunderte in Kunst und Literatur des Altertums auf. Zunächst waren sie Gegenstand der Geschichtsforschung, die sich vor allem mit der Historizität der Figuren beschäftigte. Parallel dazu untersuchte die Mythosforschung ihre Funktion in der griechischen Welt und stellte dabei in der Regel fest, dass sie als Stellvertreter des Anderen gesehen werden müssten. Diese Forschung hat die zahlreichen philologischen Untersuchungen zu Amazonen in den einzelnen Epen lange Zeit stark geprägt. Erst in neuerer Zeit haben auch Erkenntnisse der Geschlechterforschung in der Analyse der Amazonen an Einfluss gewonnen. Eine umfassende Arbeit zu Amazonen im Heldenepos aus literaturwissenschaftlicher Perspektive fehlte jedoch bisher. Zahlreiche Forschungsbeiträge zu ethnischen Amazonen zielen darauf ab, an ihrem Beispiel die Geschlechterordnung der griechischen Gesellschaft zu

---

1  Diese Arbeit untersucht das Phänomen von Frauenfiguren, die in ihrer Hauptfunktion als Kriegerinnen auftreten. Neben diesen Amazonenkriegerinnen treten auch Göttinnen, allen voran Athene/Minerva, als Kriegerinnen auf. Darüber hinaus greifen auch andere Frauen zu den Waffen, wie zum Beispiel die Lemnischen Frauen in den Argonautenepen und in Statius' *Thebais* oder, in Lucanus' *Pharsalia*, die weniger bekannte Schwester Kleopatras, Arsinoë. Da ihre Hauptfunktion jedoch eine andere ist, werden sie in dieser Arbeit außer Betracht bleiben.

2  Zur Unterscheidung der zwei Gruppen Amazonenkriegerinnen werden in dieser Arbeit die Angehörigen des Amazonenvolkes aus dem Schwarzmeergebiet „ethnische Amazonen" genannt, die Kriegerinnen anderer Abstammung und örtlicher Herkunft „regionale Amazonen".

erklären. Kriegerische Frauen wurden dennoch meist als Ausnahmeerscheinung und selbst als Fremdkörper im antiken Epos betrachtet.[3] Als erstes Ergebnis der vorliegenden Studie lässt sich jedoch bereits zu Beginn der Arbeit festhalten, dass Amazonenepisoden über einen Zeitraum von mehr als tausend Jahren in verschiedener Ausgestaltung Teil sowohl des griechischen als auch des lateinischen Heldenepos sind und damit nicht einen Fremdkörper, sondern einen bisweilen kleinen, aber dennoch nicht zu vernachlässigenden Teil des Epos bilden. Die vorliegende Studie verfolgt deshalb den innovativen Interpretationsansatz, dass Amazonenepisoden als eine Bauform des Epos zu sehen sind.

Der Begriff der Bauform wurde in der Germanistik mit der wegweisenden Studie „Bauformen des Erzählens" von Eberhard Lämmert[4] eingeführt. Für die Altphilologie wurde das Analyseinstrument mit der Studie „Bauformen der griechischen Tragödie" von Walter Jens nutzbar gemacht.[5] In Bezug auf das Epos sind verschiedene Studien erschienen, die Strukturelemente des Epos bei einem Autor oder einer Gruppe von Autoren untersuchen.[6] Der Begriff „Bauform" (*structural element*) wurde in Bezug auf das Epos jedoch erst mit der 2019 erschienenen, groß angelegten Studie „Structures of Epic Poetry" unter der Herausgeberschaft von Christiane Reitz und Simone Finkmann etabliert, die sich als Teil der Diskussion von Intertextualität und Tradition des Epos versteht.[7] Die theoretische Diskussion und Einordnung des Begriffs „Bauform" als ein Element des Epos mit hohem Wiedererkennungswert, das intertextuell vernetzt ist und durch seine jeweilige Kontextualisierung unterschiedliche Bedeutungsebenen eröffnet, hat durch diese Studie einen neuen Ausgangspunkt erhalten.

Reitz und Finkmann unterscheiden verschiedene Typen von Bauformen, nämlich einerseits Kernstrukturen und andererseits epische Strukturen, die mit dem Handlungsgerüst des Epos verbunden sind.[8] Die Kernstrukturen charakterisieren sie folgendermaßen: „they occur within epic poems, providing unity and coherence to the plot. On occasion they also comment on the narrative proper or offer the path for pro- and analeptic extensions of the storyline".[9] Hierzu gehören zum Beispiel der Musenanruf, Kataloge oder Genealogien. In

---

3  Sharrock 2015, 157, fasst die geläufigen Positionen prägnant zusammen.

4  Lämmert 1955.

5  Jens (Hg.) 1971.

6  Zum Beispiel Bettenworth 2004, Lovatt 2005, Maciver 2012.

7  Reitz, Finkmann (Hg.) 2019. Vgl. insbesondere Reitz, Finkmann 2019a, 24. Braun 2010 benutzt bereits den Begriff „Bauform", unterbaut ihn aber nicht theoretisch.

8  Reitz, Finkmann 2019a, 7–8.

9  Reitz, Finkmann 2019a, 7.

die zweite Kategorie der Bauformen, also Strukturen, die mit dem Handlungsgerüst des Epos verbunden sind, ordnen sie sowohl „typische Szenen" ein, die
mit Krieg (*Battle Scenes*[10]), Ankunft oder Abschied zu tun haben, als auch über-
geordnete Begriffe wie Zeit, Raum und Kommunikation, die sie narratologisch
verorten. Die Kriegerinnen der Amazonenepisoden gehören in den Kontext der
*Battle Scenes*.[11]

Eine Studie zu Amazonenepisoden im Heldenepos wird unmittelbar damit
konfrontiert, dass das Heldenepos sowohl in der antiken Theoriebildung als
auch in der Forschung als männliches Genre par excellence gilt.[12] Das Heldenepos wird genreimmanent mit den Begriffen κλέα ἀνδρῶν (Heldentaten
der Männer, Hom. *Il.* 9.189) und *arma uirumque* (die Waffen und den Mann,
Verg. *Aen.* 1.1) charakterisiert, in der antiken Literaturtheorie werden *res gestae
regumque ducumque et tristia bella* (Taten von Königen und Anführern und
betrübende Kriege, Hor. *ars* 73) als Gegenstand des Epos genannt. Im Zentrum
des Epos steht damit einerseits die Bewährung von Männern in unterschiedlichen Aufgabenbereichen (*res gestae regumque ducumque*) und andererseits
Krieg und Streit. Diese zwei Aspekte werden, beruhend auf der Annahme, dass
„Krieg und Streit" unzweideutig der Kategorie „biologisch männlich" zuzuordnen seien, in der Forschung gewöhnlich als Einheit gesehen. Das im männlich dominierten Heldenepos regelmäßig auftretende Phänomen „Amazone",
also das Auftreten einer Frau, die bewaffnet in den Streit zieht und sich im
Kampf bewährt, provoziert jedoch die Frage, ob Kriegertum im Heldenepos
ausschließlich der Kategorie „biologisch männlich" zugeordnet werden kann.
Diese Frage soll mit Hilfe eines Ansatzes aus den Geschlechterstudien untersucht werden.

Als interdisziplinäres Fachgebiet umfassen die Geschlechterstudien zahlreiche fachspezifische Fragestellungen. Gemeinsam ist ihnen die Frage, auf wel-

---

10    Reitz, Finkmann (Hg.) 2019, Vol. ii, Kapitel 2.1.

11    Vgl. Reitz, Finkmann 2019b, 8: „Other interesting topics could have been personalised
      battle sequences that focus on one particular group of characters, like Titanomachies,
      Gigantomachies, or Amazonian warfare, and the role of women in battle more generally".

12    In der Forschung wird Frauen eine eingeschränkte Bandbreite an (Hilfs-)Funktionen im
      Epos zuerkannt. Foley 2005 nennt als ihre wichtigsten Rollen: „Blockers and Helpers",
      „Mothers and Sons", „Wives", „Women in Love", „Mourners" und „Women as Narrators".
      Unter der Überschrift „Warriors and Leaders" fasst sie alle Amazonendarstellungen (abge-
      sehen von Penthesilea bei Quintus Smyrnaeus) unter dem Nenner „the monstrosity of the
      armed female" zusammen, ebd., 114. Die Studie *Women and War in Roman Epic* von Elina
      Pyy (Pyy 2021) konnte vor Drucklegung der vorliegenden Arbeit leider nicht mehr berück-
      sichtigt werden.

che Weise Geschlecht konstruiert wird und welche Auswirkungen diese Konstruktion in verschiedenen sozialen, kulturellen, historischen und politischen Zusammenhängen hat.[13] Eine auch nur annähernd vollständige Präsentation des Forschungsstandes würde den Rahmen dieser Einleitung sprengen[14], es sollen jedoch in aller Kürze zwei Herangehensweisen skizziert werden, die grundsätzlich verschieden mit den Konzepten „männlich" und „weiblich" umgehen.

In der Nachfolge Julia Kristevas sind zahlreiche strukturalistisch oder psychoanalytisch geprägte, oft feministische Forschungsbeiträge erschienen, denen eine dichotomische Weltsicht zugrunde liegt, in der die Konzepte „männlich" und „weiblich" als Ordnungsprinzip fungieren.[15] Als eine Reaktion hierauf hat Judith Butler ein nonbinäres Konzept entwickelt, in dem sie erstmals den Begriff der Performativität auf den Geschlechterdiskurs angewendet hat. Sie geht davon aus, dass Geschlecht keine biologische Kategorie ist, sondern erst durch Sprechakte entsteht.[16] Butler hat damit nicht nur das binäre System von „männlich" und „weiblich", sondern auch die Dichotomie von Sex und Gender[17] grundsätzlich in Frage gestellt und damit einen wichtigen Impuls für die Entwicklung der Geschlechterstudien gegeben.

Die vorliegende Arbeit untersucht, wie das Phänomen „Kämpfen" in den Amazonenepisoden gegendert ist, also wie es sich zu den Kategorien „männlich" und „weiblich" verhält. Wichtig in diesem Zusammenhang ist das Konzept transgendered, das zunächst in der Politikwissenschaft von Georgia Duerst-Lahti und Rita Mae Kelly entwickelt wurde.[18] Duerst-Lahti und Kelly beziehen sich – unter einigen Vorbehalten[19] – in ihrer Studie zu Führungsqualitäten auf die Theorie von Butler und definieren Gender dynamisch als „an action ocurring between people in a particular setting."[20] Das Adjektiv transgende-

---

13   Vgl. die grundlegenden Artikel von Scott 1986 und Scott 2010.

14   Grundlegend zu Gender aus soziologischer Perspektive vgl. Connell, Pearse 2015. Zu Geschlechterforschung allgemein vgl. Schössler 2008, zu Geschlechterforschung und Literaturanalyse Nünning, Nünning (Hg.) 2004, zu Geschlechterforschung und Altertumswissenschaften vgl. Feichtinger 2002, Holmes 2012, Foxhall 2013 mit weiterführender Literatur.

15   Vgl. Goldberg 1998, 89. Zentrale Forschungsbeiträge sind Loraux 1989, Zeitlin 1996.

16   Butler 1991, 49.

17   Da es in der deutschen Sprache keine entsprechenden Begriffe gibt, werden in dieser Arbeit die englischen Begriffe Sex und Gender benutzt. Sex bezeichnet hier das biologische Geschlecht, während mit Gender das soziale Geschlecht benannt wird, das sich in einer Gesamtheit von Eigenschaften und Verhaltensweisen äußert, die ihrerseits kulturell geprägt sind.

18   Duerst-Lahti, Kelly 1995.

19   Duerst-Lahti, Kelly 1995, 16–17 und 37 (Fußnote 17).

20   Duerst-Lahti, Kelly 1995, 17.

*red*[21] charakterisiert eine Handlung, Tätigkeit oder gesellschaftliche Position als angemessen für beide sozialen Geschlechter. Die allgemeine Rollenerwartung, die an das Geschlecht gebunden ist, bleibt aber in der Beurteilung des Handelns relevant. Ein modernes Beispiel für eine Tätigkeit, die gemeinhin als *transgendered* eingeordnet wird, ist das Tragen politischer Verantwortung. Politische Tätigkeit ist sowohl für Männer als auch für Frauen akzeptiert, in der Beurteilung ihres Auftretens spielt jedoch das Geschlecht des Politikers oder der Politikerin immer eine Rolle.[22]

Der Begriff *transgendered* wird von Duerst-Lahti und Kelly abgesetzt gegen das Phänomen des *sex-role-crossover*. Der Begriff *sex-role* bezeichnet die Rollenerwartungen, die an das Verhalten eines Mannes oder einer Frau gestellt werden, im Deutschen wird dies mit „Geschlechterrolle" ausgedrückt. Mit *sex-role-crossover* wird negativ konnotiert eine Handlung bezeichnet, bei der sich eine Person eine Rolle (*role*), die eigentlich dem anderen Geschlecht (*sex*) vorbehalten ist, aneignet.[23] Mit *sex-role-crossover* wird also grenzüberschreitendes Verhalten in Bezug auf Geschlechterrollen angedeutet. Zwischen diesen beiden Polen befindet sich ein Bereich, der als *gender-neutral* charakterisiert wird. *Gender-neutral* bedeutet, dass keine Bedeutungszuweisung aufgrund von Geschlechtszugehörigkeit stattfindet. Duerst-Lahti und Kelly betrachten dies als theoretische Möglichkeit ohne praktische Bedeutung.[24] Barbara McManus hat das Konzept *transgendered* auf die Literaturwissenschaft übertragen und damit, von der Forschung weitgehend unbemerkt, für die Analyse von Geschlechterrollen im Epos eine zentrale Kategorie entwickelt, die auch in dieser Arbeit angewendet wird.[25]

---

21   Der Begriff *transgendered* sollte nicht mit dem auch im deutschen Sprachgebrauch eingebürgerten *transgender* verwechselt werden. Im deutschen Sprachgebrauch wird *transgender* (also nicht *transgendered*) sowohl als Substantiv als auch als Adjektiv benutzt. Als Adjektiv bedeutet es: „sich nicht mit dem bei Geburt zugewiesenen Geschlecht identifizierend; oft eine binäre Auffassung von Geschlecht ablehnend", Dudenredaktion (o. J.). Abgerufen am 22. Februar 2021 von https://www.duden.de/rechtschreibung/transgender.

22   Vgl. Duerst-Lahti, Kelly 1995, 28: „By transgendered we mean that while it may seem appropriate for both men and women to display a particular trait or behavior, its meaning will not be understood the same."

23   Vgl. Duerst-Lahti, Kelly (Hg.) 1995, 6: „*Sex-role-crossover* occurs when a man or a woman acts in a manner 'appropriate' for the 'opposite' sex. This concept is embedded in assumptions about rigidly prescribed social roles based upon dualistically fixed biological sex."

24   Duerst-Lahti, Kelly 1995, 28: „Given the climate for gender today *traits and behaviors cannot be neutral*; they can best be understood as transgendered" (Hervorhebung im Original).

25   McManus 1997, 91–118.

Amazonen gehören zu den bekanntesten Gestalten der griechischen Mythologie und sind unzählige Male abgebildet.[26] Die antike Historiographie verortet sie als Volk berittener Kriegerinnen meist an der südlichen Schwarzmeerküste im Gebiet des Flusses Thermodon (modern: Terme).[27] Zentrales Thema der Amazonenforschung war zunächst die Frage nach ihrer Historizität.[28] Exemplarisch für die Diskussion, ob Amazonen tatsächlich existiert haben, sollen zwei Studien vorgestellt werden, die die beiden Pole der Diskussion repräsentieren: Josine Blok „The early Amazons: modern and ancient perspectives on a persistent myth" und Adrienne Mayor „The Amazons: lives and legends of warrior women across the ancient world".[29] Bloks Studie, die sich mit der Entwicklung der Amazonendarstellung im archaischen Griechenland beschäftigt und großen Einfluss auf spätere Forschungsbeiträge ausgeübt hat, soll als erste vorgestellt werden. Mit großer Sorgfalt hat Blok systematisch archäologische und literarische Quellen zum Thema gesammelt. Sie vertritt dezidiert die Position, dass Amazonen mythische Figuren seien, und verfolgt die Entwicklung des Mythos in vier Kapiteln, in denen sie zunächst die von Homer geprägte Formel Ἀμαζόνες ἀντιάνειραι (Amazonen, Männern ebenbürtig, Hom. *Il.* 3.189 und Hom. *Il.* 6.186) untersucht und danach in je einem Kapitel die Amazone Penthesilea, die Einordnung der *Ilias*-Passagen um Priamus und Bellerophon und schließlich den Kampf des Hercules gegen die Amazonen behandelt. Der umfassende Literaturüberblick soll zeigen, „what obstacles have prevented professional critics from perceiving the Amazons as mythical in the very sense of the word."[30] Problematisch aus einer von den Fragestellungen der Geschlechterstudien geprägten Perspektive ist die in der gesamten Studie als gegeben vorausgesetzte und deshalb nicht hinterfragte Prämisse sowohl unveränderlicher als auch normativer Geschlechterverhältnisse.[31] Dieser Ausgangspunkt führt in Kombination mit der starken Betonung des mythologischen Charakters der Amazonen dazu, dass Blok die Amazonen in erster Linie in einer Hilfsfunktion für männliche Protagonisten wahrnimmt.[32] Hieraus erwachsen einseitige

---

26    Vgl. von Bothmer 1957 und LIMC I.2, 440–532.
27    Belege bei Toepffer 1894, Sp. 1755–1758. Zu Amazonen als Städtegründerinnen in Kleinasien vgl. ebd. und Fornasier 2007, 78–88.
28    Vgl. den Forschungsüberblick bei Blok 1995, 21–143. Vgl. auch Dowden 1997, Testart 2002, Leduc (Hg.) 2008, Lebedynsky 2009.
29    Blok 1995, Mayor 2014.
30    Blok 1995, VIII.
31    Vgl. Goldberg 1998, 89. Zur Zeitgebundenheit von Genderkonstruktionen vgl. Scott 2010, Holmes 2012, 1–13.
32    Dieser Ansatz liegt zahlreichen Publikationen zugrunde. Vgl. Dowden 1997, 120, Schneider, Seifert 2010, Taube 2013.

Interpretationen, in denen sie ihre wichtigen Beobachtungen in den Schluss-
folgerungen unnötig relativiert. Einige Betrachtungen zu Bloks Analyse der
Figur Penthesileas, die sie aus verschiedenen Texten konstruiert, sollen dies
illustrieren. Blok räumt zwar ein, dass ein Kampf zwischen einer Amazone
und einem griechischen Helden als Kampf zweier ebenbürtiger Gegner ein-
geschätzt werden müsse[33], sie geht aber dennoch davon aus, dass eine Frau
auf dem Schlachtfeld grundsätzlich fehl am Platze sei.[34] Dies zeige sich auch
in der Konfrontation zwischen Penthesilea und Achilles, zu der Blok feststellt:
„Representations of the duel confirm the male entitlement to [andreia] and
glory which is Achilles' due. Penthesileia dies. Her [thumos] leaves her body,
and all that is left on the field of battle is a female corpse."[35] Den Tod Penthesileas sieht Blok als Bestätigung eines männlichen Vorrechts auf Kriegsruhm. Der
Blick auf eine Interpretation des Kampfes als Begegnung eines der größten Helden der griechischen Mythologie mit einer würdigen Gegnerin ist durch Bloks
normative Prämisse eines sexuell aufgeladenen Mann-Frau-Gegensatzes ver-
stellt, wie meine Analyse der entsprechenden Szene in den *Posthomerica* des
Quintus Smyrnaeus zeigen wird.

Anders als Blok geht Mayor aufgrund der zahlreichen Zeugnisse für die Existenz von Amazonen in den an die zentralasiatischen Steppen angrenzenden
Kulturkreisen von einem historischen Hintergrund der Figuren aus. Einleitend
zu ihrer umfassenden Studie fragt Mayor deshalb, wer die Amazonen über-
haupt seien, und gibt einen Überblick über die sehr vielfältigen Darstellungen in der griechisch-römischen Welt: In kriegerischen Situationen rüsten sich
Amazonen zum Kampf, kämpfen zu Fuß, zu Pferd und vom Streitwagen aus,
sowohl an der Seite der Griechen als auch als deren Gegner, sie retten ihre
Kameradinnen oder fallen im Streit. In Alltagssituationen treten Amazonen
bei sportlichen Wettkämpfen auf, führen religiöse Handlungen aus, schwimmen und kleiden sich an. Archäologisch wurden sogar Amazonenpuppen als
Grabbeigaben in Mädchengräbern gefunden.[36] Mayor präsentiert als „popular
misconceptions" von Amazonen, dass Amazonen eine Brust entfernt hätten,
um besser kämpfen zu können, dass sie ein Volk männerhassender Jungfrauen
seien oder dass sie als Symbolfiguren der griechischen Phantasie entsprun-

---

33    Vgl. Blok 1995, 279: „The male element in the Amazons is completely like that of Greek
        men: Ares inspires both the Amazons and Greek men to battle."

34    Blok 1995, 281.

35    Blok 1995, 286. Blok setzt in ihrem Text die Transliterationen griechischer Begriffe in eckige
        Klammern.

36    Mayor 2014, 17–33.

gen seien.[37] Sie zeigt, dass Amazonen in der antiken Historiographie mit Skythen identifiziert wurden[38], und untersucht deshalb die Zeugnisse über historische Kriegerinnen, die als Teil nomadischer Reitervölker die eurasischen
Steppen nördlich des Schwarzen Meeres bewohnten.[39] Im dritten Kapitel stellt
sie Erzählungen über individuelle Amazonen zusammen und präsentiert die
mythologisch-literarische Überlieferung vor dem Hintergrund ihrer bisherigen
Ergebnisse, im vierten Kapitel behandelt sie vergleichbare Erzählungen aus
dem nichtgriechischen Kulturraum. Mayor hat das archäologische und literarische Material zur Darstellung der Amazonen in enzyklopädischer Vollstän-
digkeit zusammengetragen und kritisch gesichtet und so einen Zusammenhang zwischen nomadischen Reitervölkern und der Amazonenüberlieferung
der griechisch-römischen Welt plausibel gemacht. Es bleibt jedoch kritisch
anzumerken, dass ihr Umgang mit den Quellen mit Vorbehalt zu betrachten
ist, weil sie regelmäßig zeitlich und örtlich weit auseinanderliegende Texte und
andere Quellen zu einer geradlinigen Gesamtdarstellung einer Figur zusam-
menfügt. Hierbei geraten der Interpretationszusammenhang und die Aussage
der einzelnen Darstellungen in den Hintergrund.[40]

Neben der Frage nach der Historizität der Amazonen wurde in der Forschung
auch die Frage nach ihrer Bedeutung und Rolle im griechischen Mythos
gestellt. In der Regel werden die Amazonen dabei als Stellvertreter des Anderen
aufgefasst.[41] Als Exponenten dieses Ansatzes sind wiederum zwei Studien von
besonderem Interesse, nämlich „Centaurs and Amazons. Women and the Pre-
History of the Great Chain of Being" von Page DuBois und „Amazons. A Study
in Athenian Mythmaking" von William Blake Tyrrell, deren Zugriff auf den
Mythos in der Tradition des Strukturalismus steht.[42] Seit der Veröffentlichung
dieser Studien sind zwar auch zahlreiche neuere Publikationen zu Amazonen
und Mythos erschienen[43], die Arbeiten von DuBois und Tyrrell sind jedoch
in der literaturwissenschaftlichen Forschung zu Amazonenfiguren besonders
stark rezipiert worden, weil sie das Phänomen „Amazone" konzeptuell untersuchen.

---

37  Siehe *popular misconceptions*: Mayor 2014, 21, *man-hating virgins*: ebd., 25, *symbolic figu-
    res*: ebd., 26, *a purely Greek invention*: ebd., 29.
38  Mayor 2014, 44–51.
39  Mayor 2014, 63–246.
40  Vgl. Keith 2016, 176.
41  Vgl. zum Beispiel Bremer 2000, Preußer 2010, Ivantschik 2013.
42  DuBois [1982] 1991, Tyrrell 1984. Scharfe Kritik an beiden Studien sowohl bezüglich der
    Methode als auch bezüglich der Resultate äußert Lefkowitz 1986.
43  Vgl. zum Beispiel Graf 1984, Hardwick 1990, Dowden 1997, Leduc (Hg.) 2008, Penrose 2016.

DuBois konstatiert in der griechischen Gesellschaft im vierten vorchristlichen Jahrhundert eine Entwicklung vom dichotomischen zum hierarchischen Denken.[44] Amazonen und Kentauren, die sie als vergleichbare „enemies of civilization"[45] betrachtet, werden von DuBois vor allem in zwei Funktionen gesehen: Sie geben ihr zufolge als kontrastive Folien Aufschluss über die Auffassung der Griechen von der Ehe, und sie werden pejorativ als Vertreter der Perser eingesetzt, weil in repräsentativen Bauwerken die Darstellung historischer Ereignisse verpönt sei.[46] Auch für Tyrrell bieten Mythen Erklärungen für alltägliche Phänomene. Amazonen sieht er in dieser Hinsicht als Musterbeispiel des Mythos, und er schreibt ihnen eine doppelte Funktion zu: Sie erklären ihm zufolge den Sieg der Athener über die Perser als Sieg von Kultur über das Barbarentum, und sie erklären das Institut der Ehe als Mittel, um weibliche Sexualität zu kontrollieren.[47] Trotz der inhaltlichen Nähe der beiden Studien fehlt bei Tyrrell eine kritische Auseinandersetzung mit DuBois.[48]

Sowohl Blok als auch DuBois und Tyrrell interpretieren Amazonen also als Repräsentanten des Anderen. In allen drei Studien wird damit Alterität thematisiert[49], nämlich als der Aspekt des Nichtgriechischen der Amazonen und als der Aspekt des Nichtmännlichen der weiblichen Kriegerinnen. Für den Aspekt des Nichtgriechischen wird in der vorliegenden Arbeit der Begriff „ethnische Alterität" benutzt, für den Aspekt des Nichtmännlichen der Begriff „Genderalterität". Methodisch fragwürdig in den genannten Studien ist, dass für die negative Deutung der Amazonen als „das Andere" die Existenz eines unveränderlichen Standards „griechischer Mann" oder „griechische Gesellschaft" vorausgesetzt werden muss. Der implizite Ausgangspunkt ist zudem, dass Alterität grundsätzlich negativ konnotiert sei. Die hiermit verbundene Interpretation der Amazonen als defizitär ist jedoch unbefriedigend, weil sie keine Erklärung für die zahlreichen inner- und außerliterarischen Zeugnisse wertfreier oder positiver Amazonendarstellungen bietet.[50]

---

44  Vgl. DuBois [1982] 1991, 150–152.

45  DuBois [1982] 1991, 63.

46  Zur Ehe: DuBois [1982] 1991, 40–42, zu den Persern: DuBois [1982] 1991, 49–71, bes. 56. Gegen die Interpretation von Amazonenabbildungen als Symbole für Perser argumentiert Mayor 2014, 279–283. Für eine differenzierte Analyse aus archäologischer Perspektive vgl. Goldberg 1998.

47  Tyrrell 1984, 125.

48  Vgl. Lefkowitz 1986, 82.

49  Einführend zum Begriff der Alterität Wierlacher (Hg.) 1993 und zum Verhältnis zwischen Geschlecht und Ethnien Ulf, Rollinger (Hg.) 2002.

50  Vgl. Goldberg 1998, 95.

Einen anderen Umgang mit dem Phänomen des Anderen entwickelt der
Archäologe Tonio Hölscher, der den Begriff der „Gegenwelt" einführt und damit
„den konzeptuellen Charakter von Alterität" hervorhebt.[51] Hölscher setzt dieses Konzept auch zur Interpretation der Amazonen ein, deren Darstellung er
mit der Darstellung griechischer junger Frauen vergleicht. Wie DuBois und
Tyrrell sieht er einen Zusammenhang mit der griechischen Ehepraxis, kommt
aber aufgrund seines methodischen Zugriffs zu anderen Resultaten. Aus seiner
Analyse ganz unterschiedlicher Amazonenabbildungen zieht er die Schlussfol-
gerung: „In allen diesen Bildern demonstrieren die Amazonen rein griechische
Wertvorstellungen, ohne irgendwelche negative Vorzeichen. Und was dabei
entscheidend ist: Dies ist nicht eine Verkehrung männlicher Werte in die Welt
der Frauen, sondern in den Bildern der Amazonen werden genuin weibliche
Ideale zum Ausdruck gebracht." Im Sinne der Geschlechterstudien attribuiert
Hölscher das Idealbild des athletischen Körpers neu, indem er in Bezug auf die
Darstellungen griechischer junger Frauen feststellt: „Der trainierte, leistungs-
fähige Mädchenkörper war [...] ein gesellschaftliches Leitbild, das in festen
Ritualen verankert war."[52] Dementsprechend sieht er die Amazonen in der
griechischen Kunst nicht als Vertreter feindlicher Kulturen oder als Mittel zur
Regulierung weiblicher Sexualität dargestellt, sondern als Präfiguration eines
agonalen Ideals junger Frauen, die sich auf Hochzeit und Ehe vorbereiten.[53]
Hölscher bezieht in seine Interpretation Abbildungen ein, die meist unberücksichtigt bleiben, und eröffnet mit seiner Präsentation der Amazonen als positi-
ves Rollenmodell für Frauen einen neuen Blick auf die Darstellung der Amazonen, der auch für die Analyse von Kriegerinnen aus literaturwissenschaftlicher
Perspektive fruchtbar sein kann.

Gegenstand der soeben behandelten Studien aus Geschichtsforschung, Mythosforschung und Archäologie sind ethnische Amazonen. In den Amazonenepisoden des Epos treten jedoch, wie eingangs erwähnt, auch regionale Amazonen auf, also Kriegerinnen, die örtlicher Herkunft sind, in ihrem Handeln
und Auftreten jedoch den Amazonen aus dem Schwarzmeergebiet ähneln und
in den Epen auch mit ihnen verglichen werden. Diese regionalen Amazonen
werden oftmals vor dem Hintergrund der Forschungsergebnisse zu historischen und mythologischen Amazonen interpretiert. Es sind zahlreiche Studien
zu einzelnen Figuren erschienen, in denen meist Genderalterität, regelmäßig

---

51    Hölscher (Hg.) 2000, 11.
52    Hölscher 2000, 298–299.
53    Hölscher 2000, 300. Hölschers Interpretation bietet auch eine Erklärung für die von Mayor
      genannten Amazonenpuppen als Grabbeigaben für Mädchen, siehe oben S. 7.

auch ethnische Alterität oder eine Kombination beider Bereiche im Zentrum des Interesses stehen. Die Amazonen werden regelmäßig als Negativfolie zur griechisch-römischen Kultur interpretiert, ihr Handeln wird aufgrund nicht reflektierter Annahmen über Männer, Frauen oder Geschlechterverhältnisse beurteilt, und vor allem ihr Kämpfen wird als Zeichen weiblicher Grenzüberschreitung gesehen. In der literaturwissenschaftlichen Analyse aller Epen führt dies zu verzerrten Einschätzungen und Darstellungen, die im Folgenden mit einigen Beispielen vorgestellt werden sollen.

Zu Camilla in Vergils *Aeneis* gibt es unzählige Interpretationsbeispiele, die Camillas Alterität herausstreichen. Dies ist insbesondere wichtig, weil die Camilla Vergils vorbildhaft für andere Amazonendarstellungen ist und damit ihre Interpretation auch für andere Amazonenfiguren von Belang ist. An dieser Stelle sollen zwei Positionen exemplarisch vorgestellt werden, in denen die Betonung auf als frauenspezifisch oder grenzüberschreitend wahrgenommenem Verhalten liegt. Grace Starry West[54] geht davon aus, dass in der Episode um Camilla sowohl ein Ost-West-Konflikt als auch ein Mann-Frau-Konflikt ausgetragen werde, und interpretiert die Figur damit in doppelter Hinsicht als das Andere. Vergil müsse aufgrund des Gedankens westlicher Superiorität die Spuren östlicher Wurzeln der aus Troja stammenden Römer kaschieren. Er tue das, indem er sowohl Camilla als auch einige andere – trojanische – Figuren sterben lasse.[55] Camilla sei durch ihr Geschlecht als das Andere markiert und repräsentiere als Frau den verweichlichten, weibischen Osten. West geht nicht nur davon aus, dass „[m]en want booty; women want pretty ornaments", sie suggeriert darüber hinaus, dass Camilla selbst den Unterschied nicht kenne: „The ultimate oddity of her love [erg.: for booty] lies in the fact that it has been aroused by Chloreus, a travesty of femininity attempting to appear manly. Camilla mistakes the womanish for the womanly, the merely mannish for true manliness."[56] In Wests Interpretation ist es für Camilla unmöglich, Ruhm als Kriegerin zu erwerben, denn wenn sie im Kampf schöner Beute nachjagt, sei diese nicht mehr Beute, sondern nur noch schön und damit kein Zeichen mehr für „Männlichkeit" im Sinne von Bewährung im Kampf, sondern für die Anmaßung von Männlichkeit. Als Frau versage sie ebenfalls, weil sie als Schmuck nicht den angemessenen „pretty ornaments" nachstrebe, sondern einer „travesty of femininity". Eine Interpretation außerhalb der engen Grenzen normativer Männlichkeit und Weiblichkeit wird einen neuen Blick auf Camilla eröffnen.

---

54 West 1985.
55 West 1985, 28.
56 West 1985, 24.

Auch Nicholas Horsfall betont die Alterität Camillas und sieht sie vor allem in Genderalterität. Er weist im Zusammenhang mit ihrem Auftritt am Ende des Italikerkatalogs im siebten Buch der *Aeneis* auf Parallelen mit anderen Katalogen hin und fragt: „Is there even a tiny literary jest? Penthesilea, Artemisia and C. arrive last (and the latter late, too, **hos super** [Hervorhebung im Original]), precisely because they are female and here the poet does after all lay stress on the splendour of C.'s appearance!"[57] Den einschlägigen Grammatiken und Lexika zufolge bezeichnet *super* weder als Adverb noch als Präposition ein „Zu-spät-Sein".[58] Horsfalls Aussage ist aufgrund der Bedeutung von *super* also philologisch fragwürdig und zudem geleitet von der unproblematisiert auf die vorliegende Stelle übertragenen, populären Annahme, dass Frauen viel Zeit auf ihr Äußeres verwendeten und deshalb regelmäßig zu spät kämen. Meine Analyse der Passage wird zeigen, dass die Positionierung Camillas im Katalog anders zu interpretieren ist.

Auch in der Analyse der flavischen Epen spielt die Betonung von Alterität eine wichtige Rolle. Antony Augoustakis[59] geht in seiner Studie zu Frauen im flavischen Epos von Kristevas Analyse des Zusammenhangs zwischen Mutterschaft und Fremdheit aus und behandelt aus dieser psychoanalytisch geprägten, dichotomischen Perspektive auch Asbyte in Silius Italicus' *Punica*. Er interpretiert Asbyte als Verkörperung des Anderen in jeder Hinsicht: Als Frau sei sie im Patriarchat marginalisiert, als Nordafrikanerin stehe sie konträr zur römischen Kultur und als kämpfende Frau habe sie keinen Platz im Epos. Asbyte sei „the displaced female, a foreigner in a foreign land, in an alien landscape, that of epic poetry."[60] Augoustakis' Interpretation betont Aspekte Asbytes, die seine Auffassung unterstützen, während er andere Bereiche der Darstellung ausblendet. Es wird zu zeigen sein, dass ein weniger statisches Bild der Geschlechterverhältnisse eine Interpretation ermöglicht, die alle Aspekte dieser Figur berücksichtigt.

Die zentrale Rolle des Epos in der antiken Literatur ist kaum zu überschätzen. Das Heldenepos bewahrt und überliefert nicht nur die heroische Vergangenheit, es kommentiert auch die Gegenwart, in der es verfasst wird, und trägt in seiner eigenen Zeit und der Zeit des jeweiligen Publikums zu Identitätsbildung

---

57   Horsfall 2000, 526–527.
58   Vgl. zum Beispiel Kühner, Stegmann [1912] 1962, Teil 1, 572–574, und Baier (Hg.) 2013, Bd. 2, 4596–4597.
59   Augoustakis 2010.
60   Augoustakis 2010, 126.

von Individuum und Gesellschaft bei.[61] Kriegerische Auseinandersetzungen formen bereits in der antiken Wahrnehmung ein konstituierendes Element des Heldenepos, wie sich aus genreimmanenten Beschreibungen mit den Begriffen κλέα ἀνδρῶν (Heldentaten der Männer, Hom. *Il.* 9.189) oder *arma uirumque* (die Waffen und den Mann, Verg. *Aen.* 1.1) ableiten lässt. In der antiken Literaturtheorie werden *res gestae regumque ducumque et tristia bella* (Taten von Königen und Anführern und betrübende Kriege, Hor. *ars* 73) als Gegenstand des Epos genannt, und auch die moderne Forschung folgt dieser Wahrnehmung.[62] Im Zentrum des Heldenepos steht damit die Bewährung von Männern in Krieg und Streit. Auffällig ist, dass in diesen Epen immer auch Amazonenkriegerinnen auftreten. Diese können in kurzen Episoden erscheinen, aber auch eine handlungstragende Rolle erfüllen. Die Epen, in denen Amazonen auftreten, formen den Kern dieser Studie: Homers *Ilias*, Apollonius Rhodius' *Argonautica*, Vergils *Aeneis*, Valerius Flaccus' *Argonautica*, Statius' *Thebais*, Silius Italicus' *Punica* und schließlich Quintus Smyrnaeus' *Posthomerica*. Darüber hinaus wird mit der *Aithiopis* auch ein Werk aus dem nur fragmentarisch erhaltenen Epischen Zyklus in die Analyse einbezogen. Warum in der *Odyssee* ebenso wenig wie in Lucanus' *Pharsalia* Amazonen auftreten, wird in der Schlussbetrachtung reflektiert.

In der Forschung zu Kriegerinnen spielen Genderalterität und ethnische Alterität eine bestimmende Rolle, wie sich in den vorgestellten Studien abzeichnete. Das Auftreten von Frauen, die an Kriegshandlungen teilnehmen, wird immer wieder als weibliche Grenzüberschreitung (*sex-role-crossover*) interpretiert. Ziel der vorliegenden Studie ist es, die Tradition der Amazonendarstellung mit ihren zentralen Elementen in den genannten Heldenepen aufzuzeigen. Die Analyse richtet den Blick auf die intra- und intertextuellen Beziehungen und will so einerseits die Hypothese der Amazonenepisoden als Bauform überprüfen und andererseits herausarbeiten, wie das Kämpfen der Amazonenfiguren durch die Zuordnung „männlicher" bzw. „weiblicher" Attribute und Eigenschaften gegendert ist.[63] Das wichtigste Analysemittel ist der intertextuelle Vergleich in Kombination mit den vorgestellten Konzepten der

---

61  Zu Epos vgl. Foley (Hg.) 2005, insbesondere die Artikel zu Genre (Martin 2005) und antiker Rezeption (Lamberton 2005). Zum Verhältnis von Geschichte und Mythos vgl. Raaflaub 2005, Konstan, Raaflaub (Hg.) 2010. Zum Heldenepos vgl. Bowra [1952] 1966, Hatto 1991, Hainsworth 1991, Ulf 2003, Nethercut 2019.

62  Vgl. Reitz, Finkmann 2019b, 3. Hinds 2000 leitet hieraus seine Genredefinition ab.

63  Amazonenfiguren, die lediglich in Vergleichen oder kurzen Anspielungen genannt werden, zum Beispiel in Ovids *Metamorphosen*, Statius' *Achilleis*, Thryphiodorus' *Eroberung Trojas*, Nonnos von Panopolis' *Dionysiaca*, Claudians *In Eutropium* bleiben unberücksichtigt.

Geschlechterforschung. Eine diachrone Betrachtung der Epen bietet dabei die
Möglichkeit, Gemeinsamkeiten und Unterschiede in der Darstellung der Amazonen zu erkennen und zu beschreiben. Das Aufzeigen intertextueller Beziehungen eröffnet nicht nur neue Perspektiven in Bezug auf die Konstruktion
von Gender im androzentrisch geprägten Epos, sondern ist auch eine Voraus-
setzung für die Überprüfung der These, dass Amazonenepisoden eine Bauform
des Epos sind.

Die Gliederung der Arbeit ist zum einen bestimmt durch die Anzahl und
Diversität der zu untersuchenden Texte und zum anderen durch diejenigen
Aspekte der Amazonen, die in der bisherigen Forschung meist als Kennzeichen
von Alterität gelten, nämlich ihr Äußeres, ihre Abstammung und ihr Kämpfen.
Der diachrone Überblick im zweiten Kapitel der Arbeit bildet die Grundlage
der Analyse. Die Kriegerinnen werden hier in den Kontext des jeweiligen Epos
eingeordnet, gleichzeitig wird der Forschungsstand in Bezug auf die untersuchten Passagen dargestellt und es werden erste Beobachtungen sowohl zu Intra-
und Intertextualität als auch zu ethnischer und Genderalterität präsentiert. In
den Kapiteln drei, vier und fünf wird die thematische Analyse ausgearbeitet.
Es lässt sich dabei nicht immer vermeiden, dass Textpassagen, die im diachronen Überblick bereits behandelt wurden, an anderer Stelle noch einmal zitiert
und unter einem anderen Aspekt interpretiert werden. Kapitel drei beschäftigt
sich mit dem Äußeren der Amazonen. Gerade ihre äußeren Kennzeichen werden in der Forschung zu Vergil, den flavischen Epikern und Quintus Smyrnaeus
regelmäßig als expliziter Hinweis auf das biologische Geschlecht der Kriegerinnen und als Signal von Grenzüberschreitung (*sex-role-crossover*) interpretiert.
Diese Interpretation soll überprüft werden, insbesondere auch im Vergleich
mit männlichen Protagonisten. Das vierte Kapitel verlässt bei der Untersuchung der Abstammung der Amazonen die Chronologie der Epen, weil die
ethnischen Amazonen bei Apollonius Rhodius, Valerius Flaccus und Quintus
Smyrnaeus als Töchter des Kriegsgottes Ares/Mars zusammen behandelt werden sollen. Ihre Abstammung vom Gott des Krieges wurde in der Forschung
meist als mythologischer Topos hingenommen; es stellt sich aber die Frage, wie
dies in den unterschiedlichen epischen Zusammenhängen dargestellt wird.
Darüber hinaus soll untersucht werden, wie das Thema der Abstammung für
die regionalen Amazonen Camilla und Asbyte bei Vergil und Silius Italicus
behandelt wird. Damit zusammenhängend wird die Frage beantwortet, welche
Bedeutung die (göttliche) Abstammung für die Amazonenkriegerinnen insgesamt hat. Das fünfte Kapitel der Arbeit behandelt vor dem Hintergrund der im
dritten und vierten Kapitel erarbeiteten Ergebnisse die Bewährung der Amazonen im Kampf. Ein substantieller Teil der Darstellung Camillas bei Vergil,
Asbytes bei Silius Italicus und Penthesileas bei Quintus Smyrnaeus ist den Ein-

zelkämpfen dieser Frauen gewidmet. In diesem Kapitel wird deshalb beispiel-
haft untersucht, inwiefern sich die Aristien der Frauen von denen männlicher
Krieger unterscheiden. In der Schlussbetrachtung im letzten Kapitel werden
die Ergebnisse der diachronen und der thematischen Analyse zusammenge-
führt, um eine Gesamtinterpretation der Amazonenepisoden im Heldenepos
zu präsentieren.

# KAPITEL 2

# Ein diachroner Blick auf die Amazonenepisoden im Heldenepos

## 1    Homer und der Epische Zyklus

Die älteste erhaltene literarische Erwähnung von Amazonen stammt aus zwei Passagen (Hom. *Il.* 3.184–190, Hom. *Il.* 6.178–186) in Homers auf oralen Traditionen beruhender *Ilias*, die wahrscheinlich im achten vorchristlichen Jahrhundert verschriftlicht wurde.[1] Situiert im zehnjährigen Kampf um Troja, behandelt die *Ilias* den einige Wochen anhaltenden Konflikt zwischen Achilles und König Agamemnon sowie die Handlungen, die aus dem Konflikt folgen.

Homer ist zwar für Amazonen die einzige erhaltene literarische Quelle seiner Zeit, es gibt jedoch verschiedene Hinweise auf andere Erzähltraditionen. In der Vasenmalerei der archaischen Periode finden sich zahlreiche Belege für die Verbreitung des Amazonenmythos.[2] Auf einen sonst unbekannten Lokalmythos verweist innerhalb der *Ilias* die Nennung des Grabhügels der Myrine (Hom. *Il.* 2.811–815), in dessen Nähe die Truppenschau des Priamus stattfindet. Myrine wird in den Scholien aufgrund ihrer Charakterisierung als πολύσκαρθμος (im Springen geübt, sprunggewaltig) als Amazone gesehen.[3]

Aus dem Epischen Zyklus ist die nur fragmentarisch erhaltene *Aithiopis* zu nennen, in der die Ereignisse berichtet werden, die sich nach dem Tod Hectors, also nach dem Ende der *Ilias*-Handlung, abspielen: der Kampf Penthesileas für Troja, ihr Tod im Zweikampf gegen Achilles und ihre Bestattung, Kampf und Tod des Memnon, der Tod des Achilles, die Trauer um ihn, seine Bestattung und die Leichenspiele sowie schließlich der Streit um die Waffen des Achilles und der Selbstmord des Ajax.[4] Es ist undeutlich, ob die Ereignisse um Penthesilea, die im ersten Buch der *Aithiopis* erzählt werden, darüber hinaus auch ein selbständiges Epos geformt haben, das vielleicht unter dem Namen *Amazonis* in

---

1    Zur „homerischen Frage" s. den Überblick in de Jong 2012, 1–6.
2    Vgl. von Bothmer 1957, bes. 1–116. LIMC I.2, 440–532. Lindblom 1999 zeigt, dass Amazonen in griechischen Vasenabbildungen auf dieselbe Weise kämpfen wie männliche Krieger.
3    Bierl, Latacz (Hg.) BK II.2, 263. Kirk 1985, 247, geht davon aus, dass πολύσκαρθμος eine rituelle Handlung beschreibt und nicht eine Kriegerin charakterisiert.
4    Zum Epischen Zyklus s. West 2013, zur *Aithiopis* insbesondere 129–162.

Umlauf war.[5] Neben der *Aithiopis* spielen Amazonen auch in einer *Theseis* des
6. Jahrhunderts, die fragmentarisch überliefert ist, eine wichtige Rolle.[6] Über
die inhaltliche Einbindung und die Darstellung dieser Kriegerinnen kann aufgrund der Überlieferungslage keine Aussage gemacht werden. Bereits dieser
kurze Überblick lässt jedoch deutlich erkennen, dass Amazonen in archaischer
Epik regelmäßig dargestellt wurden.

Zurück zur *Ilias*. Die erste der zwei *Ilias*-Passagen, in denen Amazonen
genannt werden, stammt aus der Teichoskopie im dritten Buch.[7] Im zehnten
Jahr des Krieges fragt der trojanische König Priamus während einer Kampfpause seine griechische Schwiegertochter Helena, wer die Männer seien, die
sie am Fuß der Mauer sähen. Die Nennung Agamemnons erinnert Priamus an
seinen eigenen Kampf gemeinsam mit den Phrygiern, und in diesem Zusammenhang werden auch die Amazonen genannt.

> ἤδη καὶ Φρυγίην εἰσήλυθον ἀμπελόεσσαν,
> 185  ἔνθα ἴδον πλείστους Φρύγας ἀνέρας αἰολοπώλους,
> λαοὺς Ὀτρῆος καὶ Μυγδόνος ἀντιθέοιο,
> οἵ ῥα τότ᾽ ἐστρατόωντο παρ᾽ ὄχθας Σαγγαρίοιο·
> καὶ γὰρ ἐγὼν ἐπίκουρος ἐὼν μετὰ τοῖσιν ἐλέγμην
> ἤματι τῷ, ὅτε τ᾽ ἦλθον Ἀμαζόνες ἀντιάνειραι·
> ἀλλ᾽ οὐδ᾽ οἵ τόσοι ἦσαν ὅσοι ἑλίκωπες Ἀχαιοί.
>
> ΗΟΜ. *Il.* 3.184–190

Einst bin auch ich nach Phrygien gekommen, reich an Reben, [185] | wo
ich Unmengen Phryger sah mit ihren flinken Pferden: | die Truppen des
Otréus sowie des Mygdon, des gottgleichen, | die damals ja ihr Lager hat-
ten an den Ufern des Sangarios | (auch ich, als Bündner, lagerte dort
nämlich unter ihnen | an jenem Tag, als die Amazonen kamen, die den
Männern gleich sind). | Jedoch auch diese waren nicht so viele wie die
feurigblickenden Achaier![8]

Die zweite Passage (Hom. *Il.* 6.178–186) ist Teil des sechsten Buches. Nach
der Beschreibung einiger Einzelkämpfe treffen der Grieche Diomedes und der
trojanische Bundesgenosse Glaucus aufeinander und erkennen einander als
Nachfahren von Gastfreunden. In diesem Zusammenhang wird die Geschichte

---

5  West 2013, 133.
6  Zur *Theseis* s. DNP 12/1, 435.
7  Zu Teichoskopie vgl. Fucecchi 2019.
8  Text und Übersetzung: Bierl, Latacz (Hg.) BK III.1.

des Bellerophon erzählt, der der Großvater des Glaucus war. Bellerophon wurde mit einem Brief, der seine Tötung verlangte, zum König der Lykier geschickt. Um den Frevel des Mordes an einem Gastfreund zu vermeiden, stellte der König ihn vor kaum lösbare Aufgaben, deren letzte ein Kampf gegen Amazonen war. Die Amazone wird als Teil der mythischen Heldenbewährung präsentiert, sie ist eine respektierte Gegnerin und der Sieg über sie erhöht das Prestige des Helden.

In beiden Passagen wird zur Charakterisierung der Amazonen dieselbe Formulierung benutzt: Ἀμαζόνες ἀντιάνειραι (Amazonen, Männern ebenbürtig, Hom. *Il.* 3.189 und Hom. *Il.* 6.186[9]); dies verweist auf einen wahrscheinlich formelhaften Charakter des Ausdrucks[10], der aber an beiden Stellen kontextuell relevant eingesetzt wird, um die Amazonen als ernstzunehmende Gegnerinnen zu charakterisieren. Blok nimmt in ihrer Studie „The Early Amazons" die linguistische Analyse der Wortgruppe Ἀμαζόνες ἀντιάνειραι zum Ausgangspunkt ihrer Interpretation; ihre Analyse wird jedoch als spekulativ kritisiert.[11] Blok geht davon aus, dass die Amazonen Symbol für sexuelle Spannung zwischen Mann und Frau seien. Sie postuliert zu Unrecht, dass bereits das grammatisch feminine Geschlecht des Adjektivs ἀντιάνειραι in Kombination mit einem semantisch männlich konnotierten Wort (ἀνήρ als Bestandteil des zusammengesetzten Adjektivs) große Spannung aufrufe.[12] Diese Spannung überträgt sie als sexuelle Spannung auf die Protagonisten: „At the very moment when they are revealed as women, however, the Amazons also recall the difference between the sexes. [Amazones][13], which has been feminised by the feminine termination of the epithet and defined as having an explicitly feminine referent, is now given a contrastive sexual connotation in opposition to [andres] by means of the intervention of [antianèr]. No longer opponents in battle, they become potential sexual partners."[14] Angesichts der Tatsache, dass Amazonen immer weibliche Kriegerinnen sind, ist es undeutlich, warum Blok davon ausgeht, dass die Weiblichkeit der Amazonen zu einem bestimmten Zeitpunkt „offenbart" (*„revealed"*) werde. Neben der fragwürdigen philologi-

---

9    Bierl, Latacz (Hg.) BK III.2, 78 zu Hom. *Il.* 3.189 und Hom. *Il.* 6.186: „ἀντί in der Bed. ‚anstatt, gleichwertig‘". An derselben Stelle wird auf die Parallele zu Hom. *Il.* 3.186 ἀντί-θεος (gottgleich) hingewiesen.

10   Zu Homer und der mündlichen Überlieferung s. zum Beispiel Reece 2005.

11   Bierl, Latacz (Hg.) BK III.2, 78, Bierl, Latacz (Hg.) BK IV.2, 73.

12   Blok 1995, 155–185, bes. 169–173. Dagegen zu -τειρά als dichterischem Femininum mit Beispielen von vergleichbaren Adjektiven ohne maskuline Form: Kühner, Blass [1890/1892] 2015, I.1, 546.

13   Blok setzt in ihrem Text die Transliterationen griechischer Wörter in eckige Klammern.

14   Blok 1995, 172–173.

schen Grundlage ihrer Interpretation ist auch der methodische Zugriff nicht überzeugend, weil sie die ihrer Interpretation zugrunde liegende Prämisse, dass Weiblichkeit im Epos grundsätzlich mit Sexualität verbunden ist, weder begründet noch problematisiert. Diese Prämisse führt jedoch dazu, dass sie Hinweise auf das Kriegertum der Amazonen nicht als solche wahrnimmt.

In seinem Kommentar zu *Ilias*, Buch drei, interpretiert Geoffrey Stephen Kirk die Amazonen als „a standard mythical symbol for exotic foreign raiders."[15] Er konstatiert außerdem, dass die Erwähnung der Amazonen an dieser Stelle inhaltlich nicht logisch sei, weil damit gesagt werde, dass sie Gegner der mit Priamus verbündeten Phrygier seien, während sie in der Tradition des Epischen Zyklus als Verbündete des Priamus aufträten.[16] Mayor dagegen interpretiert die Amazonen auch in der vorliegenden Passage als Verbündete von Priamus und den Phrygiern, mit denen sie zusammen gegen einen nicht näher genannten Gegner gekämpft hätten.[17] Diese Interpretation ist insofern attraktiv, als sie auch die Erwähnung des Grabhügels der Myrine (Hom. *Il.* 2.811–815) inhaltlich einbettet, die in der Forschung als „Anachronismus" bezeichnet wurde.[18] Unter der in den Scholien formulierten Prämisse, dass Myrine eine Amazone ist, kann die Sammlung der Truppen des Priamus bei ihrem Grabhügel als Hinweis auf eine lange Tradition freundschaftlicher Beziehungen gelesen werden. Diese tritt auch in der Tradition des Epischen Zyklus zutage, in der die Amazone Penthesilea den bedrängten Trojanern zu Hilfe kommt.

Eine mögliche weitere Nennung einer Amazone bei Homer findet sich in einer *lectio varia* zum Schlussvers der *Ilias*: ἦλθε δ᾽ Ἀμαζών | Ἄρηος θυγάτηρ μεγαλήτορος ἀνδροφόνοιο (und dann kam die Amazone, Tochter des starken Männertöters Ares, Hom. *Il.* 24.804–805).[19] Unabhängig davon, ob dieser Vers tatsächlich das Ende der *Ilias* geformt hat, fügt er zur Charakterisierung der Amazonen als ἀντιάνειραι auch die Abstammung vom Kriegsgott Ares hinzu, die in der epischen Tradition immer wieder aufgenommen wird.

Amazonen treten also im archaischen Epos ausschließlich in kriegerischen Kontexten auf und werden dabei sowohl als Gegnerinnen als auch als Verbündete dargestellt. Soweit es angesichts der Überlieferungslage erkennbar ist, spielt die ethnische Zugehörigkeit der Amazonen keine Rolle, die Amazonen werden vielmehr in erster Linie als Kriegerinnen dargestellt. Die Anerkennung

---

15    Kirk 1985, 292, so auch Tyrrell 1984, 56.
16    Vgl. Kirk 1985, 291–292. Blok 1995, 31, geht noch weiter und urteilt: „the passage under discussion would become clearer if line 189 were missing".
17    Vgl. Mayor 2014, 290.
18    Vgl. Kullmann 1960, 303. Bierl, Latacz (Hg.) BK II.2, 263, sieht keinen Anachronismus.
19    Vgl. Bierl, Latacz (Hg.) BK VIII.2, 270.

dieses Kriegertums zeigt sich in der *Ilias* darin, dass die Amazonen mit ἀντιάνειραι als Männern ebenbürtig charakterisiert werden. Es stellt sich die Frage,
inwiefern das Motiv der Ebenbürtigkeit in den späteren Epen wieder aufgenommen wird.

## 2    Apollonius Rhodius

Aus dem dritten vorchristlichen Jahrhundert stammen die *Argonautica* des
Apollonius Rhodius, das einzige seiner Werke, das vollständig überliefert ist.[20]
Es erzählt die Abenteuer Iasons und der Argonauten auf ihrer Reise zum Ende
der bekannten Welt. Um sein Königtum antreten zu können, muss Iason nach
Colchis am Schwarzen Meer reisen, um dort das Goldene Vlies zu erlangen.
Apollonius schreibt dieses Argonautenepos in inhaltlicher und formaler Auseinandersetzung mit dem zeitgenössischen literarischen Diskurs und der literarischen Überlieferung, insbesondere den homerischen Epen, wobei er in seiner Darstellung die kallimacheische Ästhetik seiner Zeit mit der epischen Tradition verbindet.[21] Eine der zentralen Forschungsfragen ist die Auffassung von
Heldentum in den *Argonautica*.[22] Die Schwierigkeit, das von ἀμηχανίη (Ratlo-
sigkeit, Hilflosigkeit) geprägte Heldentum Iasons zu fassen, zeigt sich in den
verschiedenen Interpretationen, die die Figur erfährt: Iason wurde im Hinblick auf seinen epischen Vorbildcharakter analysiert, er wurde als *love-hero*
oder als Antiheld charakterisiert.[23] Die Bewährung im Kampf und die kriegerische Auseinandersetzung als solche, die im homerischen Epos eine zentrale
Rolle spielen, stehen jedoch bei Apollonius nicht im Mittelpunkt.[24] Eine weit-
aus größere Rolle spielt in dem hellenistischen Epos dagegen, so Hermann
Fränkel in seinem Standardwerk zu den *Argonautica*, der „Trieb zur enzyklopädischen Orientierung in den Weiten von Raum und Zeit, durch vielfach
eingesprengte Hinweise mythographischen und historischen Inhalts, oder geo-
graphischen und ethnographischen Charakters".[25] In diesen Rahmen helle-

---

20    Einführend zu Leben und Werk des Apollonius Rhodius Green 1997, 1–41.
21    Zum Verhältnis zwischen Homer, Kallimachus und Apollonius s. DeForest 1994, 18–36,
      Nelis 2005, 356–359.
22    Für einen Forschungsüberblick von 1955 bis 1999 vgl. Glei 2008, zu neuerer Literatur vgl.
      Heerink 2015, 22–25.
23    Zum „Vorbildcharakter" vgl. Goldhill 1991, 301–321, zu Iason als „love-hero" vgl. Beye 1969,
      als „Antiheld" vgl. Lawall 1966 und Klein 1983.
24    Zum Verhältnis des Heldentums bei Apollonius und Homer: Hunter 1993, bes. 8–25. Zu
      Kampf und Krieg bei Apollonius: Fränkel 1968, 300 u. 510–514.
25    Fränkel 1968, 21.

nistischer Weltbetrachtung sind auch die Amazonen eingeordnet. Im zweiten Buch des Epos werden sie im Kontext der Prophezeiung des Phineus und der anschließenden Weiterfahrt der Argonauten über das Schwarze Meer genannt. Sie werden an insgesamt sieben Stellen kurz erwähnt oder ausführlicher dargestellt.[26] Diese Einzelstellen sind keine zufälligen mythologischen Versatzstücke, die Amazonenpassagen sind vielmehr sinnvoll eingebunden und unterstützen in ihrer bewussten und aufeinander bezogenen Gestaltung die Aussage des Epos.[27]

Der Seher Phineus enthüllt den Argonauten in seiner Prophezeiung die Abenteuer, denen sie entgegengehen (Apoll. Rhod. 2.311–407), und bereitet sie auf die unbekannten Gebiete vor, die sie durchqueren müssen, und die Gefahren, denen sie begegnen werden. Die Argonauten werden nämlich, so Phineus, nachdem sie durch die Symplegaden gefahren sind, auf verschiedene unbekannte Völker treffen. In diesem Zusammenhang werden auch die Amazonen mehrmals genannt: Sie bevölkern denjenigen Landstrich, den die Argonauten als ersten passieren müssen, wobei die Darstellung der Landschaft mit ihrer schroff abfallenden Küste und den scharfen Winden den bedrohlichen Charakter der Amazonen illustriert (Apoll. Rhod. 2.360–376).[28] Zu einer tatsächlichen Begegnung zwischen Argonauten und Amazonen kommt es nicht. Danach werden, so Phineus, die Argonauten die Insel des Ares erreichen, wo zwei Königinnen der Amazonen, Otrere und Antiope, einen Altar für Ares errichtet haben. Auch in dieser kurzen Erwähnung wird mit der Nennung von Ares ihr Kriegertum thematisiert. Die Amazonen stellen jedoch keine Bedrohung für die Argonauten dar, wie sich darin zeigt, dass Phineus ihnen rät, auf der Insel zu ihrem großen Nutzen Halt zu machen (Apoll. Rhod. 2.382–389). Die nächstfolgende Erwähnung der Amazonen findet sich in der Beschreibung der Weiterfahrt. Nachdem sie die Durchfahrt durch die Symplegaden überstanden haben, werden die Argonauten gastfrei von König Lycus empfangen, der bedauert, dass sie auf Hercules als Besatzungsmitglied verzichten müssen. In diesem Zusammenhang nennt er den Gürtel der „kriegsliebenden Hippolyte" (φιλοπτολέμοιο [...] Ἱππολύτης, Apoll. Rhod. 2.778–779), den zu gewinnen eine der Aufgaben des Hercules war. Später fahren die Argonauten am Grab des Sthenelus vorbei, der zusammen mit Hercules an dem Kampf gegen die Amazonen teilgenommen hatte. Dieser Kampf wird als „überaus kühn" (πολυ-

---

26    Die Amazonen werden an den folgenden Stellen genannt: Apoll. Rhod. 2.373–374; 2.382–389; 2.774–779; 2.911–914; 2.964–969; 2.985–1000; 2.1169–1176.
27    Vgl. Fränkel 1968, 262, und Vian 1974, 126–127.
28    Vgl. Williams 1991, 122.

θαρσέος ἐκ πολέμοιο, Apoll. Rhod. 2.912) charakterisiert. Es ist auffällig, dass bei jeder einzelnen dieser Erwähnungen das Kriegertum der Amazonen erwähnt wird, obwohl es nicht zu Kampfhandlungen kommt.

Die Argonauten erreichen schließlich das Gebiet der Amazonen (Apoll. Rhod. 2.964–965), und in diesem Zusammenhang werden die Amazonen erstmalig ausführlicher beschrieben (Apoll. Rhod. 2.985–1000). Wie bereits in den kurzen Erwähnungen zuvor nimmt bei der Beschreibung der Amazonen ihr Kriegertum eine wichtige Position ein: Sie werden φιλοπτόλεμος (kriegsliebend) genannt und hätten als Töchter des Ares den Argonauten einen blutigen Kampf geliefert, wenn Zeus selbst das nicht verhindert hätte. Auf der Weiterfahrt machen die Argonauten, wie Phineus ihnen geraten hat, Halt auf der Insel des Ares, um an derselben Stelle wie die Amazonen ein Opfer zu bringen.

> Πασσυδίῃ δῆπειτα κίον μετὰ νηὸν Ἄρηος,
> 1170  μῆλ' ἱερευσόμενοι. Περὶ δ' ἐσχάρῃ ἐστήσαντο
> ἐσσυμένως, ἥ τ' ἐκτὸς ἀνηρεφέος πέλε νηοῦ,
> στιάων – εἴσω δὲ μέλας λίθος ἠρήρειστο
> ἱερός ᾧ ποτε πᾶσαι Ἀμαζόνες εὐχετόωντο·
> οὐδέ σφιν θέμις ἦεν, ὅτ' ἀντιπέρηθεν ἵκοιντο,
> 1175  μήλων τ' ἠδὲ βοῶν τῇδ' ἐσχάρῃ ἱερὰ καίειν·
> ἀλλ' ἵππους δαίτρευον, ἐπηετανὸν κομέουσαι –.
>
> APOLL. RHOD. 2.1169–1176

Danach gingen sie [i. e. die Argonauten] alle zusammen zum Heiligtum des Ares, um Schafe zu opfern. Und sie stellten sich eifrig um die Feuerstelle auf, [1170] die außerhalb des dachlosen Tempels mit Kieselsteinen angelegt war, innen aber stand fest ein schwarzer Stein, heilig, an dem früher alle Amazonen beteten. Sie hatten aber nicht den Brauch, wenn sie vom Festland zurückkamen, auf diesem Altar Schafe und Rinder als Brandopfer zu bringen, [1175] sondern sie schlachteten Pferde, die sie im Überfluss gut versorgten.[29]

Die Amazonen sind in gemeinsamer Religionsausübung verbunden und ihr Opfer ist von sorgfältiger Vorbereitung gekennzeichnet. Sowohl das Opfer an dem von den Amazonen eigens errichteten Altar des Ares als auch die Opfertiere, Pferde, betonen dabei wiederum ihre enge Verbundenheit mit dem Gott

---

29    Text: Vian 1974. Die Übersetzungen sind von der Verfasserin.

des Krieges.[30] Die Amazonen sind Teil einer anderen Welt jenseits der Symplegaden. Beschrieben wird jedoch eine Kultpraxis, in der sie den Griechen ähneln; die Argonauten benutzen sogar denselben Altar wie die Amazonen, auch wenn sie dort ein anderes Opfertier darbringen.[31] Mit dem Opfer der Argonauten auf der Insel des Ares wird die Erwähnung der Amazonen in der Prophezeiung des Phineus (Apoll. Rhod. 2.382–387) wieder aufgenommen und ihre Beschreibung abgeschlossen.

In der Forschung steht in Bezug auf die Amazonen bei Apollonius Rhodius der Aspekt der ethnischen Alterität im Vordergrund. Die Darstellung der Amazonen als Teil einer unbekannten Welt wird dabei im Sinne einer ethischen Abwertung interpretiert.[32] Die Amazonen stehen dem griechischen Wertesystem jedoch geographisch und, wie die Analyse zeigt, auch inhaltlich nahe.[33] Sie sind das erste Volk, das jenseits der Symplegaden siedelt. Sie leben in politischen Strukturen, die sowohl als πόλις als auch als φύλη charakterisiert werden.[34] Ihr Kriegertum wird als nicht den Gebräuchen entsprechend und besonders gewalttätig beschrieben:

οὐ γὰρ Ἀμαζονίδες μάλ᾽ ἐπητέες, οὐδὲ θέμιστας
τίουσαι πεδίον Δοριάντιον ἀμφενέμοντο,
ἀλλ᾽ ὕβρις στονόεσσα καὶ Ἄρεος ἔργα μεμήλει·
APOLL. RHOD. 2.987–989

Denn die Amazonen wohnten da überall in der Ebene des Doias, nicht gerade freundlich im Umgang und den Gebräuchen gehorchend, sondern ihnen war an schrecklicher Gewalt und den Werken des Ares gelegen.

Die zügellose Gewalt der Amazonen wird auf eine Ebene mit den Werken des Ares gestellt und formt so den Auftakt für die Beschreibung ihrer Herkunft von Ares und Harmonia. Das wichtigste Element in der Darstellung der Amazonen bei Apollonius ist die trotz der Kürze der jeweiligen Erwähnungen geradezu

---

30   Vgl. Fränkel 1968, 262–263: „sie opferten keine (friedfertigen) Nutztiere, sondern (Kriegs-) Rosse".
31   Zur politischen Organisation anders Fränkel 1968, 262.
32   Vgl. Fränkel 1968, 261–263 u. 635, Dräger 2001, 77–78.
33   Vgl. Dräger 2001, 77.
34   Vgl. Apoll. Rhod. 2.373–374: Ἔνθα δὲ Δοίαντος πεδίον, σχεδόθεν δὲ πόληες | τρισσαὶ Ἀμαζονίδων (da ist die Ebene des Doias, und in der Nähe die drei Städte der Amazonen) und Apoll. Rhod. 2.996–997: οὐ γὰρ ὁμηγερέες μίαν ἂμ πόλιν, ἀλλ᾽ ἀνὰ γαῖαν | κεκριμέναι κατὰ φῦλα διάτριχα ναιετάασκον· (sie wohnten nämlich nicht zusammen in einer Stadt, sondern sie wohnten verteilt über das Land in Phylen).

enzyklopädisch vollständige mythologische Information. Die Amazonen formen bei Apollonius Rhodius eine Überleitung auf dem Weg vom bekannten
Griechenland in den unbekannten Osten: Sie sind auffällig durch ihre Kampfkraft, ihre Abstammung vom Kriegsgott Ares und die Tatsache, dass sie Pferde
opfern, gleichzeitig aber vertraut durch ihre gesellschaftliche und religiöse
Organisation. Das Kriegertum der Amazonen ist ein zentrales Moment ihrer
Gestaltung, ihr biologisches Geschlecht dahingegen spielt keine Rolle. Ihr Kriegertum scheint also *gender-neutral* dargestellt zu sein. Ihre Beschreibung als
eines der fremden Völker am Rande des Weges der Argonauten ist Teil eines
ethnographischen Exkurses, der typisch für die Literatur des Hellenismus ist.
Eine abwertende Beurteilung ist mit dieser Darstellung nicht verbunden.[35] In
Übereinstimmung mit der im Vergleich zum homerischen Epos schwächeren
Betonung von Kampf und Krieg werden die Amazonen nicht in Kampfhandlungen vorgestellt. Gerade deshalb ist es jedoch auffällig, dass ihr Kriegertum
auf vielfältige Weise hervorgehoben wird.

## 3    Vergil

Die *Aeneis* Vergils, am Ende des ersten vorchristlichen Jahrhunderts verfasst,
schildert den vom Schicksal vorgegebenen Weg des trojanischen Prinzen
Aeneas, dessen Auftrag es ist, nach seiner Flucht aus dem eroberten Troja in
Italien eine neue Stadt zu gründen. Die *Aeneis* ist in Auseinandersetzung mit
der literarischen Tradition, insbesondere mit den Epen Homers, geschrieben
und wird im Allgemeinen in zwei große Einheiten gegliedert: Die Bücher eins
bis sechs umfassen die Reise und die Irrfahrten des Aeneas und werden deshalb
als der *Odyssee*-Teil der *Aeneis* betrachtet, der zweite Teil, die Bücher sieben
bis zwölf, erzählt die Kämpfe des Aeneas in Latium und wird deshalb als *Ilias*-
Teil aufgefasst. Vergil ist der einzige Autor, der sowohl eine ethnische als auch
eine regionale Amazone auftreten lässt: Penthesilea, Königin der Amazonen,
und Camilla, Königin der Volsker. Die Gewichtung der beiden Figuren ist dabei
sehr unterschiedlich: Penthesilea tritt im ersten Buch der *Aeneis* (Verg. *Aen.*
1.490–493) in der Beschreibung eines Kunstwerkes in Erscheinung. Camilla
wird erstmals am Ende des siebten Buches im Rahmen des Latinerkatalogs vorgestellt (Verg. *Aen.* 7.803–817), in Buch elf werden dann ihr Auftreten im Kampf
und ihr Tod ausführlich beschrieben (Verg. *Aen.* 11.497–915), unterbrochen von

---

35    Vgl. Vlassopoulos 2013, 178, der davor warnt, aus Kennzeichen von Alterität Bedeutungs-
      zuschreibungen abzuleiten.

den Erinnerungen der Göttin Diana an ihre Kindheit und Jugend (Verg. *Aen.* 11.532–596). Im Folgenden werden die grundlegenden Forschungspositionen zu beiden Figuren skizziert.

Die Figur Penthesileas wird im ersten Buch der *Aeneis* in der Ekphrasis der karthagischen Tempeldekorationen präsentiert.[36] Aeneas, soeben im noch jungen Karthago angekommen, betrachtet die Darstellungen aus dem Trojanischen Krieg, die den Tempel Iunos schmücken. Im Rahmen dessen wird Penthesileas Auftreten auf trojanischer Seite auf signifikante Weise im direkten Zusammenhang mit den männlichen Helden Aeneas, Achilles, Hector und Memnon beschrieben. Die Figur Penthesileas ist jedoch in mehrfacher Hinsicht exponiert, denn sie wird an der markanten letzten Position der Beschreibung genannt und als einzige der Helden in mehreren Versen beschrieben.

> Ducit Amazonidum lunatis agmina peltis
> Penthesilea furens, mediisque in milibus ardet,
> aurea subnectens exsertae cingula mammae,
> bellatrix, audetque uiris concurrere uirgo.
> VERG. *Aen.* 1.490–493

Den Zug der Amazonen mit ihren mondförmigen Schilden führt die rasende Penthesilea, lodert inmitten Tausender; sie trägt den goldenen Gürtel unter der entblößten Brust geschlossen, eine Kriegerin, und es wagt die junge Frau sich im Krieg mit Männern zu messen.[37]

Penthesilea wird als *bellatrix* (Kriegerin) charakterisiert, ebenso wie Camilla, als diese zum ersten Mal vorgestellt wird (Verg. *Aen.* 7.805); bereits hiermit werden die beiden Figuren intratextuell aufeinander bezogen.[38] In Verg. *Aen.* 11.662 tritt Penthesilea noch einmal auf, diesmal in einem Amazonenvergleich, mit dem die Streitlust Camillas und ihrer weiblichen Truppen herausgestrichen wird. Darüber hinaus verweist die Formulierung *audetque uiris concurrere uirgo*

---

36  Grundlegend zu Ekphrasis: Koopman 2018. Zu den Tempeldekorationen vgl. Williams 1960.

37  Text: Conte 2011, Übersetzung Binder, Binder (Hg., Üs.) 2008. Binder und Binder übersetzen *uirgo* als „Jungfrau". Mit dieser Übersetzung wird jedoch der sexuelle Aspekt zuungunsten des Alters in der Regel zu stark betont, denn im modernen Sprachgebrauch bezeichnet „Jungfrau" in erster Linie eine „(besonders weibliche) Person, die noch keinen Geschlechtsverkehr gehabt hat", Dudenredaktion (o. J.). Abgerufen am 24. März 2021 von https://www.duden.de/rechtschreibung/Jungfrau#bedeutungen. Die Übersetzung von *uirgo* ist deshalb im gesamten Text dem jeweiligen Kontext entsprechend angepasst.

38  Vgl. Williams 1960, 150.

(und es wagt die junge Frau sich im Krieg mit Männern zu messen, Verg. *Aen.* 1.493) auf die homerische Formel Ἀμαζόνες ἀντιάνειραι (Amazonen, Männern ebenbürtig, Hom. *Il.* 3.189 und Hom. *Il.* 6.186).[39] Die Darstellung Penthesileas ist damit trotz ihrer Kürze sowohl intra- als auch intertextuell eingebunden.

Alison Keith analysiert in ihrer wegweisenden Studie „Engendering Roman Epic" auch Vergils Penthesilea. Sie sieht die Amazone in erster Linie als ein Modell für das grenzüberschreitende Verhalten (*sex-role-crossover*) der karthagischen Königin Dido, „another warmongering *regina*".[40] Eine Parallelisierung des Verhaltens von Dido und Penthesilea in dieser Weise ist jedoch aus verschiedenen Gründen nicht überzeugend, auch wenn die Figuren in anderer Hinsicht deutlich aufeinander bezogen sind.[41] Penthesilea wird als aktive Heerführerin zwischen anderen – männlichen – Heerführern dargestellt, also nicht als *regina*. Dido dagegen wird als Königin dargestellt, die ihre Stadt mit friedlichen Aktivitäten aufbaut. Die unterschiedliche Haltung und Position der beiden Frauen zeichnet sich in zwei Versen ab, mit denen Penthesilea und Dido jeweils charakterisiert werden: *bellatrix, audetque uiris concurrere uirgo* (Verg. *Aen.* 1.493) und *iura dabat legesque uiris, operumque laborem | partibus aequabat iustis aut sorte trahebat* (sie gab den Männern Rechtsnormen und Gesetze, die Last der Arbeiten | verteilte sie gerecht oder ließ sie durch Los bestimmen, Verg. *Aen.* 1.507–508). Durch das vor die Hephthemimeres positionierte Substantiv *uiris* in den Versen 493 und 507 liegt es nahe, diese zwei Verse aufeinander zu beziehen. Penthesilea misst sich im Kampf mit Männern, während Dido ihnen mit kulturstiftenden Aktivitäten gegenübertritt.

Keith zieht als Beleg für die Kriegslüsternheit Didos deren berühmte Rede heran, in der sie – viel später in der *Aeneis*, kurz vor ihrem Tod und nachdem sie von Aeneas verraten wurde – zu ewigem Hass zwischen den Karthagern und den Nachkommen des Trojaners Aeneas aufruft (Verg. *Aen.* 4.621–629). Penthesilea dagegen kämpft auf der Seite eben dieser Trojaner. Keith sieht dieses Problem als nicht relevant an, denn: „her affiliation with the Trojan forces is at most implicit in Virgil's description of her as a warrior-woman."[42] Unmittelbar vor der Darstellung Penthesileas (Verg. *Aen.* 1.490–493) wird jedoch beschrieben, dass Aeneas neben den trojanischen Helden Hector und Memnon auch sich selbst in den Abbildungen auf dem Tempel erkennt: *se quoque principibus permixtum agnouit Achiuis* (auch sich erkannte er im Kampf mit den Fürsten

---

39    So bereits Trollope 1827, 147. Vgl. Gransden 1991, 22.
40    Keith 2000, 68.
41    Zu Penthesilea und Dido s. zum Beispiel Austin 1971, 119, Wilhelm 1987, Putnam 1998, 23–
       54, bes. 34–39.
42    Keith 2000, 68.

der Achiver, Verg. *Aen.* 1.488). Penthesilea ist darstellerisch also sehr eng mit der trojanischen Seite verknüpft und tritt kontextuell relevant als Verbündete des Aeneas auf. Als Parallele zwischen den beiden Figuren Penthesilea und Dido bleibt damit, dass sie Rollen erfüllen, in denen Frauen im Epos nicht häufig dargestellt werden. Inwiefern dies als Grenzüberschreitung (*sex-role-crossover*) gesehen werden sollte, ist – insbesondere im Hinblick auf den Aspekt des Kriegertums – im Rahmen vorliegender Studie zu klären.

Zu Camilla sind zahlreiche Forschungsbeiträge erschienen; bereits Richard Heinze bezeichnete sie als eine der einprägsamsten Gestalten Vergils.[43] Die ältere Forschung richtete sich vor allem auf die Frage, wie die amazonische Kriegerfürstin ihren Weg in die *Aeneis* gefunden hat, und untersuchte deshalb Quellen und Vorbilder Camillas.[44] Die *communis opinio* ist, dass Vergil verschiedene Quellen der lokalen Sage sowie der griechischen Literatur verwendet hat, die jedoch aufgrund der Überlieferungslage größtenteils nicht mehr präzise zu identifizieren sind.[45] Erst in neuerer Zeit wird auch die Frage gestellt, welche Funktion das Auftreten Camillas in Vergils Epos hat.[46] Im Folgenden werden grundlegende Probleme der Interpretation exemplarisch vorgestellt.

Camillas Auftreten in Buch sieben befindet sich am Ende des ersten *Ilias*-Buches der *Aeneis*. Camilla wird in der herausgestellten letzten Position des Italikerkatalogs nach den italischen Kriegern Mezentius, Messapus und Turnus genannt und erinnert in ihrer Leichtfüßigkeit sowohl an Atalante als auch an Achilles:[47]

> Hos super aduenit Volsca de gente Camilla
> agmen agens equitum et florentis aere cateruas,
> 805 bellatrix, non illa colo calathisue Mineruae
> femineas adsueta manus, sed proelia uirgo
> dura pati cursuque pedum praeuertere uentos.
> illa uel intactae segetis per summa uolaret
> gramina nec teneras cursu laesisset aristas,

---

43    Heinze [1903] 1957, 215.

44    Insbesondere Arrigoni 1982 untersucht unter Einbeziehung verschiedener Quellen die mythologisch-religiöse Einbindung Camillas in die italische Kultur und ihr Verhältnis zu Diana.

45    Vian 1959, 23–24, Brill 1972, 2–16, Arrigoni 1982, Horsfall 1988, Gärtner, U. 2010, XI–XII. Zum Epischen Zyklus und Vergil: Heinze [1903] 1957, 63–81; Horsfall 2003, 465–472.

46    Vgl. Becker 1997, Viparelli 2008, Pyy 2010, Sharrock 2015.

47    Zu Atalante vgl. Gransden 1991, 22. Anders Horsfall 2000, 523–526, der zwar zahlreiche epische Parallelen zur Beschreibung von Camillas Schnelligkeit nennt, aber dennoch konstatiert, dass dies „a talent most unhomeric to a hero" (524) sei.

810  uel mare per medium fluctu suspensa tumenti
     ferret iter celeris nec tingeret aequore plantas.
     illam omnis tectis agrisque effusa iuuentus
     turbaque miratur matrum et prospectat euntem,
     attonitis inhians animis ut regius ostro
815  uelet honos leuis umeros, ut fibula crinem
     auro internectat, Lyciam ut gerat ipsa pharetram
     et pastoralem praefixa cuspide myrtum.

               VERG. *Aen.* 7.803–817

Zu diesen gesellte sich endlich, vom Stamm der Volsker, Camilla, die eine
Reiterschwadron führte und Scharen in glänzender Rüstung, die Kriegerin; nicht hatte sie an Spindel und Korb der Minerva [805] ihre Frauen-
hände gewöhnt, sondern darin als junge Frau sich geübt, harte Kämpfe
durchzustehen und im Lauf den Winden zuvorzukommen: Sie könnte
wohl über die Spitzen der Halme schnittreifen Korns fliegen, ohne die
zarten Ähren im Lauf zu beschädigen, oder mitten durchs Meer auf brau-
sender Flut schwebend [810] ihren Weg gehen, ohne ihre schnell tragen-
den Sohlen mit Wasser zu benetzen. Sie bewundert, zusammengeströmt
aus Haus und Feld, die ganze Jugend und die Schar der Frauen, man folgt
ihr nach mit den Augen, staunend mit offenem Mund, wie königlicher
Glanz ihre zarten Schultern mit Purpur umhüllt, wie die Spange von Gold
ihr Haar [815] zusammenhält, wie ihre Gestalt den lykischen Köcher trägt
und den Myrtenspeer der Hirten, mit eiserner Spitze versehen.

Horsfall bewertet die Positionierung Camillas als literarischen Scherz und
damit als Ausdruck einer misogynen Haltung Vergils.[48] Robert Deryck Williams
vertritt sogar die Position, dass Camilla kein Teil des Katalogs sei: „It is imme-
diately evident that the structure is framed by the two most mighty warriors,
Mezentius at the beginning and Turnus at the end, and that the final haun-
ting lines which describe the warrior-queen Camilla act as a sort of pendant,
bringing the book to a close on a note of strange beauty."[49] Beide Forscher sprechen Camilla damit einen Platz als Kriegerin im Katalog ab. Anzunehmen ist,
dass sie von der unhinterfragten Prämisse ausgehen, dass Kriegertum unver-
einbar mit der Tatsache sei, dass Camilla eine Frau ist. Wenn man jedoch auf

---

48   Horsfall 2000, 527.
49   Williams 1961, 149. Auch Saylor 1974, 250, betrachtet Camilla als „highly evocative pendant"
     des Katalogs, charakterisiert sie jedoch auch als „outstanding warrior", Saylor 1974, 252.

diese Prämisse verzichtet und davon ausgeht, dass die letzte Position im Katalog grundsätzlich den wichtigsten Kämpfenden vorbehalten ist, kommt man zu einer anderen Interpretation. Bereits Achim Brill hat in seiner Monografie zu Camilla die Tatsache, dass sie ebenso wie Penthesilea in der Schlussposition des Katalogs vorgestellt wird, als besondere Betonung des Kriegertums der Camilla interpretiert.[50] Auch Alison Sharrock hebt diesen Aspekt hervor, wenn sie feststellt: „What the poem offers is an honorific account of a female soldier who joins the muster on equal terms with the men."[51]

Brill interpretiert die Figur Camillas als ein Symbol für die vorrömische Bevölkerung Italiens, deren positive Darstellung zeige, dass Vergil dieser Bevölkerung, trotz des vom Fatum vorherbestimmten Ausgangs der Kämpfe, Sympathie entgegenbringe: Camilla sei „die Krönung des italischen Aufgebotes".[52] Ihre gesellschaftliche Position sei, so Brill, auch an ihrem Äußeren abzulesen: „Pracht und Glanz, die Camilla umgeben, sind nicht Selbstzweck, sondern bringen Camillas Stellung zum Ausdruck".[53] Darstellerisch sei Camilla darüber hinaus nicht nur mit Turnus, sondern auch mit Hector und Patroclus in Homers *Ilias* verbunden. Brill betrachtet Aeneas als den idealen Helden und misst die anderen Protagonisten der *Aeneis* an seinem Vorbild. In seiner detailreichen Analyse legt er dar, dass es deutliche Parallelen in der Beschreibung verschiedener Heldenfiguren gebe, er nennt insbesondere Nisus, Euryalus, Dido, Camilla und Turnus. Allen gemeinsam sei ihr „unvollkommenes Heldentum"[54], in dem sie sich von Aeneas unterschieden. Die Unvollkommenheit der Einzelfiguren ist Brill zufolge jedoch unterschiedlich begründet. Nisus' und Euryalus' Unvollkommenheit sei ihrer Jugend geschuldet, Dido, Camilla und Turnus dagegen seien gekennzeichnet durch die Unfähigkeit, ihre Leidenschaft zu kontrollieren. Über das Verhalten des Turnus und der Camilla im Kampf schreibt Brill: „Camilla und Turnus geben in der Schlacht ihrer wilden Leidenschaft nach."[55] Interessant ist, dass Brill trotz dieser von ihm festgestellten grundsätzlichen Vergleichbarkeit der Darstellung von Camilla und Turnus einen genderspezifischen Unterschied konstruiert. Besonders deutlich wird dies in seiner Analyse der folgenden Passage:

---

50  Vgl. Brill 1972, 19.
51  Sharrock 2015, 161.
52  Brill 1972, 21. Anders Rosenmeyer 1960, 161: „The Volscians must be neutralized. Camilla must go."
53  Brill 1972, 26.
54  Brill 1972, 93.
55  Brill 1972, 94.

hunc uirgo, siue ut templis praefigeret arma
Troia, captiuo siue ut se ferret in auro
780   uenatrix, unum ex omni certamine pugnae
caeca sequebatur totumque incauta per agmen
femineo praedae et spoliorum ardebat amore

VERG. *Aen.* 11.778–782

Ihm folgte die junge Frau, sei's, um einen Tempel mit troischen Waffen zu
schmücken, sei's, um sich in erbeutetem Goldschmuck zu zeigen, wie auf
der Jagd als einzigem aus dem weiten Schlachtgetümmel [780] blindlings
und eilte achtlos durch das ganze Heer, von einer weiblichen Begierde
nach dem Raub dieser Beute entbrannt.

Brill interpretiert die vorliegende Passage folgendermaßen: „Camillas Streben
nach der schimmernden Rüstung offenbart nicht nur ihre weibliche Schwäche,
sondern auch ihr einfaches, ursprüngliches Wesen, denn die Liebe nach Gold
und glänzendem Schmuck ist in der Antike ein typischer Grundzug der Bar-
baren."[56] Hiermit charakterisiert Brill Camilla als Barbarin und wertet gleichzeitig ihren Wunsch, Kriegsbeute zu erwerben, als Zeichen „weiblicher Schwäche".[57] Diese Aussage ist nicht konsistent in Hinblick auf Brills oben zitierte
Einschätzung, dass das strahlende Äußere Camillas positiv ihre gesellschaftliche Position betone. Das unreflektierte Vorurteil, dass Frauen einen natürlichen Drang hätten, „Gold und glänzende[n] Schmuck" zu besitzen, führte in
der Forschung nicht nur bei Brill zu der Auffassung, dass *femineo* [...] *amore*
(Verg. *Aen.* 11.782) nicht so sehr auf die im selben Vers stehenden Substantive
*praedae et spoliorum*, also Kriegsbeute im Allgemeinen, sondern ausschließlich auf die prächtige Ausstattung des Chloreus, die Camilla konkret in dieser
Passage als Beute erlangen will, bezogen werden müsse. Nur auf diese Weise
kann nämlich *femineo praedae et spoliorum ardebat amore* als Zeichen weiblicher Schwäche und damit als Hinweis auf weibliche Grenzüberschreitung
(*sex-role-crossover*) interpretiert werden. Der Vorwurf in diesen Versen, wenn
man denn von einem solchen sprechen möchte, ist jedoch nicht, dass Camilla
als Frau in den Krieg zieht, sondern dass sie als Kriegerin über ihrer Begeis-

---

56   Brill 1972, 76.
57   In unterschiedlicher Ausprägung wird diese Interpretation vom Auftreten Camillas als
     (doppelte) Grenzüberschreitung in zahlreichen Forschungsbeiträgen geteilt, vgl. Heinze
     [1903] 1957, 215, 269, Otis 1963, 364, Schönberger 1966, 186, Suzuki 1989, 136, Boyd 1992, 217,
     Schweizer 1967, 54, Schenk 1984, 249, West 1985, 22.

terung für Beute die echte Gefahr aus dem Blick verliert.[58] Gerade in dieser Hinsicht ist Camilla intra- und intertextuell mit männlichen Helden wie Turnus, Hector und Patroclus verbunden, wie Knauer exemplarisch herausgearbeitet hat.[59] Diese intertextuellen Bezüge zu männlichen Protagonisten verdeutlichen, dass die Darstellung Camillas nicht als Überschreitung oder Bestätigung von Genderstereotypen gelesen werden muss, sondern als Hinweis auf ihr Krieger- und Heldentum. Kriegertum muss also als *transgendered* interpretiert werden.

Als Annäherung an die Figur aus der Perspektive der Geschlechterstudien sollen die Studien von Alison Keith und Barbara McManus vorgestellt werden.[60] Keith geht davon aus, dass in der Darstellung Camillas zahlreiche „creative transgressions of the norms of both gender and genre" auftreten.[61] Von zentraler Bedeutung ist in ihrer Argumentation die Passage, in der Camilla Rüstung und Schmuck des Chloreus erobern will (Verg. *Aen.* 11.778–782). Die Tatsache, dass in *femineo* [...] *amore* (Verg. *Aen.* 11.782) Gender evident ist, wird immer wieder als Signal dafür interpretiert, dass weibliche Grenzüberschreitung (*sex-role-crossover*) Thema der Passage sei.[62] Keith weitet diese Interpretation aus, indem sie sagt: „[T]he adjective *femineo* [...] signals the crucial importance of gender difference to the epic world by proposing an absolute opposition between male and female. This opposition – whether transgressed, problematised, or upheld – is central to Roman epic decorum".[63] Keith ist grundsätzlich darin zuzustimmen, dass das römische Epos von normativen Genderzuschreibungen geprägt ist. Im Einzelfall muss jedoch überprüft werden, welche Eigenschaften und Verhaltensweisen als Signal für Genderzugehörigkeit gewertet werden müssen.

Für diese Studie ist die Arbeit von McManus richtungsweisend, die das Handeln Camillas als *transgendered* interpretiert: „[H]er role as a warrior is both accepted and positively valued but still gendered as feminine and colored by this interpretation."[64] Dies zeige sich unter anderem in der folgenden Passage, in der Camilla Turnus einen Vorschlag zur Verteilung der Truppen im Kampf macht:

---

58    Vgl. Pigoń 2014, 39.
59    Vgl. Knauer 1979, 308–315, und Brill 1972, 83.
60    McManus 1997, Keith 2000.
61    Keith 2000, 31.
62    So zum Beispiel bei Small 1959, 298, Schönberger 1966, 186, Raabe 1974, 237, West 1985, 22.
63    Keith 2000, 29.
64    McManus 1997, 104.

'Turne, sui merito si qua est fiducia forti,
audeo et Aeneadum promitto occurrere turmae
solaque Tyrrhenos equites ire obuia contra.
505  me sine prima manu temptare pericula belli,
tu pedes ad muros subsiste et moenia serua.'
Turnus ad haec oculos horrenda in uirgine fixus:
'o decus Italiae uirgo, quas dicere grates
quasue referre parem? sed nunc, est omnia quando
510  iste animus supra, mecum partire laborem.
Aeneas, ut fama fidem missique reportant
exploratores, equitum leuia improbus arma
praemisit, quaterent campos; ipse ardua montis
per deserta iugo superans aduentat ad urbem.
515  furta paro belli conuexo in tramite siluae,
ut biuias armato obsidam milite fauces.
tu Tyrrhenum equitem conlatis excipe signis;
tecum acer Messapus erit turmaeque Latinae
Tiburtique manus, ducis et tu concipe curam.'

VERG. *Aen.* 11.502–519

„Turnus, wenn denn der Tapfere zu Recht Vertrauen in sich setzt, ich wage
es und verspreche, der Schwadron der Aeneaden entgegenzutreten und
mich allein den tyrrhenischen Reitern in den Weg zu stellen. Mich lass
im Nahkampf die ersten Gefahren des Krieges erproben, [505] du bleib
stehen bei den Mauern und schütze die Stadt." Turnus richtete bei diesen
Worten den Blick fest auf die Ehrfurcht gebietende junge Frau. „Ruhm Italiens, Jungfrau, wie könnte ich dir danken in Wort und Tat? Aber jetzt, wo
dieser dein Mut alles übersteigt, teile mit mir die Mühsal! [510] Aeneas
hat, wie Gerücht und ausgesandter Kundschafter glaubhaft vermelden,
die leichte Reiterei vorausgeschickt, der Schurke, sie sollte die Ebene
durchstreifen; er selbst nähert sich auf dem Bergkamm über die öden
Höhen der Stadt. Einen Hinterhalt bereite ich ihm im Hohlweg des Waldes, [515] indem ich die beiden Zugänge mit Bewaffneten besetze. Nimm
du den Kampf auf mit der tyrrhenischen Reiterei; an deiner Seite wird
der grimmige Messapus, werden Latinerschwadronen und die Truppe des
Tiburtus sein, übernimm du auch das Kommando."

Während die anderen Anführer noch zögern (Verg. *Aen.* 11.445–446), will
Camilla sofort in den Krieg ziehen und macht Turnus den Vorschlag, die Truppen strategisch aufzuteilen: Turnus soll die Stadt verteidigen, sie selbst will

den ersten Angriff gegen die Truppen des Aeneas führen. Worte wie *audeo,
sola, prima pericula* (Verg. *Aen.* 11.503–505) betonen dabei ihren Mut[65], wobei
Camilla gleichzeitig den Oberbefehl des Turnus anerkennt (*me sine*, Verg. *Aen.*
11.505). Mit dem Adjektiv *horrenda* charakterisiert Turnus Camilla als ehr-
furchtgebietende Kriegerin.[66] Er spricht Camilla respektvoll an mit *o decus
Italiae* (Ruhm Italiens, Verg. *Aen.* 11.508), einer Phrase, die an die homerische
Formel μέγα κῦδος Ἀχαιῶν (großer Ruhm der Griechen, Hom. *Od.* 12.184[67]) erinnert.[68] Er preist ihren Mut und fordert sie auf, die Kriegsarbeit mit ihm zu
teilen (*mecum partire laborem*, Verg. *Aen.* 11.510), er will also ein gemeinsa-
mes Kommando.[69] Ihren Vorschlag zur Verteilung der Truppen nimmt Turnus
nicht an, weil er neue Informationen über die Bewegungen des Aeneas erhalten hat; er will den Trojaner nun in einen Hinterhalt locken. Camilla befeh-
ligt ihre eigenen Truppen und erhält außerdem das Oberkommando über drei
Kavalleriekontingente, von denen in jedem Fall zwei von Männern angeführt
werden (Verg. *Aen.* 11.517–521).[70] Camillas Rolle als Anführerin ist damit vor-
behaltlos anerkannt.[71] Gleichzeitig gibt es keinen Zweifel an Camillas Weiblichkeit, denn sie wird nicht nur mehrfach *uirgo* genannt, sondern in dem
Rückblick Dianas auf die Kindheit und Jugend Camillas wird betont, dass
viele Frauen sie gerne zur Schwiegertochter gehabt hätten (*multae illam frus-
tra Tyrrhena per oppida matres | optauere nurum.* Viele Mütter in den tyrrhe-
nischen Städten wünschten sie vergeblich zur Schwiegertochter, Verg. *Aen.*
11.581–582).[72] Das von Hölscher im Zusammenhang mit griechischen Amazonendarstellungen festgestellte agonale Ideal für junge Frauen im heiratsfähigen
Alter scheint auch für den Blick der italischen Frauen auf Camilla gültig zu
sein.[73]

Als Grundlage für die weitere Untersuchung kann festgestellt werden, dass
Vergil in der *Aeneis* zwei verschiedene Amazonen beschreibt, die intra- und
intertextuell auf vielfältige Weise miteinander und mit anderen – sowohl
männlichen als auch weiblichen – Figuren des Epos verbunden sind. Das Kriegertum beider Frauen ist bei Vergil positiv besetzt. Gleichzeitig sind die Amazo-

65    Vgl. McManus 1997, 105.
66    Vgl. Arrigoni 1982, Viparelli 2008, 11. Negativ im Sinne von „unnatürlich" interpretieren
      Small 1959, 297, Rosenmeyer 1960, 160. Horsfall 2003, 301, schlägt „badly groomed" vor.
67    Mit der Formel wird Odysseus umschrieben.
68    Horsfall 2003, 301.
69    Vgl. Fratantuono 2009, 172.
70    Horsfall 2003, 307, geht von einer Reitergruppe mit zwei Anführern aus.
71    Vgl. Viparelli 2008, 13.
72    Vgl. McManus 1997, 105.
73    Vgl. Hölscher 2000, 300.

nen als „weiblichen Geschlechts" markiert, und ist dies auch relevant für ihre
Wahrnehmung. Es zeichnet sich ab, dass die Komplexität der Amazonendarstellung bei Vergil ein Umdenken in Bezug auf die Zuordnung und Bewertung
„männlicher" und „weiblicher" Eigenschaften erfordert. Aufgrund des Vorbild-
charakters der *Aeneis* in der Geschichte des Epos ist dies auch für die Analyse
späterer Epen relevant.

## 4      Valerius Flaccus

Der flavische Dichter Valerius Flaccus erzählt mit seinem Epos *Argonautica* von
der Reise Iasons und der Argonauten nach Colchis, wo sie mit Hilfe der Zaube-
rin Medea das Goldene Vlies erlangen und danach den colchischen Verfolgern
entkommen. Valerius Flaccus hat sein Epos wahrscheinlich in den siebziger
Jahren des ersten Jahrhunderts geschrieben; der direkte Vergleichstext sind die
*Argonautica* des Apollonius Rhodius, aber auch die *Aeneis* Vergils und Lucanus'
*Bellum Ciuile* spielen eine wichtige Rolle.[74] Das Epos endet relativ abrupt im
achten Buch, noch bevor die Argonauten ihren Ziel- und Heimathafen erreicht
haben.[75] Der Dichter erwähnt an insgesamt vier Stellen Amazonen, nämlich in
der Prophezeiung des Phineus (Val. Fl. 4.601–612), in einem Bericht über Hercules (Val. Fl. 5.89 und 5.120–139), im Colcherkatalog (Val. Fl. 5.605–613) und in
der Aristie des Gesander (Val. Fl. 6.367–385).

Valerius Flaccus behält den Handlungsverlauf der *Argonautica* des Apollonius Rhodius im Wesentlichen bei, passt aber verschiedene Handlungsele-
mente unter Einfluss von Vergils *Aeneis* und in geringerem Maße Lucanus' *Bellum Ciuile* zur Unterstützung seiner Textaussage an.[76] Bevor sie in das Schwarze
Meer einfahren, machen die Argonauten – wie schon in Apollonius Rhodius'
*Argonautica* – auch in Valerius Flaccus' Epos Halt bei dem Seher Phineus (Val.
Fl. 4.422–636), der die Amazonen zum ersten Mal nennt. Phineus fasst die bisherigen Abenteuer der Argonauten kurz zusammen und gibt eine proleptische
Synopse auf den weiteren Verlauf ihrer Reise, in der er vor allem vor drohenden Gefahren warnt. Die Amazonen sind Teil einer Aufzählung verschiede-
ner bedrohlicher Völker, denen die Argonauten begegnen werden. Anders als

---

74      Für eine Zusammenfassung der Forschungsdiskussion zu Valerius Flaccus s. die Einlei-
        tung zu Zissos' Kommentar zum ersten Buch der *Argonautica*. Zissos 2008, XII–LXX. Zum
        neueren Forschungsstand s. Heerink, Manuwald (Hg.) 2014.
75      Zur Diskussion der Frage der Textlänge vgl. Courtney 1970, Ehlers 1980, Zissos 2008, Stover
        2012, Penwill 2013, Heerink 2016.
76      Vgl. Buckley 2010. Zum Verhältnis zu Apollonius Rhodius s. Adamietz 1976.

bei Apollonius werden die Amazonen von Valerius in der Prophezeiung nicht
mehrfach genannt, sondern in einer komprimierten Darstellung charakterisiert.

> proxima Thermodon hinc iam secat arua – memento –
> inclita Amazonidum magnoque exorta Gradiuo
> gens ibi: femineas nec tu nunc crede cateruas,
> sed qualis, sed quanta uiris insultat Enyo
> 605 diuaque Gorgonei gestatrix innuba monstri.
> ne tibi tunc horrenda rapax ad litora puppem
> uentus agat, ludo uolitans cum turma superbo
> puluereis exsultat equis ululataque tellus
> intremit et pugnas mota pater incitat hasta.
> 610 non ita sit metuenda tibi saeuissima quamquam
> gens Chalybum, duris patiens cui cultus in aruis
> et tonat adflicta semper domus ignea massa.
>
> VAL. FL. 4.601–612

Ganz in der Nähe durchschneidet der Thermodon das Land – vergiss
nicht: da wohnt das berühmte Volk der Amazonen, das von dem großen
Mars abstammt. Und du musst nun nicht glauben, dass sie Truppen sterblicher Frauen sind, sondern sie sind vergleichbar mit Enyo [605] im Hinblick darauf, wie und mit welcher Kraft sie den Männern übel mitspielt,
und auch mit der göttlichen, unverheirateten Trägerin der grauenhaften
Gorgo. Möge der räuberische Wind dein Schiff nicht an die entsetzliche
Küste treiben, wenn die Reiterschar fliegend in stolzem Wettkampf jauch-
zend auf staubigen Pferden dahinjagt und die mit Geheul erfüllte Erde
zittert und ihr Vater sie zum Kämpfen anspornt mit dem Schütteln der
Lanze. Das Volk der Chalyber, das ausdauernd das harte Land bearbeitet, musst du, auch wenn es sehr grausam ist [610] und sein feuriges Haus
immer erschallt von dem Hämmern des Eisens, nicht so sehr fürchten wie
sie.[77]

Die Amazonen befinden sich in dieser kurzen Passage in einer Art von mili-
tärischem Trainingslager des Mars, der seine Töchter persönlich anspornt zu
kämpfen (Val. Fl. 4.607–609).[78] Die dynamische Beschreibung der Amazo-

---

77    Text: Ehlers 1980. Die Übersetzungen sind von der Verfasserin.
78    Zu *ludo superbo* als militärischer Übung Murgatroyd 2009, 290–291.

nen, markiert durch die einleitenden Signalwörter *memento* und *inclita*, nimmt
nicht nur die Darstellung der Amazonen bei Apollonius, sondern auch diejenige im elften Buch der *Aeneis* wieder auf, in der Camilla und ihre Kriegerinnen
mit dem Volk der Amazonen verglichen werden:[79]

> quales Threiciae cum flumina Thermodontis
> 660   pulsant et pictis bellantur Amazones armis,
> seu circum Hippolyten seu cum se Martia curru
> Penthesilea refert, magnoque ululante tumultu
> feminea exsultant lunatis agmina peltis.
>
> VERG. *Aen.* 11.659–663

Wie thrakische Amazonen, wenn sie über den Fluss Thermodon traben
und mit ihren bunten Waffen kämpfen, [660] und sich die Mitstreiterinnen, sei's um Hippolyte geschart, sei's, wenn die Marstochter Penthesilea
auf ihrem Wagen zurückkehrt, mit lautem Geschrei und Geheul mit ihren
halbmondförmigen Schilden jubelnd gebärden.

Die Formulierung *feminea exsultant [...] agmina* (Verg. *Aen.* 11.663) wird bei
Valerius Flaccus mit *turma [...] exsultat* (Val. Fl. 4.607–608) wieder aufgegriffen, die Formulierung *magno [...] ululante tumultu* (Verg. *Aen.* 11.662) mit *ululata [...] tellus* (Val. Fl. 4.608). Die hier wiederum genannte Abstammung vom
Kriegsgott Mars betont, zusammen mit dem Vergleich mit den Kriegsgöttinnen
Enyo und Minerva (Val. Fl. 4.602–605), das Kriegertum der Amazonen.[80] Die
von ihnen ausgehende Bedrohung wird im Vergleich zu Apollonius Rhodius
dadurch verstärkt, dass Valerius' Phineus die bei Apollonius als Handwerker
(ἐργατίναι, Apoll. Rhod. 2.376) charakterisierten Chalyber als *gens saeuissima*
bezeichnet und die Argonauten darauf hinweist, dass sie die Amazonen noch
mehr fürchten müssten als jene (Val. Fl. 4.610–611).[81] Insgesamt werden die
Amazonen in dieser ersten Beschreibung intertextuell eingebunden als gefährliche, halb göttliche Kriegerinnen dargestellt.

Die Argo fährt nach der erfolgreichen Durchquerung der Symplegaden die
Südküste des Schwarzen Meeres entlang. In diesem Gebiet hatte Hercules, der
die Argo bereits vor der Ankunft bei Phineus verlassen hat, mit den Amazonen
gekämpft. Iason nimmt drei neue Argonauten an Bord, frühere Streitgenossen
des Hercules, und dies ist der Anlass für die zweite Nennung der Amazonen in

---

79    Vgl. Murgatroyd 2009, 288, Spaltenstein 2004, 350.
80    Vgl. Spaltenstein 2004, 349.
81    Chalyber bei Apoll. Rhod.: 2.375 und 2.1001–1008.

Valerius Flaccus' *Argonautica* (Val. Fl. 5.120–139).[82] Die verschiedenen Erwähnungen des Hercules und der Amazonen, die sich bei Apollonius Rhodius finden, werden bei Valerius Flaccus wiederum in einer kurzen Szene zusammengefasst.[83] Bei Apollonius Rhodius werden die politische Organisation und die Opferbräuche der Amazonen als Beispiel der Gebräuche östlicher Völker im Rahmen eines ethnographischen Exkurses beschrieben, bei Valerius Flaccus dagegen wird nichts über die politische Organisation der Amazonen gesagt. Das Spolienopfer der Amazonen unterstreicht ebenso wie ihre Abstammung von Mars, die durch *uera propago* (Val. Fl. 5.125) qualitativ hervorgehoben wird, ihr kriegerisches Wesen.

Durch das Ausscheiden des Hercules aus der Mannschaft haben die Argonauten eine erhebliche Einbuße an Kampfkraft erlitten. Bei Apollonius Rhodius wird dies, während die Argonauten bei Lycus zu Gast sind, in dessen Lobrede auf Hercules formuliert; Valerius Flaccus dagegen transformiert den allgemeinen Verlust an Kampfkraft in einen persönlichen Verlust Iasons (Val. Fl. 5.130: *Herculis* [...] *mei* und 5.131–132: *aegro corde*).[84] Weil ihn die Tatsache, dass sie das Land der Amazonen passieren, daran erinnert, dass Hercules nicht mehr zur Mannschaft gehört, fordert Iason die neu hinzugekommenen Mitglieder der Mannschaft auf, von ihren Abenteuern mit Hercules zu berichten. Die Frage Iasons nach den Heldentaten des Hercules „is crammed with programmatic language of epic".[85] Der Bericht über Hercules' Kampf mit den Amazonen wird auf diese Weise als der epischen Tradition in besonderer Weise eingeordnet markiert.

Bei Valerius Flaccus spielt die kriegerische Auseinandersetzung insgesamt eine größere Rolle als bei Apollonius Rhodius. Dies zeigt sich auch in der Gestaltung der Amazonen. Bei Apollonius Rhodius erhält Hercules den Gürtel der Hippolyte ohne Kampf[86], bei Valerius Flaccus dagegen wird ein Kampf beschrieben und zur Charakterisierung der Amazonen genutzt. Die Amazonen werden, wie bereits bei Apollonius Rhodius, als erfolgreiche und gottesfürchtige Kriegerinnen gekennzeichnet, die dem heimatlichen, dem Kriegsgott Mars

---

82    Für den Text der Passage siehe unten S. 91–92.

83    Erwähnungen bei Apoll. Rhod.: 2.774–795 (Lycus über Hercules), 2.911–914 (Sthenelus), 2.964–969 (Melanippe und Hippolyte), 2.985–1000 (Argonauten hätten beinahe gegen die Amazonen gekämpft, Herkunft der Amazonen), 2.1169–1176 (Opferbräuche der Amazonen).

84    Rede des Lycus: Apoll. Rhod. 2.774–795. Zum persönlichen Verlust des Iason vgl. Hershkowitz 1998, 206.

85    Feeney 1991, 324, mit Literatur zum programmatischen Sprachgebrauch im Epos.

86    Vgl. Apoll. Rhod. 2.964–969.

geweihten Fluss Thermodon reiche Kriegsbeute opfern (Val. Fl. 5.122–125). Die
sich an Iasons Frage anschließende indirekte Rede (Val. Fl. 5.131–139) beschreibt
im Gegensatz zu dieser Charakterisierung den aussichtslosen Kampf der Amazonen mit dem größten Helden des griechischen Mythos.[87] Die Amazonen werden jedoch trotz ihrer Niederlage als starke Gegnerinnen und furchterregende
Kämpferinnen beschrieben, die von ihrem Vater, dem Kriegsgott persönlich,
angefeuert werden (Val. Fl. 5.137–138).

In der dritten der vier zu analysierenden Passagen wird die Amazone Euryale
vorgestellt. Die Handlung hat sich nach Colchis verlagert, die Amazonen nehmen teil an den kriegerischen Auseinandersetzungen zwischen dem König von
Colchis, Aeetes, und seinem Bruder Perses. Dieser Krieg hat kein Vorbild bei
Apollonius Rhodius und wird deshalb als Auseinandersetzung mit dem *Ilias*-
Teil der *Aeneis* einerseits und den römischen Bürgerkriegen insgesamt andererseits gesehen.[88]

Bei einem Gastmahl am Vorabend der Kampfhandlungen stellt Iason seine
Krieger vor und fordert Aeetes auf, dasselbe zu tun. In der Tradition von Katalog
und Teichoskopie nennt Aeetes seine Krieger und schließt mit der Beschreibung Euryales ab.[89] Diese Veränderung der Perspektive, in der die Amazonen
nicht mehr als Unbeteiligte am Rande des Weges der Argonauten beschrieben
werden, sondern aus einer persönlichen Beziehung heraus, ist typisch für Valerius' Anpassung der hellenistischen Vorlage des Apollonius.[90]

'[...]
605   hos autem quae quemque manus, ⟨quae⟩ signa sequantur
      si memorem, prius umentem lux soluerit umbram.
      cras acies atque illa ducum cras regna uidebis
      dissona, saxiferae surgat quibus imber habenae,
      quae iaculo gens apta leui, quae picta pharetris
610   uenerit. ingentes animo iam prospice campos
      atque hanc alipedi pulsantem corpora curru

87   Vgl. Spaltenstein 2004, 420: „C'est une manière de souligner le paradoxe de cette défaite
     des Amazones, alors que d'habitude le fleuve est le témoin de leur triomphe (vers 5,122
     sq)".
88   Mit dem Thema „Bürgerkrieg und Valerius Flaccus' *Argonautica*" setzen sich zahlreiche
     Publikationen auseinander. Die aktuellste Monografie ist Stover 2012 mit der kritischen
     Würdigung von Heerink 2016.
89   Zum Katalog bei Valerius Flaccus s. Baier 2001, 37–64, zur Teichoskopie bei Valerius Flac-
     cus s. Schenk 1999, 118 mit Fußnote 98.
90   Vgl. Conte 1994, 490.

Euryalen, quibus exsultet Mauortia turmis
et quantum elata ualeat peltata securi,
cara mihi et ueras inter non ultima natas.'

VAL. FL. 5.605–614

„[…] Wenn ich all diese nennen wollte, welche Truppen und welche Fahnen wem folgen, [605] würde das Licht noch früher die feuchten Schatten
auflösen [als ich fertig bin]. Morgen wirst du die Schlachtreihen und morgen die unterschiedlichen Herrschaftsbereiche der Anführer sehen, wer
einen Regen von der steineschleudernden Schlinge sich erheben lässt,
welches Volk mit einem leichten Wurfspieß, welches mit einem bemalten
Köcher kommt. Stell dir nun die riesigen Felder vor [610] und sie, die mit
flügelfüßigem Wagen Leichen zertrampelt, Euryale, mit welchen Scharen
die Marstochter jubelt und wie stark sie ist, mit der erhobenen Streitaxt
und der Pelte, mir teuer und meinen echten Töchtern in nichts nachstehend.“

Euryale ist von Valerius Flaccus in Auseinandersetzung mit der Figur Camillas in der *Aeneis* gestaltet worden.[91] Wie diese hat sie keine Vorbilder in der
bekannten Mythologie und tritt in zwei Szenen auf: die erste Nennung findet
sich in der vorliegenden Passage im Rahmen des Colcherkatalogs, die zweite im
Rahmen der Kampfhandlungen in Colchis (Val. Fl. 6.367–385). Euryale wird als
Kriegerin des Aeetes, ebenso wie Camilla und Penthesilea bei Vergil, als letzte
in der Reihe der Krieger genannt.[92] In der Beschreibung der Krieger werden
verschiedene Topoi eingesetzt, die sie zum Beispiel in Bezug auf ihre Kleidung oder Bewaffnung als Nichtgriechen charakterisieren.[93] Die Namen der
Krieger sind „predominantly Eastern“, Euryales Name dagegen klingt vertraut
Griechisch.[94] Dieser positive Eindruck wird verstärkt durch Aeetes' Worte *cara
mihi et ueras inter non ultima natas* (mir teuer und meinen echten Töchtern in
nichts nachstehend, Val. Fl. 5.614), die an die Rede der Diana über ihren Schützling Camilla in Buch elf der *Aeneis* erinnern.[95] Gleichzeitig ist eine der Töchter

---

91    Vgl. Kühlmann 1973, 303, Wijsman 1996, 277, Spaltenstein 2004, 644.
92    Wijsman 1996, 276, weist darauf hin, dass auch die Jägerin Atalante, eine Figur mit zahlreichen Parallelen zu den Amazonen, bei Ovid als letzte im Katalog genannt wird (Ov. *met.*
      8.301–317). Zu Atalante als Amazone s. Mayor 2014, 1–13.
93    Vgl. Wijsman 1996, 265, Spaltenstein 2004, 536.
94    Vgl. Wijsman 1996, 276.
95    Verg. *Aen.* 11.537: *cara mihi ante alias* (sie, die mir vor anderen teuer), vgl. Wijsman 1996,
      277.

des Aeetes die zaubermächtige Medea, und über diesen Verweis spielt für das intendierte Publikum in der Charakterisierung Euryales auch der Aspekt des Außerordentlichen und des Bedrohlichen eine Rolle.

Insgesamt ist es schwierig zu entscheiden, ob Euryale an der „richtigen" oder der „falschen" Seite des bürgerkriegsähnlichen Konflikts steht. Aeetes und Perses sind in einen Bruderkrieg verwickelt, weil Perses, dem Willen der Götter gehorchend, Iason das Goldene Vlies übergeben will. Die Rolle Iasons jedoch macht die Situation verworren. Aeetes seinerseits hat Iason nämlich das allerdings lügenhafte Versprechen gegeben, ihm das Vlies zu überlassen, wenn er ihm gegen seinen Bruder Perses und dessen Skythen zu Hilfe käme. Iason sagt zu und begibt sich damit unwissentlich auf die falsche Seite, denn er kämpft für denjenigen, der sein Feind ist (Aeetes), gegen denjenigen, der auf seiner Seite steht (Perses). Euryale nun kämpft als Tochter des Mars, der seinerseits Gegner der Argonauten ist, auf der Seite des Aeetes zusammen mit Iason.[96] Die besondere Konstellation des Kampfes und die Darstellung der Kontrahenten lassen keine Aussage darüber zu, wer hier auf der „richtigen" und wer auf der „falschen" Seite des Konflikts steht. Man kann dementsprechend auch nicht von einer Dichotomie zwischen „Barbar" und „Römer" ausgehen, die in der Konfrontation zum Ausdruck käme.[97] In diesem komplexen Gefüge treten die Amazonen sowohl als Gegner als auch als Verbündete der Argonauten auf. Auch für sie muss demnach gelten, dass sie nicht als Symbol für ethnische Alterität eingesetzt werden.

Die vierte und letzte Nennung der Amazonen erfolgt im Rahmen der Kampfhandlungen im sechsten Buch. Zum ersten Mal bei Valerius Flaccus treten Amazonen nicht in den Worten oder Gedanken eines anderen Protagonisten in Erscheinung, sondern werden als Teilnehmerinnen des Geschehens vorgestellt. Vor ihrer Konfrontation mit Gesander, der auf Perses' Seite kämpft, tritt Euryale im Kampf um den Leichnam des Canthus auf. Dieser Kampf zeigt in Thema und Darstellung starke Anklänge an vergleichbare Szenen bei Homer und Vergil.[98] Canthus ist im Kampf gefallen, seine Kameraden wollen den Leichnam retten, der vom Schild des Telamon geschützt wird.

> ille iterum in clipei septemplicis improbus orbem
> arietat et Canthum sequitur Canthumque reposcit,

---

96  Zur Darstellung und Parteinahme der Kriegsgottheiten Mars/Ares und Minerva/Athene in Valerius Flaccus' *Argonautica* und Homers *Ilias* vgl. Schenk 1999, 207–208.
97  Vgl. Buckley 2010, 432.
98  Zu Vergil vgl. Wijsman 2000a, 149, Spaltenstein 2005, 110. Zu Homer vgl. Baier 2001, 189–190, Fucecchi 2006, 323–324.

quem manus a tergo socium rapit atque receptum
370  uirginis Euryales curru locat. aduolat ipsa
ac simul Haemonidae Gesandrumque omnis in unum
it manus. ille nouas acies et uirginis arma
ut uidet 'has etiam contra bellabimus?' inquit
'heu pudor!' inde Lycen ferit ad confine papillae,
375  inde Thoen, qua pelta uacat iamque ibat in Harpen
uixdum prima leui ducentem cornua neruo
et labentis equi tendentem frena Menippen,
cum regina grauem nodis auroque securem
congeminans partem capitis galeaeque ferinae
dissipat.
              VAL. FL. 6.367–380

Jener [d. i. Gesander] rammt wiederum ruchlos gegen den siebenfachen Rundschild und folgt Canthus, will Canthus in seine Macht bekommen, den eine Schar von Kameraden von hinten greift und, sowie sie ihn zurückgewonnen haben, auf den Wagen der jungen Euryale legt. Sie selbst stürmt herbei [370] und gleichzeitig die Haemoniden [d.h. die Argonauten], und die ganze Schar geht auf Gesander, den einen, los. Dieser sagt, als er die ungewohnten Schlachtreihen und die Waffen der jungen Frau sieht: „Müssen wir auch gegen diese Frauen kämpfen? Was für eine Schande!", und hierauf trifft er Lyce direkt neben der Brust und sodann Thoe, wo die Pelte sie nicht schützt, und schon ging er auf Harpe los, [375] die kaum den Bogen mit der leichten Sehne zu spannen begann, und Menippe, während sie die Zügel des stürzenden Pferdes anzog. Da schlägt die Königin mit dem von Knoten und Gold schweren Streitbeil doppelt zu und spaltet seinen Kopf und den Helm aus Tierhaut in zwei Teile.

Henri Wijsman hat den Skythen Gesander, Gegenspieler der Amazonen und insbesondere Euryales in dieser Passage, aufgrund deutlicher Übereinstimmungen in der Darstellung als *alter Mezentius* interpretiert.[99] Die Amazone Euryale als Gegnerin Gesanders kann deshalb an dieser Stelle mit Aeneas, dem Gegner des Mezentius in der *Aeneis*, parallelisiert werden. Diese Interpretation wird durch die Formulierung *aduolat ipsa* (Val. Fl. 6.370) unterstützt, die auf Vergils Wendung *aduolat Aeneas* rekurriert, mit der Aeneas in seinem Kampf

---

99  Wijsman 2000b.

gegen Mezentius beschrieben wird.[100] Gesander beurteilt das Auftreten der
Amazonen in seiner ersten Begegnung mit ihnen als Grenzüberschreitung (*sex-
role-crossover*), indem er ausruft: *has etiam contra bellabimus? | heu pudor!* (Val.
Fl. 6.373–374). Er verkennt damit, dass die Amazonen herausragende Kriegerinnen sind. Gesander besiegt in der Folge zwar einige Amazonen, wird aber
schließlich von Euryale brutal getötet (Val. Fl. 6.378–380). Sein Tod zeigt, dass
seine Einschätzung der Amazonen falsch war, und illustriert, was den Argonauten widerfahren wäre, wenn sie die Warnung des Phineus, dass die Amazonen
eher mit Göttinnen als mit sterblichen Frauen zu vergleichen seien, nicht ernst
genommen hätten. Auch hier finden sich deutliche Anklänge an die Aristie der
Camilla, die auf ähnliche Weise Orsilochus und Butes tötet, die ebenso wie
Gesander als besonders große Kämpfer dargestellt werden.[101] Euryale selbst
geht als Siegerin aus dem Kampf hervor; über ihr weiteres Schicksal erfahren
wir in den *Argonautica* nichts.

    Valerius Flaccus hat die Amazonen in vier aufeinander bezogenen und inter-
textuell eingebetteten Passagen als herausragende Kriegerinnen von göttlicher
Herkunft dargestellt. Die Straffung der Darstellung im Vergleich zu Apollonius
Rhodius führt zu einer stärkeren Betonung des Kriegertums und zu einer kohä-
renten Ausarbeitung der Charakterisierung: Die Amazonen werden zunächst
als kriegerisches Volk vorgestellt, in der nächsten Passage in die epische Tradition des Herculesmythos eingeordnet, um sie schließlich als auf diese Weise
episch legitimierte Kriegerinnen im Kampf um Colchis auftreten zu lassen –
der eigentlich nicht ihr Kampf ist.

## 5    Statius

Papinius Statius war bis in die Renaissance hinein einer der bekanntesten und
beliebtesten Dichter lateinischer Sprache, wie auch sein Auftreten als Jenseits-
führer in Dantes *Divina Commedia* bezeugt.[102] Statius wird in diesem diachronen Überblick vor Silius Italicus behandelt; die relative Chronologie der beiden
Autoren, die ungefähr zur gleichen Zeit gelebt haben, ist jedoch nicht abschlie-

---

100    Verg. *Aen.* 10.896: *aduolat Aeneas uaginaque eripit ensem* (herbei fliegt Aeneas, reißt
       das Schwert aus der Scheide). Vergil benutzt in der *Aeneis* insgesamt nur viermal die
       Formulierung *aduolat*, Valerius in den *Argonautica* zehnmal. Beide Autoren stellen nur
       an der vorliegenden Stelle das Subjekt (*ipsa/Aeneas*) direkt hinter das Prädikat *aduo-
       lat*.
101    Verg. *Aen.* 11.690–698, vgl. Fucecchi 2006, 330.
102    Einführend zu Statius s. die Einleitung zu *Brill's Companion to Statius*: Newlands u. a. 2015.

ßend zu klären. In der Forschung wird daher insbesondere die Frage nach der gegenseitigen Beeinflussung der Dichter untersucht.[103]

Die im späten ersten Jahrhundert verfasste *Thebais* erzählt in zwölf Büchern die Geschichte des Bruderzwistes der Ödipussöhne Eteocles und Polyneices, der in dem Kampf der Sieben gegen Theben ausgetragen wird. In der ersten Hälfte des Epos wird von den Vorbereitungen auf den Kampf berichtet, in der zweiten Hälfte von den Kampfhandlungen selbst. Im letzten Buch tritt unerwartet Theseus auf, um die schlimmsten Folgen des Krieges zu begrenzen.[104]

In der Forschung zu Statius' *Thebais* nimmt nicht zuletzt aufgrund der Tatsache, dass Statius selbst sein Epos mit den letzten Versen (Stat. *Theb.* 12.810–819) in die Tradition der *Aeneis* stellt, das Verhältnis zwischen den beiden Epen einen zentralen Platz ein. Susanna Braund identifiziert drei Hauptströmungen in der *Thebais*-Forschung: „the pessimistic, the optimistic and the pluralistic".[105] Diese unterschiedliche Sicht auf die *Thebais* zeigt sich besonders deutlich in der Interpretation des Theseus. Randall Ganiban nimmt die Klassifizierung Braunds auf und erläutert: Die „optimistische" Seite „reads Theseus at the end of the *Thebaid* as a positive force and often associates him to some extent with the emperor Domitian or the Flavian restoration of peace after the civil wars of 69 CE."[106] Die pessimistische Seite dagegen „sees Theseus as a disturbing character, and the *Thebaid* as commenting negatively on contemporary political issues."[107] Die pluralistische Strömung akzeptiert, dass die *Thebais* sich in dieser Hinsicht einer eindeutigen Zuordnung entzieht. Ganiban selbst, der der pluralistischen Strömung zuzuordnen ist, stellt in seiner wegweisenden Monografie dar, dass die politische Aussage der *Thebais* nicht so sehr in der grundsätzlich nicht zu rekonstruierenden historischen Haltung des Statius gegenüber Domitianus zu suchen sei. Es gehe vielmehr um die Auseinandersetzung mit dem Spannungsfeld zwischen Königtum und Prinzipat, das auch eine zentrale Rolle in der *Aeneis* spielt.[108]

Diese unterschiedlichen Positionen zur *Thebais* schließen sich nicht aus, sondern ergänzen einander vielmehr, indem sie zeigen, dass der Text verschiedene Zugänge bietet, die zu unterschiedlichen Interpretationsergebnissen füh-

---

103  Vgl. Lovatt 2010 zur Darstellung der Wettkämpfe in *Punica* 16 im Vergleich mit der *Thebais* und Ripoll 2015, der Silius und Statius unter Einbeziehung der *Silvae* und der *Achilleis* vergleicht.

104  Braund, S.M. 1996, 18, charakterisiert Theseus als einen der Tragödie entlehnten *deus ex machina*. Zur Einordnung des zwölften Buches in das Gesamtepos s. Pollmann 2004, 21.

105  Braund, S.M. 1996, 17, stellt sich selbst in die „optimistische" Interpretationstradition.

106  Ganiban 2007, 5.

107  Ebd.

108  Ganiban 2007, 6.

ren. Diese Art der Annäherung verspricht auch bei der Interpretation der Amazonen bei Statius fruchtbar zu sein. Die Amazonen treten zusammen mit Theseus auf und werden in der Forschung deshalb vor allem im Zusammenhang mit seiner Charakterisierung gesehen. Braund konstatiert: Theseus „is [...] cast in the role of the tamer of barbarism and the representative of civilization".[109] Sie begründet dies mit der *clementia*, die Theseus zeige, als die Frauen aus Argos ihn um Hilfe bitten, sodann mit der Tatsache, dass seine Rückkehr aus dem Krieg in Form eines – anachronistischen – römischen Triumphzuges geschildert wird, und vor allem damit, dass er einen Sieg über Amazonen errungen hat, die in Braunds Interpretation ein Symbol von Barbarentum sind.[110] Die Frauen aus Argos bitten Theseus um Hilfe, als er von einem Kriegszug gegen die Amazonen zurückkehrt. In diesem Zusammenhang werden die Amazonen zum ersten Mal genannt:

>         iamque domos patrias Scythicae post aspera gentis
> 520   proelia laurigero subeuntem Thesea curru
>         laetifici plausus missusque ad sidera uulgi
>         clamor et emeritis hilaris tuba nuntiat armis.
>         ante ducem spolia et, duri Mauortis imago
>         uirginei currus cumulataque fercula cristis
> 525   et tristes ducuntur equi truncaeque bipennes,
>         quis nemora et solidam Maeotida caedere suetae
>         gorytique leues portantur et ignea gemmis
>         cingula et informes dominarum sanguine peltae.
>         ipsae autem nondum trepidae sexumue fatentes
> 530   nec uulgare gemunt aspernanturque precari
>         et tantum innuptae quaerunt delubra Mineruae.
>                STAT. *Theb.* 12.519–531

Und schon wird Theseus, der nach schweren Kämpfen gegen das skythische Volk auf einem mit Lorbeer geschmückten Wagen in das heimische Land zurückkehrt, [520] von dem zum Himmel steigenden Beifall des begeisterten Volkes und der Kriegstrompete frohgemut angekündigt, jetzt da die Waffen niedergelegt sind. Vor dem Anführer wird die Kriegsbeute mitgeführt und, als garstiges Bild des Mavors, die Streitwagen der Frauen und die Tragen, vollgehäuft mit Helmen, und die traurigen Pferde und

---

109    Braund, S.M. 1996, 13.
110    Vgl. Braund, S.M. 1996, 12–13.

die zerbrochenen Streitäxte [525], mit denen sie Holz hackten und das Eis des Maeotis. Auch die leichten Köcher werden mitgetragen und die von Edelsteinen feurig glänzenden Wehrgehänge und die Schilde, besudelt vom Blut ihrer Herrinnen. Sie selbst aber sind noch nicht unruhig und geben ihr Geschlecht nicht zu erkennen, sie klagen nicht, so wie es gebräuchlich ist, und verschmähen es, zu fliehen [530], und verlangen nur nach dem Heiligtum der unverheirateten Minerva.[111]

Die Amazonen werden als Kriegsgefangene im Triumphzug des Theseus gezeigt. Zahlreiche Eigenschaften und Attribute, die sie als Kämpferinnen charakterisieren, werden genannt (*uirginei currus, cristis, equi, bipennes, goryti, cingula, peltae*, Stat. *Theb.* 12.524–528), wobei *uirginei* das jugendliche Alter der Kriegerinnen betont und der erste Hinweis ist, dass es sich bei dem skythischen Volk, das Theseus besiegt hat, um ethnische Amazonen handelt.[112] Die Konnotation der Kampfkraft, die mit diesen Attributen verbunden ist, wird jedoch unmittelbar relativiert: die Helme sind auf Tragen aufgehäuft, ihre Trägerinnen sind also in großer Zahl gefallen, die Pferde sind *tristes*, die Streitäxte *truncae* (Stat. *Theb.* 12.525). Überdies werden die Äxte als Werkzeuge beschrieben, nicht als Waffen (Stat. *Theb.* 12.526), und die Schilde sind verschmiert vom Blut ihrer Trägerinnen (Stat. *Theb.* 12.528). In den folgenden Versen (Stat. *Theb.* 12.532–539) wird die Reaktion der Athenerinnen dargestellt, die sich darüber wundern, dass Hippolyte, die Königin der Amazonen, augenscheinlich mit den Gebräuchen ihrer Heimat gebrochen hat, einen Ehebund mit Theseus eingegangen ist und ein Kind erwartet.

Nachdem Theseus den Auftrag, gegen Theben in den Kampf zu ziehen, angenommen hat, wird die Amazonenkönigin Hippolyte noch einmal kurz erwähnt:

isset et Arctoas Cadmea ad moenia ducens
Hippolyte turmas: retinet iam certa tumentis
spes uteri, coniunxque rogat dimittere curas
Martis et emeritas thalamo sacrare pharetras.
STAT. *Theb.* 12.635–638

Auch Hippolyte wäre gegangen und hätte die nördlichen Truppen gegen die Festung des Cadmus geführt. Die sichere Hoffnung des schwellenden

---

111    Text: Hall (Hg.) 2007. Die Übersetzungen sind von der Verfasserin.
112    Vgl. Pollmann 2004, 214.

Bauches hält sie zurück, und ihr Mann bittet sie, die Geschäfte des Mars ruhen zu lassen und ihre ausgedienten Waffen der Ehe zu weihen.

Hippolyte will ins Feld ziehen, kann aber wegen ihrer Schwangerschaft nicht mehr kämpfen, und Theseus bittet sie, ihre Waffen aufzugeben. Durch die Formulierung *emeritas* [...] *sacrare pharetras* wird Hippolytes Handlung mit der eines Veteranen verglichen, der nach Ablauf seiner Dienstzeit seine Waffen den Göttern weiht.[113] Die Amazone nimmt also nach dem Kampf, wie andere Veteranen auch, eine andere Rolle an, in diesem Fall die der Ehefrau und Mutter. Ihr Kampfeswille hat sich dadurch aber nicht verändert.

Die letzte Nennung der Amazonen schließlich findet sich kurz vor dem Ende der *Thebais*. Theseus und Creon stehen einander auf dem Schlachtfeld gegenüber. In völliger Verkennung der tatsächlichen Lage fordert Creon Theseus zum Kampf heraus.

> „Non cum peltiferis" ait „haec tibi pugna puellis,
> uirgineas ne crede manus. hic cruda uirorum
> 763  proelia: nos magnum qui Tydea quique furentem
> Hippomedonta neci Capaneaque misimus umbris
> pectora. [...]"
>
> STAT. *Theb.* 12.761–765

„Nicht gegen peltetragende Mädchen", sagte er, „führst du diesen Kampf, erwarte keine Jungfrauenhände. Hier gibt es blutige Männerschlachten: wir sind es, die den großen Tydeus und den rasenden [763] Hippomedon in den Tod geschickt haben und das Herz des Capaneus zu den Schatten. [...]"

Creon qualifiziert das Kämpfen der Amazonen implizit als Grenzüberschreitung (*sex-role-crossover*) und versucht Theseus zu schmähen, indem er dessen Gegnerinnen herabsetzt und selbst als Mann und Thebaner Anspruch auf verschiedene Siege im Zweikampf erhebt. Er wird jedoch bereits wenige Verse später mühelos von Theseus getötet (Stat. *Theb.* 12.773–778). Durch seinen Sieg über die Amazonen wird Theseus also keineswegs abgewertet, sondern im Gegenteil als Krieger bestätigt. Die Einschätzung der Situation, die Creon

---

113  Pollmann 2004, 245, weist auf eine andere Variante des Mythos hin, in der Theseus zusammen mit seiner Ehefrau, die in der Version Antiope ist, für Athen gegen die Amazonen kämpft.

äußert, ist insgesamt vor allem Ausdruck seiner geistigen Verwirrung.[114] Diese Passage, in der das Kämpfen der Frauen zunächst als *sex-role-crossover* charakterisiert wird, erweist sich damit kontextuell als eine Bestätigung ihrer Kampfkraft und damit als Einordnung des Kämpfens als *transgendered*.

Anders als Karla Pollmann sieht Keith die Amazonen bei Statius nicht in erster Linie als Barbarinnen, sondern als Symbol weiblicher Grenzüberschreitung (*sex-role-crossover*): „Theseus' victory over the Amazons restores the order of cosmos by reinstating the 'natural' hierarchy of gender."[115] Auch Pollmann sieht Theseus in ihrem Kommentar als einen „guarantor of civil and humane values". Die Nennung der Amazonen diene darum lediglich dazu, seine Position zu verstärken: „By mastering the militant and uncivilized Amazons, Theseus symbolically earns the authority to impose settlement in the world of the *Theb.*"[116] Fredrick Ahl, der Braunds Klassifizierung zufolge der pluralistischen Strömung angehört[117], vertritt eine andere Einordnung des Theseus. Er geht dabei ebenfalls von der Darstellung der von Braund und Pollmann betonten *clementia* des Theseus aus. Theseus begegnet den Frauen von Argos bei dem Altar der *Clementia*. Dieser Altar, legt Ahl dar, rufe Erinnerungen an den Areopag auf, bei dem die Amazonen in ihrem Krieg gegen Theseus und Athen ihr Lager aufgeschlagen hatten.[118] Anlass dieses Krieges war, dass Theseus eine der Amazonen unter Missachtung des Gastrechtes entführt hatte.[119] In der Beschreibung der Amazonen als besiegte Gegner schwinge also eine Erinnerung an das Unrecht mit, das sie von Theseus erlitten haben. Ahl sieht in der *Thebais* an zahlreichen Stellen Verweise auf das negative Verhalten des Theseus gegenüber Frauen und kommt zu dem Schluss: „Statius studiedly balances Theseus' chivalry towards the Argive women with reminders of the shameful treatment he has accorded others, particularly the Amazons. We must not, then, exaggerate Theseus' stature in the *Thebaid.*"[120]

Einen ganz anderen Aspekt beleuchtet Keith, indem sie die gegenseitige Beeinflussung der Darstellung historischer Ereignisse und epischer Handlungen untersucht. Sie vergleicht die Darstellung Hippolytes bei Statius mit der Darstellung der Ereignisse um die historische britannische Heerführerin Bou-

---

114   Vgl. Pollmann 2004, 271.
115   Keith 2000, 99.
116   Pollmann 2004, 212.
117   Vgl. Braund, S.M. 1996, 18.
118   Vgl. Ahl 1982, 934–935.
119   Diese Version ist in den Parallelbiographien Plutarchs überliefert (Plut. *Thes.* 13.4–5). Perrin 1914, 62.
120   Ahl 1982, 935.

dicca bei Tacitus und konstatiert: „If contemporary Roman descriptions of Bou-
dicca implicitly draw on the mythological figure of the Amazon, the fate of the
historical British queen may reciprocally inform the Flavian epicists' represen-
tation of Amazonian warrior queens."[121] Gerade für diejenigen Epen, zu denen
zeitgenössische historische Texte überliefert sind, kann dies ein fruchtbarer
Interpretationsansatz sein.

Wie in diesem kurzen Überblick der Forschungspositionen deutlich wurde,
sind die Charakterisierung des Theseus durch seinen Sieg über die Amazonen
und die Charakterisierung der Amazonen selbst eng miteinander verbunden.
In der komprimierten Darstellung der Amazonen bei Statius treten die Aspekte
Kriegertum und Genderrollen besonders hervor. Die Frage, welche Interpretationsmöglichkeiten die Darstellung der Amazonen jenseits einer Hilfsfunktion
zur Charakterisierung des Theseus bietet, wird in den Kapiteln zum Äußeren
und zur Abstammung der Amazonen untersucht.

## 6    Silius Italicus

Silius Italicus schrieb sein historisches Epos *Punica* über den Zweiten Punischen Krieg am Ende des ersten Jahrhunderts. Die Auseinandersetzung mit
seinem Werk wurde bis weit ins zwanzigste Jahrhundert hinein von der ver-
breiteten Auffassung geprägt, dass das nachvergilische Epos im Allgemeinen
von grundsätzlich schlechterer Qualität sei.[122] Im Zentrum des modernen For-
schungsinteresses steht die Frage nach dem Verhältnis der *Punica* zu den Vorbildern in Historiographie und Epos.[123] Für die Figur der Asbyte gibt es weder
mythologische noch historische Quellen.[124] Umso auffälliger ist es, dass Silius
in seinem historischen Epos eine Kriegerin auftreten lässt, deren Darstellung
von der zeitgenössischen Schilderung historischer Kriegerinnen beeinflusst
sein kann, wie Keith dargelegt hat.[125] Jochem Küppers zeigt, dass die Beschreibung des Kampfes um Saguntum gerade auch wegen der Gestaltung Asbytes

---

121   Keith 2013, 295, bezieht sich hier sowohl auf Statius als auch auf Silius Italicus. Zu Bou-
        dicca Braund, D. 1996.
122   Vgl. Dominik 2010, 425.
123   Als Einführung zu Leben und Werk s. die Einleitung von Augoustakis (Hg.) 2010, für einen
        Forschungsüberblick zu Silius s. Dominik 2010. Zur Chronologie von Silius und Statius
        siehe oben S. 42–43 mit Fußnote 163, zum Verhältnis zwischen Silius und Valerius Flaccus
        vgl. Heerink 2013, Augoustakis 2014.
124   Vgl. Küppers 1986, 141.
125   Keith 2013, 295–296.

als typisch epischer Teil der *Punica* gesehen werden müsse.[126] Die Darstellung
von Asbytes Herkunft, Aristie, Tod und Bestattung im zweiten Buch der *Punica*
(Sil. 2.56–269) formt eine der umfangreichsten individuellen Beschreibungen
einer Kriegerin.[127] Die Figur ist, wie die Forschung einhellig festgestellt hat,
in überdeutlicher Auseinandersetzung mit Vergils Camilla entstanden, Silius
rezipiert jedoch auch zahlreiche andere Texte.[128] Nachdem im ersten Buch
die Gründe des Krieges dargelegt worden sind, nehmen im zweiten Buch die
Kriegshandlungen um die belagerte und mit Rom verbündete Stadt Saguntum ihren Anfang. Um die analysierten Textstellen besser einordnen zu können, wird zunächst ein Überblick über die Passage gegeben, in der Asbyte
auftritt (Sil. 2.56–269). In Sil. 2.56–81 werden Asbytes Abstammung, Jugend
und Äußeres mit zahlreichen Details abgebildet. Die Verse 2.82–88 beschreiben ihr Gefolge von Kriegerinnen und Asbytes unablässigen Angriff auf die
Mauern Saguntums mit Pfeil und Bogen. In den Versen 89–109 wird Asbytes
erster Gegner, der Bogenschütze Mopsus, ein ehemaliger Iuppiterpriester aus
Kreta, eingeführt. In 2.110–120 wird Mopsus im Kampf gezeigt: Er greift Asbyte
an, tötet aber eine Frau aus ihrem Gefolge, Harpe, die sich schützend vor ihre
Anführerin geworfen hat. Als Vergeltung töten Asbyte und Hannibal seine zwei
Söhne, woraufhin Mopsus Selbstmord begeht, indem er sich von der Stadtmauer stürzt (Sil. 2.121–147). Direkt anschließend tritt Asbytes zweiter indivi-
dueller Gegner, Theron, auf. Die Konfrontation zwischen den beiden wird in
Sil. 2.148–207 geschildert. Der Herculespriester Theron, dargestellt als Inkarna-
tion seines Gottes, will Wagen und Rüstung Asbytes als höchsten Kampfpreis
erringen und greift sie deshalb an (Sil. 2.148–168). Asbyte weicht zunächst aus
und tötet in schneller Folge drei namentlich genannte Gegner (Sil. 2.169–187),
bevor sie sich wieder Theron zuwendet. Sie hofft ihrerseits, die Raubtierhaut,
die er trägt, als Spolienopfer für Dictynna zu erringen (Sil. 2.188–191). Theron
benutzt jedoch die Haut, um Asbytes Pferde scheuen zu lassen, woraufhin sie
von ihrem Wagen fällt und auf brutale Weise von Theron getötet wird. Er zeigt
den Saguntinern stolz nicht nur den erbeuteten Streitwagen Asbytes, sondern
auch ihren Kopf, aufgespießt auf eine Lanze (Sil. 2.192–205). Ohne es zu wissen, ist Theron nun dem Tod geweiht, denn Hannibal rächt den Tod Asbytes
unmittelbar (Sil. 2.206–210). In den Versen 2.211–232 wird die überwältigende
Angst geschildert, die Hannibal den Saguntinern einflößt, bevor es in 2.233–263

---

126   Küppers 1986, 142. Zu Silius' Auseinandersetzung mit seiner Position zwischen mytholo-
      gischem und historischem Epos vgl. Marks 2010.
127   Die anderen zwei sind Camilla bei Vergil und Penthesilea bei Quintus Smyrnaeus.
128   Vgl. Wilson 2004, Uccellini 2006, Bernstein 2017, XXII.

zur entscheidenden Konfrontation kommt, in der Hannibal Theron erschlägt und ihm den Streitwagen Asbytes wieder abnimmt. Die Episode um Asbyte schließt mit der Beschreibung ihres ehrenvollen Begräbnisses, während der Leichnam des Theron geschändet und den Vögeln zum Fraß vorgeworfen wird (Sil. 2.264–269). Viel später (Sil. 3.299) wird erwähnt, dass die Truppen Asbytes weiterhin am Kampf teilnehmen, jetzt unter dem Kommando ihres Bruders.

Asbyte ist von ihrem ersten Auftreten an intertextuell eingebunden. Durch ihre Abstammung von dem nordafrikanischen König Hiarbas wird innerhalb der *Punica* Asbytes Verbundenheit mit den lokalen Völkern Nordafrikas betont und gleichzeitig eine Verbindung mit der *Aeneis* geschaffen, in deren viertem Buch der nordafrikanische König Iarbas als abgewiesener Verehrer Didos auftritt.[129] Bei Silius folgt der Darstellung von Asbytes Abstammung eine Beschreibung Asbytes selbst und ihrer Kriegerinnen:

> haec ignara uiri uacuoque adsueta cubili
> uenatu et siluis primos defenderat annos;
> 70  non calathis mollita manus operataue fuso
> Dictynnam et saltus et anhelum impellere planta
> cornipedem ac strauisse feras immitis amabat,
> quales Threiciae Rhodopen Pangaeaque lustrant
> saxosis nemora alta iugis cursuque fatigant
> 75  Hebrum innupta manus; spreti Ciconesque Getaeque
> et Rhesi domus et lunatis Bistones armis.
>
>        SIL. 2.68–76

Sie hatte ihre ersten Jahre bei der Jagd in den Wäldern verbracht, ohne Männer zu kennen und gewöhnt an ihr freies Lager; ohne dass ihre Hände zart wurden vom Wollkorb oder sie sich beschäftigte mit der Spindel, [70] liebte sie Dictynna und die Bergwälder. Und sie liebte es, das schnaubende Pferd mit der Ferse anzutreiben und wilde Tiere zur Strecke zu bringen. So wie die Thrakerinnen die Rhodopen durchstreifen und die hohen pangaeischen Wälder auf den felsigen Gebirgszügen und die unverheiratete Schar den Hebrus im schnellen Lauf erschöpft. Diese verschmähten die Kikonen und die Geten, [75] den Palast des Rhesus und die Bistonen mit ihren gekrümmten Waffen.[130]

---

129   Der Name wird bei Vergil als „Iarbas", bei Silius als „Hiarbas" geschrieben.
130   Text: Delz 1987. Die Übersetzungen sind von der Verfasserin.

In der vorliegenden Passage wird zunächst Asbytes Kindheit und Jugend als Anhängerin Dianas erzählt, die hier mit ihrem poetischen Namen Dictynna bezeichnet wird (Sil. 2.68–72).[131] Die Schilderung ihrer jungen Jahre ist ein Hinweis auf Vergils Camilla als Bezugspunkt, denn diese ist die einzige andere Kriegerin im Epos, deren Jugend thematisiert wird. Auch in der Darstellung von Asbytes Äußerem finden sich Anklänge an Camilla.[132] Darüber hinaus rekurriert die Formulierung *quales Threiciae* (Sil. 2.73) auf den Vergleich Camillas mit den Amazonen: *quales Threiciae cum flumina Thermodontis | pulsant* (wie thrakische Amazonen, wenn sie über den Fluss Thermodon traben, Verg. *Aen.* 11.659–660).[133] Asbyte und ihre Kriegerinnen werden hier also in Beziehung zu Camilla gesetzt und gleichzeitig mit ethnischen Amazonen verglichen. Der Bezugspunkt ist in dieser Passage die Schnelligkeit und die Energie der Kriegerinnen. Bei Silius wird explizit die Beziehung Asbytes sowie der Frauen, die unter ihrem Kommando stehen, zu Männern beschrieben: Asbyte ist *ignara uiri* (Sil. 2.68), dies gilt jedoch nicht für alle Frauen ihres Gefolges, denn einige von ihnen sind das *foedus amoris* eingegangen (Sil. 2.83–84).[134] Für die Figur der Kriegerin bedeutet dies, dass weibliches Kriegertum und eine Verbindung mit Männern einander nicht ausschließen, wie auch Statius' Hippolyte verdeutlicht.[135] Auffällig ist in diesem Zusammenhang, dass Asbyte und ihre Kriegerinnen, anders als Camilla bei Vergil, Hippolyte bei Statius oder Penthesilea bei Quintus Smyrnaeus, nicht erotisierend dargestellt werden.[136] Insgesamt unterscheidet Asbyte sich in ihrer Darstellung als bedrohliche und beeindruckende Kriegerin nicht von männlichen Kriegern.

Der zweite Teil ihrer Darstellung ist Asbytes Konfrontation mit dem Herculespriester Theron und ihrem Tod gewidmet (Sil. 2.148–207).[137] Küppers liest den in brutalem Detail beschriebenen Tod Asbytes wiederum als Reminiszenz an die homerischen Epen, mit der Silius sein historisches Epos in die Tradition des heroischen Epos stelle.[138] Augoustakis interpretiert Asbytes Enthauptung dagegen als symbolische Bestrafung weiblicher Grenzüberschreitung (*sex-role-*

---

131  Vgl. Spaltenstein 1986, 112.
132  Zu Text und Analyse der Passage zum Äußeren (Sil. 2.77–81) siehe unten S. 76–78. Vgl. Spaltenstein 1986, 112–113.
133  Für den Text der gesamten Passage (Verg. *Aen.* 11.659–663) siehe oben S. 36.
134  Zu *foedus* als „Bindung" in verschiedener Bedeutung s. Spaltenstein 1986, 114–115.
135  Vgl. oben S. 45–46. Anders Augoustakis 2010, 119, der die Passage als Betonung der Jungfräulichkeit insbesondere Asbytes liest.
136  Vgl. Sharrock 2015, 173. Anders Uccellini 2006, 235, die eine indirekte Erotisierung aus dem Vergleich mit Camilla ableitet.
137  Zur Analyse siehe unten S. 130–134.
138  Küppers 1986, 152.

*crossover*), denn „[i]n a heroic epic, such as the *Punica*, the Amazon's masculinity must be marginalised, while the phallic power of her head [...] must be
annihilated."[139] Insgesamt vermag seine psychoanalytisch geprägte Interpretation nicht zu überzeugen, denn sie erklärt nicht den vergleichbaren Tod männlicher Krieger bei Silius, wie zum Beispiel den Tod des Scaevola im neunten
Buch der *Punica* und die zahlreichen Enthauptungen männlicher Krieger.[140]
Gegen Augoustakis' stark symbolische Interpretation spricht ebenfalls, dass die
Schändung eines besiegten Gegners im Epos nicht ungewöhnlich ist; sie hat ihr
bekanntestes Vorbild in der Misshandlung des Leichnams von Hector. Manfred Fuhrmann zeigt darüber hinaus in seiner Studie zu grausamen Details in
lateinischer Dichtung überzeugend, dass bei Silius, anders als bei Vergil oder
Lucanus, „gerade die physische Entstellung Heldentum zu dokumentieren" vermag.[141] In diesem Sinne bestätigt das grausame Ende Asbytes ihr Heldentum.

Hannibal rächt den Tod Asbytes und besiegt Theron in einem Kampf, der
Motive aus dem Kampf Hectors gegen Achilles aufnimmt und so die Konfrontation zwischen Hannibal und Theron als „a duel between champions" charakterisiert.[142] Durch die Rache Hannibals und die Stärke Therons wird auch
*ex post* der Status Asbytes als Kriegerin unterstrichen, die von Theron wegen
des zu gewinnenden Prestiges als Gegnerin ausgewählt wurde und nach ihrem
Tod von Hannibal in homerischer Tradition gerächt wird. Asbytes Bestattung
betont ihren Status ebenfalls und verarbeitet gleichzeitig ein traditionell episches Motiv: Asbyte erhält eine ehrenvolle Feuerbestattung und einen Grabhügel (Sil. 2.264–269), der Leichnam Therons dagegen wird dreimal um ihren
Grabhügel geschleift.[143]

Asbyte ist in Auseinandersetzung mit Vergils Camilla und anderen epischen,
vielleicht auch historischen Vorbildern gestaltet. Sie wird als dynamische, unerschrockene Kriegerin in der Tradition der Amazonen dargestellt, deren Kampf-

---

139   Augoustakis 2010, 126.
140   Der Tod Scaevolas, Sil. 9.395–400: *tum silicem scopulo auulsum, quem montibus altis | detu-*
      *lerat torrens, raptum contorquet in ora | turbidus. incusso crepuerunt pondere malae, | abla-*
      *tusque uiro uultus. concreta cruento | per nares cerebro sanies fluit, atraque manant | orbibus*
      *elisis et trunca lumina fronte.* (Er [ein Karthager] schleuderte einen Stein, herausgerissen
      aus dem Felsen und von einem Sturzbach von den hohen Bergen mitgeführt, mit Kraft
      in sein [Scaevolas] Gesicht. Seine Kiefer knirschten unter dem schweren Gewicht, das sie
      traf, seine Gesichtszüge wurden zermalmt. Flüssigkeit, dicker geworden durch blutiges
      Hirn, fließt aus den Nasenlöchern und etwas Schwarzes strömt von den Augen herunter
      aus den Augenhöhlen und der zerstörten Stirn.) Zur Enthauptung bei Silius als politischem Symbol s. Marks 2008.
141   Fuhrmann 1968, 63.
142   Bernstein 2017, 117–118.
143   Zur Parallele mit Patroclus vgl. Spaltenstein 1986, 132.

kraft von Freund und Feind anerkannt wird. Durch die zahlreichen, teils anachronistischen Verweise auf homerische Vorbilder betont das Auftreten der
Kriegerin Asbyte den traditionellen Charakter des historischen Epos und ordnet es damit in die Tradition der Heldenepen ein.

## 7    Quintus Smyrnaeus

Quintus Smyrnaeus lebte wahrscheinlich im dritten nachchristlichen Jahrhundert im kleinasiatischen Smyrna.[144] In seinem in stark homerisierender Sprache geschriebenen Epos *Posthomerica* schildert er in vierzehn Büchern die
Ereignisse, die sich nach dem Tod Hectors (dem Ende der *Ilias*) und vor der
Rückreise der Griechen (dem Anfang der *Odyssee*) abspielen. Den direkten
Anschluss an die *Ilias* formt die Ankunft Penthesileas nach der Bestattung Hectors. Das erste Buch ist ganz ihrer Charakterisierung und der Beschreibung
ihrer Aristie und ihres Todes gewidmet. In den folgenden Büchern wird die
Aristie Memnons beschrieben, danach der Tod des Achilles und der Streit um
seine Waffen, die Ereignisse um Neoptolemus und Philoctetes und schließlich
der Bau des hölzernen Pferdes, die Zerstörung Trojas und die Einschiffung der
Griechen zur Rückreise.

Quintus Smyrnaeus' Qualitäten als epischer Dichter in homerischer Tradition wurden lange Zeit nicht gewürdigt.[145] Ein wesentlicher Teil der Qualitäts-
debatte war die Frage, wie Quintus mit seinen Quellen umgegangen sei, insbesondere, ob er als Dichter des griechischen Sprachraums Vergil gekannt habe
oder nicht.[146] Ungefähr seit der Jahrtausendwende nimmt das Forschungsin-
teresse an den *Posthomerica* deutlich zu, wie das Erscheinen von Übersetzungen, Monografien, Aufsätzen und eines Tagungsbandes zeigt.[147] Ursula Gärtner
hat in ihrer Studie zur Rezeption der *Aeneis* in der griechischen Literatur der
Kaiserzeit die Frage nach dem Verhältnis zwischen Quintus und Vergil untersucht und in überzeugender Analyse gezeigt, dass die These einer gemeinsa-

---

144    Einleitend zu Leben und Werk des Quintus sowie zum Forschungsstand bezüglich der
       *Posthomerica* Baumbach, Bär 2007.
145    Vgl. den programmatischen Titel von Schmidt 1999: *Quintus, der schlechteste Dichter des
       Altertums?*
146    Die zwei Kernpositionen der Debatte waren: Quintus kannte Vergil und rezipierte ihn
       (Keydell 1954), Quintus und Vergil benutzten gemeinsame Vorgängertexte (Vian 1959, 1963,
       1966, 1969). James 2007 fasst die Debatte zusammen.
147    Übersetzungen: James 2004 und Hopkinson 2018 ins Englische und Gärtner, U. 2010 ins
       Deutsche. Monografien: Gärtner 2005, Maciver 2012. Tagungsband: Baumbach u.a. (Hg.)
       2007.

men Quelle nicht zu halten ist, sondern dass man davon ausgehen kann, dass
Quintus Vergil wahrscheinlich gekannt und rezipiert hat.[148] Calum Maciver
untersucht das poetologische Konzept der *Posthomerica* am Beispiel von Gno-
men, Ekphrasen und Gleichnissen, deren Gestaltung er mit derjenigen Homers
vergleicht.[149] Für das erste Buch der *Posthomerica*, das der Amazone Penthesilea gewidmet ist, wurde insbesondere auch die Beziehung zur *Aithiopis* untersucht, einem nur in einer Zusammenfassung und einigen Fragmenten überlieferten Epos aus dem Epischen Zyklus.[150] Insgesamt zeigt sich in der Forschung
eine Tendenz zur Neubewertung der Qualität der *Posthomerica*, in der Quintus'
Werk in den literarischen Diskurs seiner Zeit eingeordnet und als ambitionierte
Auseinandersetzung mit der epischen Tradition gewürdigt wird. Ein Desiderat
besteht noch immer in Kommentaren zu den einzelnen Büchern: bisher sind
lediglich (Teil-)Kommentare zu den Büchern 1, 5, 7, 10 und 12 erschienen.[151]

Das erste Buch der *Posthomerica* wird im Folgenden als Grundlage für die
Analyse der Darstellung Penthesileas kurz zusammengefasst: Ohne Proömium
schließt Quintus Smyrnaeus mit den ersten Versen der *Posthomerica* direkt an
das Ende der *Ilias* an (Q. Smyrn. 1.1–17) und beschreibt danach die Ankunft
Penthesileas mit zwölf Amazonen bei Troja (Q. Smyrn. 1.18–47). Zunächst werden zwei Gründe für ihr Auftreten im Trojanischen Krieg genannt: einerseits
will sie kämpfen, andererseits hofft sie, von der Sünde des Schwestermordes
gereinigt zu werden (Q. Smyrn. 1.18–32). Danach wird das Gefolge Penthesileas
beschrieben (Q. Smyrn. 1.33–47). Penthesilea wird als Kriegerin von strahlender
Schönheit vorgestellt, deren Ankunft den verzweifelten Trojanern neue Hoffnung gibt (Q. Smyrn. 1.48–73). Sie wird von Priamus mit allen Ehren empfangen
(Q. Smyrn. 1.74–92) und verspricht, Achilles zu töten und die Flotte der Griechen zu vernichten (Q. Smyrn. 1.93–97). Dies führt zu ersten Verweisen auf Penthesileas späteren Tod im Kampf: Andromache ist davon überzeugt, dass Penthesilea Achilles nicht gewachsen ist (Q. Smyrn. 1.98–117). Athene schickt Penthesilea einen trügerischen Traum, der sie in ihrer Hoffnung, Achilles zu besiegen, fälschlich bestätigt (Q. Smyrn. 1.118–137). Nach einer ausführlichen Szene,

---

148   Gärtner 2005, 287, formuliert sehr zurückhaltend: „Kenntnis aber sowie Übernahme und
      Umsetzung einzelner Motive oder Szenen wie auch eine gewisse Auseinandersetzung mit
      dem Nationalepos der Römer wird man dem Dichter der Posthomerica nicht gänzlich
      absprechen können."
149   Vgl. Maciver 2012.
150   Zu den Quellen der *Posthomerica* und dem Zusammenhang mit dem Epischen Zyklus s.
      James 2004, XVII–XXI, Bär 2009, 36–69. Text und Kommentar der *Aithiopis*: West 2013,
      129–162.
151   Buch 12: Campbell 1981, Buch 5: James, Lee 2000, Buch 1 Vers 1 bis 219: Bär 2009, Buch 7:
      Tsomis 2018a, Buch 10: Tsomis 2018b.

in der Penthesilea sich zum Kampf rüstet (Q. Smyrn. 1.138–160), beginnt ein neuer Kampftag um Troja, in dessen Mittelpunkt der Kampf Penthesileas und der Amazonen und ihre Wirkung auf Trojaner und Griechen steht (Q. Smyrn. 1.161–402). Auch die trojanischen Frauen beobachten die Schlacht und werden vom Auftreten der Amazonen inspiriert, selbst in den Kampf einzugreifen. Es entspinnt sich eine Diskussion zwischen zwei trojanischen Frauen über die Frage, ob die Frauen an der Schlacht teilnehmen sollen oder nicht. Aufgrund ihrer mangelnden Erfahrung und Ausbildung im Kampf entscheiden die Frauen sich gegen ein Eingreifen (Q. Smyrn. 1.402–474). Penthesilea kämpft heldenhaft. Es gelingt den Trojanern unter ihrer Führung beinahe, die griechischen Schiffe in Brand zu stecken, und in diesem Moment greifen die größten Helden der Griechen, Achilles und Ajax, die sich bisher abseits gehalten haben, in den Kampf ein (Q. Smyrn. 1.475–537). Penthesilea bemerkt sie und greift die beiden sofort an. Ihre Geschosse prallen jedoch aufgrund göttlicher Vorsehung nutzlos ab (Q. Smyrn. 1.538–567). Ajax verlässt den Ort der Konfrontation, und Penthesilea wird schnell von Achilles getötet (Q. Smyrn. 1.568–621). Nach ihrem Tod werden sowohl Achilles als auch die anderen Griechen von Penthesileas Anziehungskraft überwältigt und hätten sie selbst oder zumindest eine Frau wie sie gerne zur Ehefrau (Q. Smyrn. 1.622–674). Penthesileas Vater, der Kriegsgott Ares, wird nur durch das Eingreifen des Zeus daran gehindert, sich an dem Mörder seiner Tochter zu rächen (Q. Smyrn. 1.675–715). Achilles' Trauer um Penthesilea – eine Trauer, die mit Achilles' Trauer um Patroclus verglichen wird – interpretiert Thersites als Zeichen der Feigheit, woraufhin er von Achilles erschlagen wird (Q. Smyrn. 1.716–781). Aus Bewunderung für Penthesilea übergeben die Griechen ihren Leichnam und die der anderen gefallenen Amazonen den Trojanern, die ihnen eine ehrenvolle Bestattung ausrichten und bei den trojanischen Königsgräbern ein Grabmal für sie erbauen (Q. Smyrn. 1.782–810). Auch die Griechen bestatten ihre Toten, abgesehen von Thersites, ehrenvoll (Q. Smyrn. 1.811–830).

Bereits diese kurze inhaltliche Präsentation des ersten Buches der *Posthomerica* bietet zahlreiche Ansatzpunkte für eine weitere Analyse. Einige Aspekte, wie zum Beispiel das Äußere, die Abstammung und die Bewährung Penthesileas im Kampf, werden in den Kapiteln zu den jeweiligen Themen untersucht. An dieser Stelle soll exemplarisch die Passage Q. Smyrn. 1.402–474 analysiert werden, in der zwei trojanische Frauen, Hippodamea und Theano, darüber diskutieren, ob sie angesichts der Tatsache, dass auch andere Frauen kämpfen, ebenfalls zu den Waffen greifen sollen.[152] John Dillon zeigt in seiner Studie

---

152    Vgl. Borowski 2016.

zur Datierung der *Posthomerica* überzeugend, dass diese Diskussion als Ausdruck eines hellenistischen Diskurses über Geschlechterverhältnisse gesehen werden muss.[153] Nur an dieser Stelle innerhalb aller Heldenepen wird die Frage diskutiert, ob Frauen aktiv am Kampf teilnehmen können und sollen. Dies bietet eine interessante Perspektive auf das Handeln Penthesileas und in der Retrospektive auch auf das der anderen Amazonen.

Silvio Bär stellt die *Posthomerica* in seinem sehr umfassenden Teilkommentar zum ersten Buch von Quintus Smyrnaeus' *Posthomerica* überzeugend als kreative und ambitionierte Auseinandersetzung des Quintus mit den homerischen Epen dar. Er setzt sich ausführlich mit dem Amazonenmythos und dessen Bedeutung für das Epos des Quintus Smyrnaeus auseinander und leitet aus der Passage um Hippodamea und Theano zentrale Argumente seiner Interpretation ab. Seine Ausführungen zum poetologischen Programm des Dichters, die bei dem Gedanken ansetzen, dass das Kämpfen der Amazonen ein Verstoß „gegen die gottgewollte Ordnung"[154] sei, vermögen jedoch nicht zu überzeugen.[155] Bär erläutert, dass seiner Interpretation eine „psychologisch motivierte Mythendeutung" zugrunde liege, innerhalb derer er „die Bedrohlichkeit der Amazonen nicht in deren Anderssein an sich sieht, sondern darin, dass sie als Frauen sich in den Männern vorbehaltene Sphären vorwagen".[156] Die Darstellung von Amazonen ist für ihn damit *a priori* eine Darstellung weiblicher Grenzüberschreitung (*sex-role-crossover*). Seine Interpretation der genannten Passage als „Bekenntnis zu den traditionellen Rollenverteilungen der Geschlechter"[157] ist jedoch fragwürdig.

Die Darstellung der Diskussion der Frauen bei Quintus Smyrnaeus ist wahrscheinlich eine Reaktion auf eine vergleichbare Passage bei Vergil[158]:

> ipsae de muris summo certamine matres
> (monstrat amor uerus patriae, ut uidere Camillam)
> 893   tela manu trepidae iaciunt ac robore duro
> stipitibus ferrum sudibusque imitantur obustis
> praecipites, primaeque mori pro moenibus ardent.
>
> VERG. *Aen.* 11.891–895

---

153   Vgl. Dillon 1995. Seine Datierung ablehnend dagegen Bär 2009, 17–18.
154   Bär 2009, 111.
155   Vgl. die Rezension von Gärtner, Th. 2010.
156   Bär 2009, 111.
157   Bär 2009, 117.
158   Vgl. Gärtner 2005, 58–62.

> Sogar die Frauen schleudern von den Mauern in größtem Eifer Geschosse
> (wahre Vaterlandsliebe beflügelt sie, nach Camillas Vorbild) hastig mit
> eigener Hand, und mit Knüppeln aus hartem Kernholz [893] und in Feuer
> gehärteten Stangen ersetzen sie, sich überstürzend, das Eisen und bren-
> nen darauf, als erste für ihre Stadt zu sterben.

Camilla, eine kämpfende Frau, ist das direkte Handlungsvorbild für andere
Frauen. Die Passage ist damit ein Beispiel für die Handlungsspielräume von
Frauen innerhalb der epischen Konventionen. Sowohl die Trojanerinnen bei
Quintus Smyrnaeus als auch die Rutulerinnen bei Vergil werden durch das Vorbild einer Frau, die nicht für ihr eigenes Volk kämpft, inspiriert, die Waffen
aufzunehmen.[159] Auch die Unterschiede der beiden Passagen sind deutlich:
Bei Vergil greifen die Frauen nach dem Tod Camillas in den Kampf ein, bei
Quintus Smyrnaeus entscheiden sie nach einer Diskussion, die kein Vorbild
bei Vergil hat, nicht am Kampf teilzunehmen.[160] Außerdem nimmt die Passage in den *Posthomerica* strukturell eine wichtige Rolle ein, indem sie das
erste Buch in zwei Abschnitte teilt. Im ersten Abschnitt wird Penthesileas
erfolgreiche Aristie beschrieben, im zweiten ihr Tod. Die Diskussion der zwei
Frauen formt ein retardierendes Element und betont so die Bedeutung Penthesileas.[161]

Nach diesem Exkurs zurück zu Hippodamea und Theano bei Quintus Smyrnaeus: Hippodameas Aufruf an die Frauen, ihrer Verantwortung gegenüber der
Stadt nachzukommen, ist als klassische Kampfparänese gestaltet, Form und
Inhalt ergänzen einander.[162] Ihre Argumentation umfasst zwei Themen: einerseits die Fähigkeit der Frauen, zu kämpfen, und andererseits die Notwendigkeit
des Eingreifens. Die Fähigkeit der Frauen, zu kämpfen, wird mit Argumenten
unterbaut, die Hippodamea nacheinander nennt:[163] Sie sagt zunächst, dass
es keinen psychischen oder physischen Unterschied zwischen Männern und
Frauen gebe (Q. Smyrn. 1.414–419), und fährt fort mit dem Argument, dass auch
Penthesilea, eine Frau, kämpfe (Q. Smyrn. 1.420). Die Notwendigkeit, zu kämpfen, ergebe sich für die Frauen aus folgenden Sachverhalten: Die Trojanerinnen
hätten Hippodamea zufolge einen besseren Grund zu kämpfen als Penthesilea,

---

159    Vgl. Gransden 1991, 143.
160    Wie die Frauen bei Vergil nehmen sie im Moment höchster Gefahr schließlich doch am
       Kampfgeschehen teil (Q. Smyrn. 13.118–121).
161    Vgl. Gärtner 2005, 59; zur Struktur des ersten Buches der *Posthomerica* s. Bär 2009, 92–
       109.
162    Vgl. Boyten 2010, 57. Zu Kampfparänesen allgemein vgl. Latacz 1977.
163    Q. Smyrn. 1.414–435.

denn sie kämpften für ihre eigene Stadt (Q. Smyrn. 1.421–431). Darüber hinaus sei es erstrebenswerter, im Kampf zu sterben, als in Sklaverei zu enden (Q. Smyrn. 1.431–435).

Bär charakterisiert Hippodamea als „emanzipiert", weil sie „in den Unterschieden zwischen Mann und Frau eine reine Sache des νόμος" sehe. Bär fährt fort: „Dem hält die ‚reaktionäre' Theano die Auffassung von der unterschiedlichen φύσις von Mann und Frau entgegen und insistiert auf der traditionellen Auffassung, dass jeder Mensch ‚das Seine', d.h. das ihm von der Natur aus Gegebene und Gottgewollte tun und anderes unterlassen sollte."[164] Abgesehen davon, dass bereits die Benutzung der Begriffe „emanzipiert" und „reaktionär" fragwürdig ist, auch wenn Bär sie in Anführungszeichen setzt und sich damit von ihnen distanziert, kann auch die These, dass Theano ein eventuelles Kämpfen der Frauen als widernatürlich einordnet, nicht gehalten werden. Theano nimmt in ihrer Gegenrede die Zweiteilung der Argumentation Hippodameas in die Fähigkeit zu kämpfen (Q. Smyrn. 1.461–468) und in die Notwendigkeit des Kämpfens der Frauen (Q. Smyrn. 1.469–474) wieder auf:

Τίπτε ποτὶ κλόνον αἰνόν, ἐελδόμεναι πονέεσθαι,
σχέτλιαι, οὔ τι πάροιθε πονησάμεναι περὶ χάρμης,
ἀλλ᾽ ἄρα νηίδες ἔργον ἐπ᾽ ἄτλητον μεμαυῖαι,
ὄρνυσθ᾽ ἀφραδέως; Οὐ γὰρ σθένος ἔσσεται ἶσον
455   ὑμῖν καὶ Δαναοῖσιν ἐπισταμένοισι μάχεσθαι.
Αὐτὰρ Ἀμαζόσι δῆρις ἀμείλιχος ἱππασίαι τε
εὔαδον ἐξ ἀρχῆς καὶ ὅσ᾽ ἀνέρες ἔργα πένονται·
τοὔνεκ᾽ ἄρα σφίσι θυμὸς ἀρήιος αἰὲν ὄρωρεν,
οὐδ᾽ ἀνδρῶν δεύονται, ἐπεὶ πόνος ἐς μέγα κάρτος
460   θυμὸν ἀνηέξησε καὶ ἄτρομα γούνατ᾽ ἔθηκε.
Τὴν δὲ φάτις καὶ Ἄρηος ἔμεν κρατεροῖο θύγατρα·
τῶ οἱ θηλυτέρην τιν᾽ ἐριζέμεν οὔ τι ἔοικεν·
ἠὲ τάχ᾽ ἀθανάτων τις ἐπήλυθεν εὐχομένοισι.
Πᾶσι δ᾽ ἄρ᾽ ἀνθρώποισιν ὁμὸν γένος, ἀλλ᾽ ἐπὶ ἔργα
465   στρωφῶντ᾽ ἄλλος ἐπ᾽ ἄλλα· πέλει δ᾽ ἄρα κεῖνο φέριστον
ἔργον, ὅ τι φρεσὶν ᾗσιν ἐπιστάμενος πονέηται.
Τοὔνεκα δηιοτῆτος ἀποσχόμεναι κελαδεινῆς
ἱστὸν ἐπεντύνεσθε φίλων ἔντοσθε μελάθρων·
ἀνδράσι δ᾽ ἡμετέροισι περὶ πτολέμοιο μελήσει.
470   Ἐλπωρὴ δ᾽ ἀγαθοῖο τάχ᾽ ἔσσεται, οὔνεκ᾽ Ἀχαιοὺς

---

164   Bär 2009, 115–116.

δερκόμεθ' ὀλλυμένους, μέγα δὲ κράτος ὄρνυται ἀνδρῶν
ἡμετέρων· οὐδ' ἔστι κακοῦ δέος· οὔτι γὰρ ἄστυ
δήιοι ἀμφὶς ἔχουσιν ἀνηλέες, οὔτ' ἀλεγεινὴ
γίνετ' ἀναγκαίη καὶ θηλυτέρῃσι μάχεσθαι.'

Q. SMYRN. 1.451–474

„Warum stürmt ihr unvernünftig in das schreckliche Kampfgetümmel |
voll Sehnsucht nach Mühsal, ihr Elenden, da ihr die Mühsal der Feld-
schlacht zuvor nicht ertragen habt, | sondern unerfahren nach unerträg-
licher Tat strebt? | Nicht werdet ihr nämlich die gleiche Kraft haben | wie
die Danaer, die es verstehen zu kämpfen. [455] | Aber den Amazonen
waren der unerbittliche Kampf und die Reiterei | lieb von Anfang an und
alle Taten, die Männer verrichten. | Deshalb nun regte sich ihnen immer
ein kriegerischer Mut, | und sie brauchten keine Männer, da die Kriegsar-
beit zu großer Stärke | das Gemüt wachsen und die Knie nicht zittern ließ.
[460] | Die aber ist, wie man sagt, des starken Ares Tochter; | so ziemt es
sich nicht, dass mit ihr eine Frau wetteifert. | Oder es ist wohl der Unsterb-
lichen einer auf die Gebete hin gekommen. | Alle Menschen haben nun
die gleiche Art, aber jeder | wendet sich seinen Werken zu. Es ist also jenes
das beste [465] | Werk, das einer erledigt voll Wissen in seinem Sinn. | Des-
halb enthaltet euch der tosenden Schlacht | und rüstet den Webstuhl in
euren Häusern! | Unsere Männer aber werden sich um den Krieg küm-
mern. | Hoffnung auf guten Ausgang wird wohl da sein, denn wir sehen,
[470] | wie die Achaier untergehen, sich aber die Kraft unserer Männer
| sehr regt; und es gibt keine Angst vor Unheil; weder haben nämlich die
Feinde | die Stadt erbarmungslos umzingelt, noch entsteht schlimme Not-
wendigkeit auch für die Frauen zu kämpfen."[165]

Theano beginnt ihre Argumentation mit der Fähigkeit der Frauen, zu kämpfen.
Mit den Amazonen könnten die trojanischen Frauen sich nicht vergleichen, so
Theano, weil diesen der Krieg Freude bereite und sie bereits ihr ganzes Leben
lang trainierten (Q. Smyrn. 1.456–457). Diese ständige Übung und Anstrengung
sorge für die Entwicklung der kriegerischen Fähigkeiten (Q. Smyrn. 1.458–460).
Penthesilea nehme, so Theano, als halbgöttliche Kriegerin eine Sonderposition
ein, auch mit ihr dürften die sterblichen Frauen sich deshalb nicht vergleichen (Q. Smyrn. 1.461–463). In Q. Smyrn. 1.456–466 bestätigt Theano den Ausgangspunkt Hippodameas, dass es keinen angeborenen Unterschied zwischen

---

165   Text und Übersetzung: Gärtner, U. 2010.

Männern und Frauen gebe. Mit ἀνέρες ἔργα πένονται (Q. Smyrn. 1.457) wird das Kriegshandwerk zunächst als Männern zugeordnet charakterisiert. In den folgenden drei Versen (Q. Smyrn. 1.458–460) erläutert Theano allerdings, dass gerade das Ausüben dieser ἔργα zu einem solchen Wachstum der mentalen Stärke führe, dass Frauen den Männern ebenbürtig seien. Dies bedeutet, dass für Theano die Fähigkeit, Krieg zu führen, nicht einem biologischen Geschlecht vorbehalten ist. Bär dagegen interpretiert Q. Smyrn. 1.454–460 dahingehend, dass Theano hier ihrer „Auffassung von der unterschiedlichen φύσις von Mann und Frau" Ausdruck verleihe.[166] In diesen Versen ist aber keine Rede von φύσις, denn das φέριστον ἔργον (Q. Smyrn. 1.465–466) wird gerade als dasjenige definiert, das man sich durch Verstehen und Übung zu eigen gemacht hat. Theano äußert sich nicht explizit zu der Frage, ob Frauen im Allgemeinen kämpfen können. Sie führt hingegen aus, dass die trojanischen Frauen in der aktuellen Situation aufgrund mangelnden Trainings dem Kampf nicht gewachsen seien. Ihre Begründung zeigt, dass sie den Frauen nicht generell die Fähigkeit zu kämpfen abspricht und dass sie somit grundsätzlich die Prämisse Hippodameas über die gleichen Grundvoraussetzungen von Männern und Frauen teilt. Theanos Aufforderung an die Frauen, sich wieder an den Webstuhl zu setzen, formt die Überleitung zum zweiten Teil ihrer Rede, in dem sie darlegt, dass auch keine Notwendigkeit besteht, am Kampf teilzunehmen (Q. Smyrn. 1.469–474). Theano hofft auf einen guten Ausgang des Krieges für die Trojaner, vertraut auf die Kampfkraft der Männer und meint, dass die Frauen keine Angst haben müssten, weil der Feind noch nicht an den Mauern stehe. Das intendierte Publikum weiß hingegen, dass der Trojanische Krieg mit der Niederlage der Trojaner endet. Troja wird erobert werden und die Befürchtung Hippodameas, dass die Frauen und Kinder in die Sklaverei entführt werden (Q. Smyrn. 1.433–435), wird sich bewahrheiten. Es entsteht also eine Spannung zwischen dem Wissen der Rezipienten und der Erwartung Theanos, die dazu führt, dass Theanos Argumentation in Frage gestellt wird und weniger überzeugend wirkt.

Quintus hat eine Szene, die bei Vergil keine strukturelle Relevanz hat, als Kehrpunkt der Handlung in das erste Buch der *Posthomerica* aufgenommen. Die Analyse hat gezeigt, dass Hippodamea und Theano in der Diskussion von einer grundsätzlich gleichwertigen Disposition von Männern und Frauen für den Kampf ausgehen. Sie unterscheiden sich lediglich in ihrer Einschätzung der Erfolgsmöglichkeiten für Frauen in der aktuellen Situation. Inhaltlich hat Quintus mit dieser Diskussion *ex post* den Handlungsspielraum begründet, den bereits Penthesilea und Camilla in ihren jeweiligen Epen haben.

---

166    Bär 2009, 116.

## 8    Der diachrone Überblick als Grundlage der Analyse

Der diachrone Überblick hat gezeigt, dass Kriegerinnen in unterschiedlicher Prominenz in jedem Heldenepos auftreten. Die quantitative Ausarbeitung in den jeweiligen Epen ist sehr unterschiedlich: Es kann sich um wenige Verse handeln oder um eine ausführliche Darstellung und Charakterisierung. Die Kriegerinnen sind gleichwohl in jedem Einzelfall sorgfältig gestaltet, intertextuell eingebunden und in den Kontext des jeweiligen Epos eingebettet. Verschiedene Aspekte manifestieren sich immer wieder in der Darstellung: So werden in fast jedem Epos das Äußere und die Bewaffnung der Amazonen geschildert. Auch ihre Abstammung wird regelmäßig thematisiert. Ethnische Alterität und Genderalterität treten in unterschiedlicher Ausprägung zutage. Das Krieger- und Heldentum jedoch, das durch intra- und intertextuelle Verweise betont wird, spielt bei allen Frauen eine herausragende Rolle.

Amazonen sind in der Forschungsliteratur unter der mehr oder weniger expliziten Prämisse untersucht worden, dass sie als kämpfende Frauen ein Fremdkörper im Epos seien. Der diachrone Überblick zeigt, dass diese These nicht gehalten werden kann, denn Amazonen treten bereits in den ältesten bekannten Epen in verschiedener Gestaltung auf und lassen sich im Heldenepos über einen Zeitraum von mehr als tausend Jahren nachweisen.

Als Bauform des Epos werden Elemente bezeichnet, die durch ihre Kontextualisierung interpretatorisch relevante Bedeutungszusammenhänge eröffnen können. Die Analyse im Rahmen des diachronen Überblicks hat gezeigt, dass Amazonenepisoden in diesem Sinne als eine Bauform zu betrachten sind, die sich über die Sprachgrenzen des griechischen und lateinischen Epos hinweg durch einen hohen Wiedererkennungswert auszeichnet. Es ist deutlich geworden, dass im Heldenepos mit der Darstellung der Amazonen unerwartete Handlungsspielräume für Frauen aufgezeigt werden. Die Thematisierung dieser Handlungsspielräume innerhalb und außerhalb des Epos leistet einen Beitrag zur gesellschaftlichen Diskussion der Geschlechterverhältnisse, die sich in den Amazonenepisoden über einen sehr langen Zeitraum immer wieder manifestiert. In der Darstellung der Kriegerinnen, insbesondere bei Valerius Flaccus und Silius Italicus, zeichnet sich ab, dass die Amazonenepisoden zur Einordnung der Werke in die Tradition der homerischen Epen beitragen. Die Auffassung, dass kämpfende Frauen ein Fremdkörper im Heldenepos seien, ist damit widerlegt.

Es zeichnet sich aufgrund der skizzierten Forschungsschwerpunkte und der bisherigen Analyse der ethnischen und regionalen Amazonen ab, dass sowohl ethnische Alterität als auch Genderalterität für die Interpretation relevant sind. Die Kernfrage der folgenden Analyse ist deshalb, in welchem Verhältnis die ethnische Alterität und die Genderalterität der Frauen zu ihrem Kriegertum steht. Für die Beantwortung dieser Frage werden die drei Aspekte, die in der Forschung regelmäßig als Zeichen von Alterität aufgefasst werden, in jeweils einem Kapitel untersucht: das Äußere, die Abstammung und das Kämpfen der Amazonen.

# KAPITEL 3

# Eros oder Ares? Das Äußere der Amazonen

> [...] quantus duce terror in ipsa,
> qui furor, insignis quo balteus arserit auro.
>
> VAL. FL. 5.138–139

> [...] welch ein großer Schrecken von der Anführerin selbst ausging,
> | welche Raserei, und wie auffällig ihr Waffengurt vor Gold strahlte.

∴

In der Forschung wird das Äußere der Amazonen im Epos regelmäßig entweder als Zeichen von ethnischer Alterität aufgefasst oder als erotisch aufgeladen interpretiert. Dies zeigt, dass die Rolle des Äußeren als „powerful social phenomenon"[1] auch in der Interpretation der Amazonen relevant ist. Das Äußere kann Ausdruck vielschichtiger sozialer Rollen sein und trägt auch zur Konstruktion dieser Rollen bei.[2] Das Interpretationspotential des Äußeren ethnischer und regionaler Amazonen ist über die Zuschreibung von Alterität hinaus bisher weitgehend ungenutzt geblieben. Im vorliegenden Kapitel werden die gängigen Interpretationen überprüft und es wird untersucht, welche anderen Rollenzuschreibungen sich aufgrund der Darstellung ihres Äußeren für die Amazonen identifizieren lassen.

Zum Äußeren der Amazonen gehören einerseits ihre körperlichen Merkmale und ihre Ausstrahlung und andererseits ihre Kleidung und Rüstung. Trotz der in der bildenden Kunst zutage tretenden großen Variationsbreite in der Darstellung von Kleidung und Rüstung der Amazonen[3] sind bestimmte Rüstungsgegenstände als amazonentypisch anzusehen: Zur Grundausrüstung gehören Pfeil und Bogen, der halbmondförmige Schild (Pelte), die Streitaxt und – zwar kein Rüstungsgegenstand im engeren Sinne, aber zweifellos kennzeichnend für Amazonen – ein Pferd oder Streitwagen. Gerade in der Kom-

---

1 Lee 2015, 30. Zur Lesart *insignis* im einleitenden Zitat vgl. Wijsman 1996, 86–87.
2 Vgl. die Analyse der Archäologin Harlow (Hg.) 2012 und der Historikerin Lee 2015, 27–32.
3 Zur Ikonographie der Amazonen vgl. von Bothmer 1957 und LIMC I.2., 440–532.

© SUSANNE BOROWSKI, 2022 | DOI:10.1163/9789004472747_004

bination verschiedener Elemente haben diese Ausrüstungsgegenstände einen hohen Wiedererkennungswert.[4]

Bei Homer und Apollonius Rhodius werden keine Aussagen zum Äußeren der Amazonen getroffen; dies hängt wohl mit der geringen Rolle der Amazonen im Gesamtepos zusammen. Welche Charakteristika über das Äußere der anderen Amazonen transportiert werden, wird die Interpretation zeigen.

## 1    Vergil

Penthesilea ist die erste Amazone, die in der *Aeneis* auftritt. Wie die Analyse gezeigt hat, wird sie in der kurzen Passage im Rahmen einer Ekphrasis ebenbürtig in die Reihe griechischer und trojanischer Helden gestellt.[5] Gleichzeitig werden auch Aspekte ihres Äußeren genannt.

> Ducit Amazonidum lunatis agmina peltis
> Penthesilea furens, mediisque in milibus ardet,
> aurea subnectens exsertae cingula mammae,
> bellatrix, audetque uiris concurrere uirgo.
>
>         VERG. *Aen.* 1.490–493

> Den Zug der Amazonen mit ihren mondförmigen Schilden führt die rasende Penthesilea, lodert inmitten Tausender; sie trägt den goldenen Gürtel unter der entblößten Brust geschlossen, eine Kriegerin, und es wagt die junge Frau sich im Krieg mit Männern zu messen.

Penthesilea ist bewaffnet mit der amazonentypischen Pelte, dem mondsichelförmigen Schild. Das Verb *ardere* (Verg. *Aen.* 1.491) mit dem darin ausgedrückten Strahlen spielt auf den Topos „das Strahlen der Waffen" an, der bereits auf Homer zurückgeht.[6] Hier ist jedoch Penthesilea das Subjekt, und so verbindet *ardet* metaphorisch die Kampfeslust Penthesileas und ihr strahlendes Äußeres miteinander.[7] Auch ihr goldener Gürtel (*aurea* [...] *cingula*, Verg. *Aen.* 1.492) unterstreicht ihre strahlende Erscheinung.

Ein weiterer Aspekt ihres Äußeren wird mit *exsertae mammae* (Verg. *Aen.* 1.492) benannt. Die aktive, also meist rechte Seite männlicher Krieger und

---

4   Zur Bewaffnung der Amazonen s. Mayor 2014, 209–233, zum Schild bes. 217.
5   Vgl. oben S. 25.
6   Vgl. Krischer 1971, 36–38.
7   Vgl. Austin 1971, 165.

Bogenschützen ist in der griechischen und römischen Kunst und Literatur häufig unbekleidet dargestellt, um eine größere Bewegungsfreiheit zu betonen.[8] Wenn man nicht von einem natürlichen, normativen Unterschied zwischen Männern und Frauen und ihrer Darstellung ausgeht, gibt es keinen Grund, anzunehmen, dass das bei weiblichen Kriegern und Bogenschützen grundsätzlich anders sein sollte. Dennoch wird die Nennung einer unbekleideten Brust bei Kriegerinnen immer wieder vordringlich als Hinweis auf eine auf den griechischen Historiker Hellanicus zurückgehende hellenistische Etymologie des Wortes „Amazone" gesehen.[9] Der spätantike Vergilkommentator Tiberius Donatus dagegen interpretiert die unbekleidete Brust der Amazonen als Zeichen ihrer Tapferkeit:

> laudem dixit eius quae in feminino sexu uirili audacia ducebatur. illa enim tanta constantia fuit, ut congressiones bellicas uiris certantibus non timeret nec [10] reuocaretur uirginali uerecundia. tanta autem fiducia uenire uidebatur tantumque ardere in bellum, ut quod secretum esse uirginibus solet illa offerret uidentibus, scilicet cum exerta papilla pugnaret. pertinet hoc etiam ad proeliantis audaciam, ut pugnaret femina nec munimine tegeretur armorum.
>
> TIBERIUS CLAUDIUS DONATUS ad Verg. *Aen.* 1.490–493

Er [Vergil] hat also diese gelobt, die als Vertreterin des weiblichen Geschlechtes von männlicher Kühnheit geleitet wurde. Sie besaß nämlich einen so standhaften Charakter, dass sie kriegerische Auseinandersetzungen mit kämpfenden Männern nicht fürchtete und sich nicht [10] wegen mädchenhafter Zurückhaltung zurückzog. Und mit so großem Selbstvertrauen schien sie aufzutreten und von solcher Kriegslust zu brennen, dass sie das, was bei jungen Frauen normalerweise verborgen bleibt, den Blicken zeigt, das heißt, dass sie mit entblößter Brust kämpfte. Auch dies ist ein Zeichen der Kühnheit der Kämpfenden, dass sie kämpfte als Frau und nicht von einer Waffenrüstung beschützt wurde.[10]

---

8    Vgl. Arrigoni 1982, 37, Dewar [1996] 2015, ad 299, Horsfall 2003, 365, Mayor 2014, 89.

9    Vgl. zum Beispiel Fratantuono 2009, 212. Der Begriff „Amazone" wird von μαζός (Brust) mit einem Alpha privativum abgeleitet. Dies wird damit begründet, dass Amazonen eine Brust entfernen, um besser kämpfen zu können. Vgl. Pownall o. J., Huld 2002. Für einen Überblick zur Entstehung und Erklärung der Auffassung, dass Amazonen eine Brust entfernten s. Mayor 2014, 84–94.

10   Georgii 1969, Bd. 1, 98. Text: Georgii 1969. Übersetzung von der Verfasserin.

Die unbekleidete Brust wird von Tiberius Donatus als Zeichen von Selbstvertrauen (*fiducia*) und Kühnheit (*audacia*) interpretiert. Er geht davon aus, dass
Vergil diese Eigenschaften als besonders positiv bewertet (*laudem dixit*). Die
allgemein bekannte Tatsache, dass Amazonen Frauen sind, bedarf keiner expliziten Betonung. Die Interpretation des Tiberius Donatus markiert Penthesilea
also als Frau (*in femineo sexu, uirginali uerecundia, quod secretum esse uirgini-
bus solet, femina*) und hebt zugleich ihr Kriegertum hervor (*tanta constantia,
tanta fiducia, congressiones bellicas non timeret, ardere in bellum*). Aus dem
Kommentar Donats, der auf negativ wertende Aussagen zu der Tatsache, dass
die Amazonen kämpfen, nicht nur verzichtet, sondern sie ganz im Gegenteil
rühmt, wird deutlich, dass er *pugnare* für Frauen nicht als grenzüberschrei-
tende Handlung (*sex-role-crossover*) sieht. Mit *in feminino sexu uirili audacia*
deutet Tiberius Donatus an, dass er Kühnheit als männliche Eigenschaft sieht.
Dies bedeutet nicht, dass Frauen nicht kämpfen dürften, wie sich in der folgenden Aussage zeigt: *pertinet hoc etiam ad proeliantis audaciam, ut pugnaret
femina nec munimine tegeretur armorum.* Aufgrund des Partizips *proeliantis*
kann keine Aussage über das Geschlecht des Kämpfenden gemacht werden;
der anschließende Gliedsatz macht deutlich, dass *proeliantis audaciam* sich
auf eine Frau bezieht. Die Junktur *proeliantis audaciam* ist damit ein gramma-
tikalisches Echo des Konzepts *transgendered*, das eine Handlung oder Eigenschaft als angemessen für beide Geschlechter charakterisiert, das Geschlecht
der Ausführenden aber in die Wertung der Handlung einbezieht: Das Kämpfen
als solches stellt kein Problem dar, aber dass sie als Frau keine Rüstung trägt,
ist auffällig. Über das Äußere Penthesileas werden in der sehr kurzen *Aeneis*-
Passage vor allem zwei Themen angesprochen, die immer wieder eine Rolle in
der Darstellung der Amazonen spielen: ihre Kampfkraft und die Tatsache, dass
sie hierin männlichen Kriegern ebenbürtig sind.

Als zweite Kriegerin in der *Aeneis* tritt Camilla, Königin der Volsker, auf. Ihre
Ankunft im Lager des Turnus wird im Ton eines festlichen Einzugs beschrieben.

> illam omnis tectis agrisque effusa iuuentus
> turbaque miratur matrum et prospectat euntem,
> attonitis inhians animis ut regius ostro
> 815  uelet honos leuis umeros, ut fibula crinem
> auro internectat, Lyciam ut gerat ipsa pharetram
> et pastoralem praefixa cuspide myrtum.
>
> VERG. *Aen.* 7.812–817

Sie bewundert, zusammengeströmt aus Haus und Feld, die ganze Jugend
und die Schar der Frauen, man folgt ihr nach mit den Augen, staunend

mit offenem Mund, wie königlicher Glanz ihre zarten Schultern mit Purpur umhüllt, wie die Spange von Gold ihr Haar [815] zusammenhält, wie ihre Gestalt den lykischen Köcher trägt und den Myrtenspeer der Hirten, mit eiserner Spitze versehen.

Brill sieht in der Kleidung Camillas einen genderspezifischen Hinweis auf „weibliche Freude an Farbe und Schmuck", die er als Prolepse auf den späteren Tod Camillas begreift.[11] Diese Interpretation ist jedoch aus verschiedenen Gründen nicht zu halten. Bereits aus dem homerischen Epos ist bekannt, dass sich ein herausragender Krieger schon rein äußerlich auszeichnet.[12] In dieser Tradition wird in der *Aeneis* auch das Äußere männlicher Helden sowohl auf der Seite des Aeneas als auch auf der Seite des Turnus in farbigen Details beschrieben. Das Äußere von Pallas, der mit Aeneas in den Kampf zieht, wird als auffällig und bunt geschildert: *ipse agmine Pallas | in medio, chlamyde et pictis conspectus in armis* (Pallas selbst mitten im Zug, prächtig anzusehen in Mantel und bunter Rüstung, Verg. *Aen.* 8.587–588). Turnus' strahlende, farbenfrohe Rüstung wird unter anderem in seiner Rüstungsszene im zwölften Buch dargestellt:

ipse dehinc auro squalentem alboque orichalco
circumdat loricam umeris, simul aptat habendo
ensemque clipeumque et rubra cornua cristae
VERG. *Aen.* 12.87–89

Er selbst legt sodann den mit Gold und Messing überzogenen Panzer um seine Schultern, macht gleichzeitig Schwert, Schild und den Helm mit dem roten Busch zum Einsatz bereit[13]

Auch Aeneas trägt farbige Kleidung:

atque illi stellatus iaspide fulua
ensis erat Tyrioque ardebat murice laena
demissa ex umeris, dives quae munera Dido
fecerat, et tenui telas discreuerat auro.
VERG. *Aen.* 4.261–264

---

11   Brill 1972, 29.
12   Selbst Paris zum Beispiel kann aufgrund seiner Schönheit für einen herausragenden Kämpfer gehalten werden, während er sich tatsächlich nicht besonders hervortut, sondern im Gegenteil als wenig kriegerischer Mann gilt. Vgl. Hom. *Il.* 3.44–45.
13   Vgl. auch Turnus' Beschreibung unmittelbar vor dem Auftreten Camillas, Verg. *Aen.* 11.486–491.

Er trug ein blitzendes Schwert mit gelblichem Jaspis besetzt, und über seine Schultern hing ein Mantel, der in tyrischem Purpur glänzte, ein Geschenk, das die reiche Dido gefertigt und dabei das Gewebe mit dünnen Goldfäden durchwirkt hatte.

Aeneas trägt hier einen mit Gold und Purpur durchwirkten Mantel. Dieses Detail gilt in der Beschreibung Camillas als „typisch weiblich". Zur Benutzung von Purpur stellt Reinhold jedoch fest: „In the literature of the Augustan Age purple garments and other applications of the status color are found used as symbols of royalty, mythological heroes, gods, goddesses, and general affluence."[14] Purpur ist also grundsätzlich ein Zeichen von Status. Mit *regius* wird diese Bedeutung in Bezug auf Camilla ausdrücklich hervorgehoben und als „Königswürde" spezifiziert. Dass Camilla Purpur trägt, ist demnach nicht das Kennzeichen ihres biologischen Geschlechts, sondern ihrer hervorgehobenen sozialen Position und ihres Herrschertums, wie es auch für Aeneas in der zitierten Passage gilt. *Fibula* bezeichnet meist die Gewandspange, wie sie auch von Männern getragen wird, und ist hier als Haarspange benutzt.[15] Der lykische Köcher (*Lyciam pharetram*) und der zur Lanze umgearbeitete Hirtenspieß (*pastoralem praefixa cuspide myrtum*, Verg. *Aen.* 7.817) sind kein Schmuck, sondern Waffen. Zugleich erinnern die Verse auch an Apollo in Verg. *Aen.* 4.147–150, der im Rahmen eines Vergleichs mit Aeneas beschrieben wird[16]:

[...]
ipse iugis Cynthi graditur mollique fluentem
fronde premit crinem fingens atque implicat auro,
tela sonant umeris: haud illo segnior ibat
Aeneas, tantum egregio decus enitet ore.
　　　VERG. *Aen.* 4.147–150

[...] wie der Gott, wenn er von den Höhen des Cynthus schreitet, das fließende Haar mit einem Kranz aus zartem Laub ordnend zusammenhält und ein Goldband darumlegt, wenn die Waffen auf seinen Schultern klirren: Ebenso kraftvoll schritt Aeneas, solch heller Glanz strahlte auf seinem edlen Antlitz.

---

14　Reinhold 1970, 48.
15　Vgl. Horsfall 2000, 528.
16　Vgl. Bernstein 2017, 78.

Apollo zeigt die gleiche Kombination von zarter Schönheit, goldenem
Schmuck und Bewaffnung mit Pfeil und Bogen wie Camilla. Im Vergleich mit
Aeneas konstatiert Austin: „The whole picture shows with great precision the
nobility of Aeneas' appearance"[17]; dies kann auch auf Camilla in der vorliegenden Passage übertragen werden. Heuzé hebt in seiner Analyse der Passage
ebenfalls die Verbindung von Schönheit und Kriegertum in der Figur Camillas hervor. Wie er darlegt, ist Myrtenholz ein gebräuchliches Material für die
Herstellung von Lanzen[18], die Myrte ist jedoch auch der Göttin Venus geweiht.
Heuzé sieht daher in Camillas Waffe eine symbolische Verbindung von Mars
und Venus, die Camilla als „la guerrière séduisante et redoutable" charakterisiert.[19] Insgesamt wird Camilla bei ihrem ersten Auftreten also als attraktive
militärische Anführerin mit einem hohen sozialen Status eingeführt.[20]

In Buch elf wird Camilla als Favoritin Dianas vorgestellt (*cara mihi ante alias*,
sie ist mir teurer als die anderen, Verg. *Aen.* 11.537). Sie ist bereits als Säugling von ihrem Vater der Göttin anvertraut worden und steht deshalb unter
ihrem besonderen Schutz. In den hier folgenden Versen berichtet Diana über
die Kindheit und Jugend Camillas:

> '[...]
> utque pedum primis infans uestigia plantis
> institerat, iaculo palmas armauit acuto
> 575   spiculaque ex umero paruae suspendit et arcum.
> pro crinali auro, pro longae tegmine pallae
> tigridis exuuiae per dorsum a uertice pendent.
> tela manu iam tum tenera puerilia torsit
> et fundam tereti circum caput egit habena
> 580   Strymoniamque gruem aut album deiecit olorem.
> multae illam frustra Tyrrhena per oppida matres
> optauere nurum; sola contenta Diana
> aeternum telorum et uirginitatis amorem
> intemerata colit. [...]'
>                     VERG. *Aen.* 11.573–584

„[...] Sobald das Kind mit seinen Füßchen die ersten festen Schritte getan,
bewaffnete er die Hände der Kleinen mit einem spitzen Speer, hängte

---

17   Austin 1955, 65.
18   Vgl. Heuzé 1985, 266, Horsfall 2000, 529.
19   Heuzé 1985, 267.
20   Vgl. Horsfall 2000, 526, und Sharrock 2015, 160.

Pfeile an ihre Schulter und einen Bogen. [575] Anstatt eines goldenen Haarschmuckes, anstatt der langen Palla hing ihr vom Scheitel über den Rücken hinab ein Tigerfell. Kindergeschosse warf sie schon damals mit zarter Hand, schwang die Schleuder an glattem Riemen ums Haupt und brachte den am Strymon heimischen Kranich oder den weißen Schwan zur Strecke. [580] Viele Mütter in den tyrrhenischen Städten wünschten sie vergeblich zur Schwiegertochter; einzig mit Diana sich begnügend, huldigte sie – unberührt – der immerwährenden Liebe zu ihren Waffen und ihrer Jungfräulichkeit. [...]"

Camilla ist bereits als kleines Kind mit einem scharfen Wurfspieß sowie Pfeil und Bogen bewaffnet und erlegt mit einer Schleuder große Vögel.[21] In einem Gleichnis in Verg. *Aen.* 10.265 werden die *Strymonidae grues* zur Beschreibung der Trojaner eingesetzt; Fratantuono interpretiert die vorliegende Wiederholung als „a powerful foreshadowing of how effective she will be killing Aeneas' men."[22] Der Wurfspieß ruft die Konnotation sowohl von Jagd als auch von Krieg hervor.[23] Pfeil und Bogen sind die Kriegswaffen der Amazonen, sie sind aber auch Jagdwaffen. Allerdings gilt die Jagd in der Antike allgemein als Vorbereitung auf den Krieg.[24] Camilla ist also schon von Kindesbeinen an für Jagd und Kampf prädestiniert. Gekleidet ist sie entgegen den Erwartungen, die an ein Mädchen gestellt werden, mit einem Raubtierfell.[25] Camilla entspricht nicht den Erwartungen, die an sie als junge Frau in Hinsicht auf die Kleidung gestellt werden, und ist gleichzeitig eine begehrte Schwiegertochter (Verg. *Aen.* 11.581– 582). Ihre Sozialisation als Jägerin und Kriegerin stellt also für Frauen, die eine geeignete Ehefrau für ihren Sohn suchen, keineswegs ein Problem dar, sondern ist vielmehr attraktiv. Dies widerspricht der in der älteren Sekundärliteratur regelmäßig vertretenen Auffassung, dass Camilla „keine echte Frau" sei.[26] In der neueren Forschung wird insbesondere mit Bezug auf Camilla die Auffassung

---

21    Vgl. Horsfall 2003, 337. Er sieht hier eine Parallelisierung von Camilla mit den Amazonen, weil das Epitheton *Strymonia* (Verg. *Aen.* 11.580), das die Kraniche als Zugvögel charakterisiert, ein möglicher Hinweis auf die thrakische Heimat der Amazonen sei.

22    Fratantuono 2007, 337.

23    Vgl. Horsfall 2003, 334.

24    Vgl. Aymard 1951, 469–481.

25    Zu *palla* als Kleidung für Frauen vgl. Horsfall 2003, 335. Gransden 1991, 120, betont den Aspekt der Einfachheit der Kleidung, Brill 1972, 50, interpretiert die Raubtierhaut als „Symbol für den Urzustand des alten Italiens".

26    Vgl. zum Beispiel Heinze [1903] 1957, 269: „Camilla, die reisige Jungfrau, steht außerhalb des Frauenkreises und ist nicht mit gewöhnlichem Maßstabe zu messen"; Otis 1963, 364, Fußnote 1: „she is really a woman who is not a woman".

vertreten, dass sie als Ausnahmegestalt verschiedene Genderrollen in ihrer Person vereine.[27] Gerade die Elemente der Darstellung, die der Forschung immer wieder als Hinweise auf grenzüberschreitendes Verhalten Penthesileas und Camillas galten oder die sogar auf eine erotische Bedeutung reduziert wurden, tragen eindeutig zu ihrer Charakterisierung als Kriegerinnen bei. Sie vereinigen nicht eine „männliche" (Krieger) und eine „weibliche" (Schönheit) Rolle oder überschreiten deren Grenzen, sondern beide Rollen sind *transgendered*.

## 2    Valerius Flaccus

Das fünfte Buch der *Argonautica*, dem die folgende Textpassage entstammt, leitet von der Reise der Argonauten über zu den Kriegshandlungen in Colchis.[28] Über das Äußere der Amazonen im Sinne von Kleidung oder Haartracht erfahren wir bei Valerius Flaccus nichts. Ihre Bewaffnung wird jedoch beschrieben und auch die enorme Kampfeslust, die die berittenen Kriegerinnen kennzeichnet, wird thematisiert.

Die Argonauten fahren an dem Gebiet vorbei, in dem Hercules gegen die Amazonen gekämpft hat, um den Waffengurt der Hippolyte zu erringen. Wie oben bereits dargestellt, bittet Iason um einen Bericht über dessen Kampf gegen die Amazonen.[29]

> ipse autem comitum conuersus ad ora nouorum
> 'uos mihi nunc pugnas' ait 'et uictricia' ductor
> 130  'Herculis arma mei uestrasque in litore Martis
> interea memorate manus.' sic fatus et aegro
> corde silens audit currus bellique labores
> uirginei, exciderit frenis quae prima remissis,
> semianimem patrius quam sanguine uexerit amnis,
> 135  quae pelta latus atque umeros nudata pharetris
> fugerit, Herculeae mox uulnere prensa sagittae,
> utque securigeras stimulauerit Ira cateruas
> fleturusque pater, quantus duce terror in ipsa,
> qui furor, insignis quo balteus arserit auro.
>
>       VAL. FL. 5.128–139

---

27    Vgl. Becker 1997, Pyy 2010.
28    Vgl. Wijsman 1996, 73.
29    Vgl. oben S. 37. Hercules gehörte zur Besatzung der Argo, verließ das Schiff aber unterwegs. Zu Hercules und Hylas s. Heerink 2015.

Und Iason selbst, der Anführer, drehte sich um zu den Neuankömmlingen und sagte: „Erzählt mir unterdessen von den Kämpfen und den siegreichen Waffen meines Hercules [130] und auch von eurem Nahkampf an der Küste des Mars." So sprach er und schwermütig schweigend hörte er von den Streitwagen und den Kriegswerken der jungen Frauen, hörte, welche als erste die Zügel verlor und herabfiel, welche der väterliche Strom halbtot in ihrem Blut mit sich führte, welche des Schildes an ihrer Seite und des Köchers an ihren Schultern entblößt [135] floh und schnell von den Pfeilen des Hercules verwundet wurde und wie Ira, der Zorn, und ihr Vater, der weinen sollte, die streitbeiltragenden Truppen angespornt haben, welch ein großer Schrecken von der Anführerin selbst ausging, welche Raserei, und wie auffällig ihr Waffengurt vor Gold strahlte.

Alle amazonentypischen Ausrüstungsgegenstände ziehen in dieser kurzen Schilderung vorüber: Streitwagen, Pferde, Pelte, Pfeil und Bogen, Streitbeil und der von Gold strahlende Waffengurt, den Hercules erobern will. Die gesamte Darstellung steht dennoch im Zeichen der vom Mythos vorgegebenen Niederlage der Amazonen gegen den größten Helden der griechischen Sagenwelt. In dieser sehr kurzen und besonders dichten Darstellung benutzt Valerius Flaccus auch den Topos der unbekleideten Brust, setzt ihn aber auf innovative Weise ein.[30] Die Junktur *latus* [...] *nudata* ist, wie zu der entsprechenden Stelle bei Vergil gezeigt wurde, konnotiert mit Tapferkeit, die Brust ist zum Kampf entblößt.[31] In der Verbindung *quae pelta latus atque umeros nudata pharetris |  fugerit* (Val. Fl. 5.135–136) ist die Brust der Amazone aber nicht zum Kampf, sondern ihrer Waffen entblößt, gemeint ist hier der Verlust der Waffen.[32] Dies weist auf die Diskrepanz zwischen der erwarteten Kampfkraft der Amazonen und ihrer tatsächlichen Niederlage, die in den letzten zwei Versen der Passage noch einmal besonders unterstrichen wird. Die erwartete Trauer ihres Vaters Mars (*fleturus pater*) deutet unmissverständlich auf die bevorstehende Niederlage der Amazonen, aber auch in dieser Situation wird die Bedrohung, die von der Anführerin ausgeht, betont (*quantus* [...] *terror*), ebenso wie die rasende Wut (*qui furor*), mit der sie den Waffengurt, den Hercules stehlen will, verteidigt. Mit *qui furor* (5.139) wird vielleicht auch auf die Darstellung Penthesileas bei Vergil hingewiesen (Verg. *Aen.* 1.491 *Penthesilea furens*).[33] Das Kriegertum der

---

30   Vgl. Bernstein 2016.
31   Vgl. oben S. 64–66.
32   Vgl. auch die Darstellung Bellonas als *nuda latus* in Val. Fl. 6.60–63. Anders Spaltenstein 2004, 420, der *nudata* [...] *latus* als Zeichen einer überstürzten Flucht auffasst.
33   Vgl. Wijsman 1996, 86.

Amazonen wird hier, anders als in der ersten Beschreibung im vierten Buch der *Argonautica*, nicht in aktiver Handlung dargestellt, sondern gerade mit dem Verlust der Waffen und ihrer Niederlage *ex negativo* aufgerufen.

Der hohe Wiedererkennungswert der Amazonenwaffen zeigt sich wiederum in der von Iason initiierten Truppenschau des Aeetes (Val. Fl. 5.605–614). Aeetes unterbricht sich selbst mit der Aussage, dass es zu weit führen würde, all die verschieden bewaffneten Krieger zu nennen (Val. Fl. 5.605–606). Im Rahmen dieser Bewaffnungsaufzählung nennt er einen Köcher (*quae iaculo gens apta leui, quae picta pharetris| uenerit*, ein Stamm, der gerüstet mit einem leichten Wurfspieß, einer, der bunt vor Köchern | gekommen ist, Val. Fl. 5.609–610). Obwohl dieser Köcher nicht als Attribut einer Amazone genannt wird, ist die Konnotation offenkundig doch so stark, dass Aeetes und mit ihm das intendierte Publikum unmittelbar an die Amazonen erinnert werden. Aeetes stellt deshalb, obwohl er eigentlich nichts mehr sagen wollte, als Abschluss und damit wiederum in der letzten Position des Katalogs die Amazonenkönigin Euryale vor.

Valerius Flaccus betont durch das Äußere und die Ausstrahlung der Amazonen ihr Kriegertum. Er nennt ihre Bewaffnung und, in kreativer Verarbeitung, die zum Kampf entblößte Brust. Dies ist umso auffälliger, als die Amazonen in dieser Passage im Moment der Niederlage dargestellt werden. Die Bewaffnung hat, gerade in der gezeigten Kombination verschiedener Elemente, ebenso wie die unbekleidete Brust einen hohen Wiedererkennungswert und bestätigt die in Buch vier der *Argonautica* eingesetzte Darstellung der Amazonen als beeindruckende Kriegerinnen, die gleichwohl in dieser Passage einer vergangenen Epoche angehören.

## 3 Statius

Auch Statius bedient sich in seiner Darstellung des hohen Wiedererkennungswertes der Amazonenwaffen. Die besiegten Amazonen und ihre Waffen werden als Zeichen des Sieges von Theseus in seinem – anachronistischen – Triumphzug mitgeführt (Stat. *Theb.* 12.519–539). Genannt werden Streitwagen (12.524 *uirginei currus*), Helm (12.524 *cristis*), Doppelaxt (12.525 *bipennes*), Köcher (12.527 *goryti*), Waffengurt (12.528 *cingula*) und halbmondförmiger Schild (12.528 *pelta*).[34] Sowohl bei Valerius Flaccus als auch bei Statius betont die Darstellung die Leistung des Siegers und impliziert damit den Status der

---

34 Zum Text und zur Einordnung der Passage s. oben S. 43–45.

Amazonen als ernstzunehmende Gegnerinnen.[35] Das Volk von Athen bestaunt
und bewundert den Triumphzug, die Reaktion der Athenerinnen wird näher
beschrieben:

> primus amor niueis uictorem cernere uectum
> quadriiugis, nec non populos in semet agebat
> Hippolyte iam blanda genas patiensque mariti
> 535   foederis. hanc patriae ritus fregisse seueros
> Atthides oblique secum mirantur operto
> murmure, quod nitidi crines, quod pectora palla
> tota latent, magnis quod barbara semet Athenis
> misceat atque hosti ueniat paritura marito.
>
> STAT. *Theb.* 12.532–539

Das erste Verlangen war, den Sieger auf seinem schneeweißen Viergespann fahrend zu sehen, aber nicht weniger zog Hippolyte die Aufmerksamkeit des Volkes auf sich, mit lieblichen Wangen und das Ehebündnis
zulassend. Darüber, dass sie mit den strengen Gebräuchen der Heimat
gebrochen hatte, [535] wundern sich die Athenerinnen heimlich und hinter vorgehaltener Hand: dass ihr Haar glänzt, dass die ganze Brust von
der Palla bedeckt wird, dass sie sich als Barbarin mit dem großen Athen
mischt und kommt, um dem Feind, dem Ehemann, ein Kind zu gebä-
ren.

Die besiegte Königin Hippolyte steht ebenso im Zentrum der Aufmerksamkeit
wie der Triumphator Theseus selbst. Die Reaktion der Athenerinnen macht
deutlich, dass Hippolyte in ihrem Äußeren und ihrem Verhalten nicht den
Erwartungen entspricht: Ihr glänzendes Haar ist zu sehen, sie trägt also keinen Helm, sie trägt die *palla*, die ihre Brust bedeckt, und sie erwartet ein Kind
von einem Feind der Amazonen, dem Athener Theseus. Die *palla*, Standard-
kleidung römischer Frauen, wird im lateinischen Epos nur an dieser Stelle als
Kleidungsstück einer Amazone genannt und markiert die Veränderung der
Rolle Hippolytes von der Amazone zur Ehefrau und Mutter. In der Kombination von unbedecktem Haar, bedeckter Brust und Schwangerschaft werden also
wie bei Valerius Flaccus *ex negativo* die Attribute der Amazonen evoziert, die
ihr Kriegertum betonen: der Helm, die zum Kampf unbedeckte Brust und ihre
ungebundene Freiheit.

---

35   Anders Augoustakis 2010, 80.

Pollmann geht in ihrem Kommentar von einem zivilisatorischen Charakter des Theseus aus.[36] Zum Äußeren der Amazonen schreibt sie ohne Angabe einer Quelle: „Amazons, and especially their queen, were thought of as fierce and wild looking".[37] Die Darstellung Hippolytes als *blanda genas* (Stat. *Theb.* 12.534) sei deshalb als Ausdruck ihres neuen Status zu interpretieren: „her face already witnesses to her changed status of tame spouse and mother-to-be."[38] Hier wird zweifelsohne auf den veränderten Status der Amazone verwiesen, die Frage ist aber, ob Hippolyte tatsächlich als gezähmt (*tame*) charakterisiert wird. Pollmann weist auf die Formulierung *blanda genas* in der Darstellung der Furie Tisiphone, ohne jedoch das interpretatorische Potential der Parallele zu nutzen. Über die Furie Tisiphone, die verhindern will, dass Hippomedon den Leichnam des Tydeus birgt, heißt es bei Statius: *blanda genas uocemque uenit, tamen ille* [sc. Hippomedon] *loquentis | extimuit uultus admiraturque timorem* (sie kam, mit einnehmender Stimme und Äußerem, und doch erschrak er vor der Miene der Sprechenden und wunderte sich über seine Angst, Stat. *Theb.* 9.155–156). Hinter dem lieblichen Äußeren Tisiphones verbirgt sich ihre wahre Natur, die Macht und Entschlossenheit einer Furie. Im Fall Tisiphones ist diese „wahre Natur" so stark, dass sie sogar noch durch ihr angenommenes Äußeres hindurch zu spüren ist. Die Parallelisierung von Hippolyte und Tisiphone betont den Gegensatz zwischen angenehmer äußerer Gestalt und tatsächlicher Natur.[39] Für Hippolyte bedeutet dies, dass sie ihre wahre Natur, das Kriegertum, nicht verloren hat.[40] Dies wird dadurch bestätigt, dass Hippolyte an der Seite des Theseus in den Krieg ziehen möchte:

> isset et Arctoas Cadmea ad moenia ducens
> Hippolyte turmas: retinet iam certa tumentis

---

36  Zur Rolle des Theseus für die Interpretation der *Thebais* vgl. oben S. 43.

37  Pollmann 2004, 217.

38  Pollmann 2004, 217.

39  Zu vergleichbarer Benutzung von *blandus* vgl. Stat. *Theb.* 9.334 (*blandi iuuenci*, über Jupiter, der in der Gestalt eines Stiers Europa entführt). Zur negativen Konnotation „verführerisches Äußeres" vgl. Stat. *Theb.* 10.836 (*blandae irae*, über den verführerischen Zorn der Götter, den Sterbliche übernehmen) und Stat. *Theb.* 11.655 (*blanda potestas*, über verführerische Macht, die zur Zerstörung führen kann). Anders Augoustakis 2010, 79, der „her identity as a barbarian" betont.

40  Pollmann 2004, 217, sieht eine von Hippolyte ausgehende Bedrohung in ihrer Schwangerschaft: „Hippolyte is already pregnant with the beginning of another (well-known) tragedy". Die Bedrohung im Mythos geht jedoch nicht von Hippolytes Sohn Hippolytos, sondern von dessen Stiefmutter Phaedra aus.

> spes uteri, coniunxque rogat dimittere curas
> Martis et emeritas thalamo sacrare pharetras.
>
> STAT. *Theb.* 12.635–638

Auch Hippolyte wäre gegangen und hätte die nördlichen Truppen gegen
die Festung des Cadmus geführt. Die sichere Hoffnung des schwellenden Bauches hält sie zurück, und ihr Mann bittet sie, die Geschäfte des
Mars ruhen zu lassen und ihre ausgedienten Waffen der Ehe zu weihen.

Hippolyte wäre sofort in den Krieg gezogen, wenn sie nicht durch ihre fort-
geschrittene Schwangerschaft daran gehindert worden wäre. Ihr kriegerischer
Charakter ist also derselbe geblieben, ihre Schwangerschaft ist jedoch mit dem
Kriegertum nicht zu vereinbaren. In der *Thebais* bezeugt auch das Beispiel
Atalantes, die nach der Geburt ihres Sohnes Parthenopaeus nicht nur Jägerin,
sondern auch Teil des Gefolges der jungfräulichen Diana bleibt, dass es trotz
unbestreitbarer Rollenzuschreibungen für Frauen auch ebenso unbestreitbare
Handlungsfreiräume gibt.[41]

Die Beschreibung des Äußeren bei Statius illustriert die Existenz verschiedener gleichzeitig existierender Frauenrollen. Die Topoi der Amazonendarstellung sind so stark, dass sie auch *ex negativo* zwangsläufig evoziert werden,
sowohl im Fall der besiegten Amazonen als auch bei ihrer Königin Hippolyte.
Hippolyte erfüllt nun die Rolle der Ehefrau und Mutter – ihr Wunsch, in den
Krieg zu ziehen, zeigt jedoch, dass die Rolle der Kriegerin präsent ist. Der Vergleich Hippolytes mit Tisiphone und die Darstellung Atalantes weisen ebenfalls
darauf hin, dass sich auch bei einer Frau verschiedene Rollen überlagern können.

## 4      Silius Italicus

Das Äußere Asbytes spielt eine untergeordnete, aber dennoch aufschlussreiche
Rolle.[42] Nachdem in Sil. 2.56–76 Asbytes Abstammung und Jugend beschrieben wurden und sie im Rahmen dessen mit Amazonen verglichen wurde (Sil.
2.73–76), tritt sie in der nun folgenden Passage (Sil. 2.77–88) beim Angriff

---

41   Vgl. Stat. *Theb.* 4.257–258, 12.125. Zu Atalante vgl. Mayor 2014, 1–13.
42   Von den mehr als 200 Versen der Passage um Asbyte wird nur in den hier behandelten vier
     Versen ihr Äußeres erwähnt.

gegen Saguntum auf. In den ersten Versen wird hierbei ihr Äußeres beschrieben, wobei trotz der komprimierten Darstellung der Einfluss Camillas auf die Gestaltung Asbytes deutlich ist.[43]

> Ergo habitu insignis patrio, religata fluentem
> Hesperidum crinem dono dextrumque feroci
> nuda latus Marti ac fulgentem tegmine laeuam
> 80   Thermodontiaca munita in proelia pelta,
> fumantem rapidis quatiebat cursibus axem.
>
> SIL. 2.77–81

So treibt sie, auffallend in der Kleidung des Vaterlands, das wogende Haar mit einem Geschenk der Hesperiden zusammengehalten, die rechte Seite frei für den unbändigen Kampf des Mars und die Linke glänzend geschützt [80] mit einem Schild vom Thermodon, die rauchende Achse zur Schlacht in schneller Fahrt.

Nach einem allgemeinen Amazonenvergleich (Sil. 2.73–76) wird Asbyte in den vorliegenden Versen mit *dextrumque feroci | nuda latus Marti* und *Thermodontiaca* [...] *pelta* (Sil. 2.78–80) auch individuell als Amazone mit für den Kampf unbedeckter Brust dargestellt.[44] Die Darstellung als auffällig oder herausragend im Vergleich mit anderen wird militärischen Anführern im Epos regelmäßig zuteil. Bei Asbyte wird darüber hinaus auch die enge Verbindung zu ihrem Vaterland betont (*habitu insignis patrio*, Sil. 2.77). Die Tatsache, dass sie von einem Streitwagen aus kämpft (*fumantem rapidis quatiebat cursibus axem*, Sil. 2.81) ist im Umfeld der römischen Kriegsführung ein Anachronismus und trägt damit zur Charakterisierung der *Punica* als traditionellem Epos bei.[45]

Spaltenstein sieht *habitu* [...] *patrio* (Sil. 2.77) als „sans doute une touche pittoresque, par allusion à un habillement exotique".[46] Auch *religata fluentem | Hesperidum crinem dono* (Sil. 2.77–78) interpretiert er unter diesen Vorzeichen, wenn er schreibt: „comme toutes ces femmes guerrières, Asbyte est coiffée comme une sauvageonne".[47] Als Parallelstelle nennt Spaltenstein die Darstel-

---

43   Vgl. Bernstein 2017, XXII. Vgl. Verg. *Aen.* 7.812–817, oben S. 66–69.
44   Zur Rezeption des Motivs vgl. Bernstein 2016.
45   Vgl. Spaltenstein 1986, 114, und Marks 2010. Siehe auch Bernstein 2017, 78: „The motif accordingly contributes to the epic's framing of the capture of Saguntum as a repetition of the sack of Troy and of the Punic wars as a continuation of the *Aeneid*."
46   Spaltenstein 1986, 113.
47   Ebd.

lung von Venus in Verg. *Aen.* 1.319: *uenatrix, dederatque comam diffundere uentis* (eine Jägerin, und sie ließ ihr Haar im Wind flattern).[48] Die Unterschiede zwischen den beiden Versen sind jedoch größer als die Übereinstimmungen. Bereits auf den ersten Blick fällt auf, dass Venus' Haar im Wind flattert, während Asbytes Haar zusammengebunden ist. Darüber hinaus wird Asbyte durch ihre Bewaffnung und die explizite Nennung des Kriegsgottes Mars (Sil. 2.78–79) als Kriegerin markiert, während Venus sich hinter dem Äußeren einer Jägerin (*uenatrix*) verbirgt. Sie wird zwar als Jägerin charakterisiert, aber schon aufgrund ihrer Göttlichkeit wohl nicht als „sauvageonne". Asbyte ist jedoch, wie auch Spaltenstein schreibt, in direkter Auseinandersetzung mit Camilla gestaltet. In Asbytes Darstellung wird mit der Beschreibung Camillas in Verg. *Aen.* 7.814–815 auch Apollo aufgerufen (Verg. *Aen.* 4.147–150) und so vor allem die strahlende Erscheinung – wiederum ein Topos homerischer Heldendarstellung – der Kriegerin Asbyte ins Zentrum der Darstellung gerückt.[49]

Asbyte wird also in einer sehr kurzen, intertextuell vielfältig eingebundenen Passage durch ihr Äußeres als Kriegerin und Amazone charakterisiert, die ihrer Heimat verbunden ist. Ihr Auftreten trägt darüber hinaus dazu bei, die Schlacht um Saguntum als homerische Feldschlacht zu kennzeichnen und in die epische Tradition einzuordnen.

## 5      Quintus Smyrnaeus

Das Äußere homerischer Helden wird durch verschiedene Topoi gekennzeichnet: Sie gleichen den strahlenden Göttern, tragen funkelnde Waffen und werden regelmäßig über Lichtmetaphorik charakterisiert. Auch in der Darstellung Penthesileas in den *Posthomerica* des Quintus Smyrnaeus, die in direkter Auseinandersetzung mit den homerischen Epen geschrieben sind, finden sich

---

48    In der Passage erscheint Venus ihrem Sohn Aeneas in der Gestalt einer Jägerin: *cui mater media sese tulit obuia silua | uirginis os habitumque gerens et uirginis arma* [315] *| Spartanae, uel qualis equos Threissa fatigat | Harpalyce uolucremque fuga praeuertitur Hebrum. | namque umeris de more habilem suspenderat arcum | uenatrix dederatque comam diffundere uentis, | nuda genu nodoque sinus collecta fluentis.* Ihm trat die Mutter mitten im Wald entgegen, in Gesicht und Gestalt einer jungen Frau gleich, mit den Waffen einer jungen [315] Spartanerin oder wie die Thrakerin Harpalyce, wenn sie die Pferde treibt und im Dahinjagen dem raschen Lauf des Hebrus zuvorkommt. Denn sie trug, wie es Brauch war, den leichten Bogen über die Schulter gehängt, eine Jägerin, ließ ihr Haar im Wind flattern, bloß war ihr Knie und ihr fließendes Gewand in einem Knoten gerafft, Verg. *Aen.* 1.314–320.

49    Vgl. Bernstein 2017, 78.

diese Topoi. Dies ist bereits ein Hinweis darauf, dass Penthesilea als Kriegerin nicht grundsätzlich anders konzipiert ist als die männlichen Krieger in den *Posthomerica*.

Ihr erstes Auftreten wird eingeleitet mit den Worten ἤλυθε Πενθεσίλεια θεῶν ἐπιειμένη εἶδος (Penthesilea [kam] und hatte an sich die schöne Gestalt von Göttern, Q. Smyrn. 1.19). In dieser Beschreibung wird das Göttliche ihres Äußeren benannt, womit sowohl ihre Abstammung vom Kriegsgott Ares als auch ihre außergewöhnliche Schönheit thematisiert werden.[50] Diese Einführung ist programmatisch für die Charakterisierung Penthesileas, denn „[s]owohl die Göttlichkeit als auch die Schönheit der Amazonenkönigin [...] ziehen sich sodann leitmotivisch durch das ganze erste Buch."[51] In den folgenden Versen werden Penthesilea und ihr aus zwölf Amazonen bestehendes Gefolge vorgestellt.

Σὺν δέ οἱ ἄλλαι ἕποντο δυώδεκα, πᾶσαι ἀγαυαί,
πᾶσαι ἐελδόμεναι πόλεμον καὶ ἀεικέα χάρμην,
35    αἵ οἱ δμωίδες ἔσκον ἀγακλειταί περ ἐοῦσαι·
ἀλλ' ἄρα πασάων μέγ' ὑπείρεχε Πενθεσίλεια.
Ὡς δ' ὅτ' ἀν' οὐρανὸν εὐρὺν ἐν ἀστράσι δῖα σελήνη
ἐκπρέπει ἐν πάντεσσιν ἀριζήλη γεγαυῖα,
αἰθέρος ἀμφιραγέντος ὑπὸ νεφέων ἐριδούπων,
40    εὖτ' ἀνέμων εὕδῃσι μένος μέγα λάβρον ἀέντων·
ὣς ἥ γ' ἐν πάσῃσι μετέπρεπεν ἐσσυμένῃσιν.
          Q. SMYRN. 1.33–41

Mit ihr aber kamen im Gefolge zwölf andere, alle trefflich, | alle sehnten sich nach Krieg und grässlichem Kampf; | diese waren ihr Dienerinnen, obwohl sie hochberühmt waren; [35] | aber alle übertraf nun weit Penthesileia. | Wie wenn am weiten Himmel unter den Sternen der göttliche Mond | hervorsticht unter allen, hell strahlend, | wenn der Äther ringsum hervorbricht hinter den lautdonnernden Gewitterwolken, | wenn sich die große Gewalt der heftig wehenden Winde legt: [40] | so nun strahlte sie hervor unter allen, die dahinstürmten.

---

50    Diese doppelte Bedeutung wird auch dadurch unterstrichen, dass Penthesileas Schwester Hippolyte mit denselben Worten beschrieben wird (Q. Smyrn. 6.241). Vgl. Bär 2009, 175.
51    Bär 2009, 174.

Das Ausmaß, in dem Penthesilea die anderen Amazonen übertrifft, wird mit einem Gleichnis illustriert (Q. Smyrn. 1.37–41).[52] Bär zeigt, dass der Ausdruck ἐκπρέπει ἐν πάντεσσιν (Q. Smyrn. 1.38) Penthesileas Aussehen mit dem des Agamemnon parallelisiert.[53] Maciver betont, dass das Gleichnis nicht nur das Äußere Penthesileas beschreibt, sondern auch ihre Bedeutung für die Trojaner herausstreicht: „Penthesileia is a dazzling light, a symbol of hope."[54] Penthesilea wird durch ihre Darstellung von Anfang an als homerische Heldin gekennzeichnet, die den Trojanern Hoffnung in bedrängter Lage bringt. In der folgenden Passage wird die Schönheit Penthesileas aus der Perspektive der Trojaner beschrieben:

τοίη Πενθεσίλεια μόλεν ποτὶ Τρώιον ἄστυ
ἔξοχος ἐν πάσῃσιν Ἀμαζόσιν. Ἀμφὶ δὲ Τρῶες
πάντοθεν ἐσσύμενοι μέγ᾽ ἐθάμβεον, εὖτ᾽ ἐσίδοντο
55   Ἄρεος ἀκαμάτοιο βαθυκνήμιδα θύγατρα
εἰδομένην μακάρεσσιν, ἐπεί ῥά οἱ ἀμφὶ προσώπῳ
ἄμφω σμερδαλέον τε καὶ ἀγλαὸν εἶδος ὀρώρει,
μειδίαεν ⟨δ᾽⟩ ἐρατεινόν, ὑπ᾽ ὀφρύσι δ᾽ ἱμερόεντες
ὀφθαλμοὶ μάρμαιρον ἀλίγκιον ἀκτίνεσσιν,
60   αἰδὼς δ᾽ ἀμφερύθηνε παρήια, τῶν δ᾽ ἐφύπερθε
θεσπεσίη ἐπέκειτο χάρις καταειμένη ἀλκήν.

Q. SMYRN. 1.52–61

[S]o kam Penthesileia zur troischen Stadt, | herausragend unter allen Amazonen. Die Troer aber | eilten ringsum von allen Seiten und staunten sehr, als sie sahen | des unermüdlichen Ares Tochter mit hohen Beinschienen, [55] | den glückseligen Göttern gleichend, da ja in ihrem Antlitz | zugleich eine schreckliche und eine glänzende Schönheit aufging, | sie lächelte lieblich, unter Brauen aber glänzten | sehnsuchterweckende Augen wie Strahlen, | Scham ließ die Wangen erröten, über denen lag [60] | göttliche Anmut, angetan mit Wehrkraft.

Penthesilea wird als strahlende und furchterregende Kriegerin charakterisiert.[55] Ihre Abstammung von Ares, die eingangs lediglich angedeutet wurde

---

52   Vgl. mit Vian 1963, 14, Fußnote 1: Hom. *Il.* 5.524 ff., Hom. *Il.* 8.555 ff. und Hom. *Il.* 16.300 ff. als Parallelen für das Gleichnis.
53   Vgl. Bär 2009, 209.
54   Maciver 2012, 135.
55   Vgl. Lovatt 2013, 267.

(Q. Smyrn. 1.19), wird explizit genannt (Q. Smyrn. 1.55); auf diese Weise wird ihr Kriegertum betont. Penthesilea zeigt ein liebliches Lächeln (Q. Smyrn. 1.58), strahlende Augen (Q. Smyrn. 1.58–59), Schamgefühl (αἰδώς, Q. Smyrn. 1.60) und Wehrkraft (ἀλκήν, Q. Smyrn. 1.61). Die Parallelisierung mit Aphrodite und mit Helena hebt Penthesileas erotische Attraktivität hervor.[56] Die Beschreibung mit sowohl dem Begriff αἰδώς als auch dem Begriff ἀλκή betont, dass die Figur beide Charakteristika in sich vereinigt. Bär dagegen sieht zwar die Schönheit Penthesileas, geht aber explizit von einem inhärenten Gegensatz zwischen „Kriegsbegierde und Kriegstüchtigkeit" einerseits und „Schönheit und Erotik" andererseits aus. Er ordnet „Kriegsbegierde und Kriegstüchtigkeit" die Attribute „männlich" und ἀλκή zu, während „Schönheit und Erotik" die Attribute „weiblich" und χάρις erhalten.[57] Unter diesen Vorzeichen bewertet Bär die Schönheit Penthesileas durchgängig als Zeichen ihrer Weiblichkeit, ihre Kriegstüchtigkeit aber als negativ konnotierte Grenzüberschreitung (sex-role-crossover). Helen Lovatt dagegen hat überzeugend gezeigt, dass neben der Kriegstüchtigkeit auch erotische Attraktivität kennzeichnend für epische Helden ist.[58] Penthesilea bildet in dieser Hinsicht also keine Ausnahme, sondern wird im Gegenteil durch ihr Äußeres als epische Heldin gekennzeichnet. Die enge Verbindung von erotischer Attraktivität und Kriegertum in Penthesileas Darstellung wird in dem byzantinischen Posthomerica-Lehrgedicht des Johannes Tzetzes bestätigt: Tzetzes beschreibt den Schild Penthesileas und lässt darauf Eros und Ares um die Ehre kämpfen, Vater der Penthesilea zu sein.[59]

Breiten Raum nimmt auch die Beschreibung ihrer Bewaffnung ein; als einzige der epischen Kämpferinnen erhält Penthesilea eine vollständige Rüstungsszene:

> Ἀλλ' ὅτε δή ῥ' ἐπόρουσε ῥοδόσφυρος Ἠριγένεια,
> δὴ τότε Πενθεσίλεια μέγ' ἐνθεμένη φρεσὶ κάρτος
> 140 ἐξ εὐνῆς ἀνέπαλτο καὶ ἀμφ' ὤμοισιν ἔδυνε
> τεύχεα δαιδαλόεντα, τά οἱ θεὸς ὤπασεν Ἄρης.
> Πρῶτα μὲν ἄρ κνήμῃσιν ἐπ' ἀργυφέῃσιν ἔθηκε
> κνημῖδας χρυσέας αἵ οἱ ἔσαν εὖ ἀραρυῖαι·
> ἔσσατο δ' αὖ θώρηκα παναίολον· ἀμφὶ δ' ἄρ' ὤμοις
> 145 θήκατο κυδιόωσα μέγα ξίφος ᾧ περὶ πάντῃ

---

56  Vgl. Bär 2009, 243–245, Maciver 2012, 147–148.
57  Bär 2009, 238–239.
58  Vgl. Lovatt 2013, 265–283, bes. 267.
59  Jacobs [1793] 1972, 104–105, Vers 63–72. Vgl. Vian 1963, 14, Bär 2009, 239, Maciver 2012, 147, Fußnote 85.

κουλεὸς εὖ ἤσκητο δι᾽ ἀργύρου ἠδ᾽ ἐλέφαντος·
ἂν δ᾽ ἔθετ᾽ ἀσπίδα δῖαν ἀλίγκιον ἄντυγι μήνης,
ἥ θ᾽ ὑπὲρ Ὠκεανοῖο βαθυρρόου ἀντέλλησιν
ἥμισυ πεπληθυῖα περιγνάμπτοισι κεραίης·
150 τοίη μαρμαίρεσκεν ⟨ἀ⟩άσπετον· ἀμφὶ δὲ κρατὶ
θῆκε κόρυν κομόωσαν ἐθείρῃσι⟨ν⟩ χρυσέῃσιν.
Ὣς ἣ μὲν μορόεντα περὶ χροῒ θήκατο τεύχη·
ἀστεροπῇ δ᾽ ἀτάλαντος ἐείδετο, τὴν ἀπ᾽ Ὀλύμπου
ἐς γαῖαν προΐησι Διὸς μένος ἀκαμάτοιο
155 δεικνὺς ἀνθρώποισι μένος βαρυηχέος ὄμβρου
ἠὲ πολυρροίζων ἀνέμων ἄλληκτον ἰωήν.
Αὐτίκα δ᾽ ἐγκονέουσα δι᾽ ἐκ μεγάροιο νέεσθαι
δοιοὺς εἵλετ᾽ ἄκοντας ὑπ᾽ ἀσπίδα, δεξιτερῇ δὲ
ἀμφίτυπον βουπλῆγα τόν οἱ Ἔρις ὤπασε δεινὴ
θυμοβόρου πολέμοιο πελώριον ἔμμεναι ἄλκαρ.

Q. SMYRN. 1.138–160

Aber als die rosenfesslige Erigeneia herbeieilte, | da sprang nun Penthesileia mit großer Stärke in ihrem Herzen | auf von dem Lager und legt um ihre Schultern [140] | kunstvolle Waffen, die ihr der göttliche Ares gegeben hatte. | Zuerst fügte sie an ihre silberweiß schimmernden Waden goldene Beinschienen, die ihr gut passten. | Dann zog sie ihren hellglänzenden Brustpanzer an; rings um die Schultern | hängte sie stolz sich das große Schwert, um welches überall [145] | die Scheide sehr kunstvoll gefertigt war aus Silber und Elfenbein; | sie nahm ihren göttlichen Schild auf, gleichend dem Rund des Mondes, | der über dem tieffließenden Okeanos aufgeht, | zur Hälfte voll, mit seinen gekrümmten Hörnern: | so strahlte er unsagbar; auf den Kopf aber [150] | setzte den Helm sie, prunkend mit goldener Mähne. | So legte diese die kunstvollen Waffen an ihren Körper. | Einem Blitz erschien sie ähnlich, den vom Olympus | auf die Erde die Gewalt des unermüdlichen Zeus schleudert, | den Menschen die Gewalt des schwertönenden Regens zeigend [155] | und der heftigrauschenden Winde unaufhörliches Brausen. | Augenblicklich lief sie eilends durch den Saal hinaus | und nahm unter ihren Schild zwei Speere, mit der Rechten aber | die zweischneidige Doppelaxt, die ihr die schreckliche Eris mitgegeben hatte, | damit die im lebenverzehrenden Krieg ein gewaltiger Schutz sei.

Rüstungsszenen gehören zu den typischen Elementen des homerischen Epos, die bei der Aufzählung der Bewaffnung (Beinschienen, Panzer, Schwert, Schild,

Helm, Speer) stets dem gleichen Muster folgen.[60] Penthesileas Rüstungsszene
ist wesentlich ausführlicher als die anderer Helden in den *Posthomerica*[61] und
steht in Länge und Detailreichtum auf einem Niveau mit zum Beispiel den Rüstungsszenen von Agamemnon und Achilles, die zu den umfangreichsten der
*Ilias* gehören.[62] Penthesilea wird durch die Tatsache, dass das Anlegen ihrer
Rüstung in allen Einzelheiten beschrieben wird, wiederum als homerische
Heldin charakterisiert.[63] Gleichzeitig wird sie als Amazone eingeführt, denn
auch der halbmondförmige Amazonenschild macht einen Teil ihrer Rüstung
aus. Die Verknüpfung verdeutlicht, dass die zwei Charakterisierungen einander nicht ausschließen. In den Details der Rüstungsszene deuten sich darüber
hinaus Bezüge zu Vergils *Aeneis* an. Gärtner weist darauf hin, dass die Beschreibungen bei Vergil und Quintus in ungewöhnlichem Maße übereinstimmen.[64]
In der Nennung des Speers als Teil der Bewaffnung (Q. Smyrn. 1.158) sieht Gärtner eine Parallele zu Turnus (Verg. *Aen.* 12.92–93).[65] Die Art der Bewaffnung
mit zwei Speeren und einer Streitaxt legt jedoch nahe, dass vor allem Camilla
als Vorbild fungiert: Penthesilea trägt in der linken Hand mehrere Speere und
in der rechten die Doppelaxt, eine typische Waffe der Amazonen (Q. Smyrn.
1.158–159). In der *Aeneis* heißt es über Camilla: *et nunc lenta manu spargens has-
tilia denset, | nunc ualidam dextra rapit indefessa bipennem* (Bald schleudert sie
in dichter Folge die leichten Speere, bald packt die unermüdliche Rechte die
starke Streitaxt, Verg. *Aen.* 11.650–651). Die Situationen, in denen beide Frauen
beschrieben werden, sind unterschiedlich, denn Penthesilea rüstet sich zum
Kampf, während Camilla bereits in der Schlacht stehend beschrieben wird.
Dennoch ist die Kombination von mehreren Speeren und einer Streitaxt in
beiden Darstellungen zumindest auffällig, insbesondere weil diese Übereinstimmungen Gärtner zufolge nicht häufig vorkommen.[66] Als Teil ihrer Rüstung
legt Penthesilea auch goldene Beinschienen an (Q. Smyrn. 1.143); diese sind das
erste der Rüstungselemente, die das strahlende Äußere Penthesileas betonen

---

60   Vgl. Armstrong 1958, 341–343.

61   Vgl. Griffin 1980, 36, der darauf hinweist, dass es einen direkten Zusammenhang zwischen
     der Länge der Rüstungsszene und der Größe der Aristie gibt. Zu anderen Rüstungsszenen
     in den *Posthomerica* vgl. Q. Smyrn. 6.194–197 (Eurypylos) und 7.445–451 (Neoptolemos).

62   Rüstungsszenen in der Ilias: Hom. *Il.* 3.328–338 (Paris), Hom. *Il.* 11.16–46 (Agamemnon),
     Hom. *Il.* 16.130–139 (Patroklos), Hom. *Il.* 19.369–391 (Achilles). In der *Ilias* finden sich
     neben diesen vier großen Rüstungsszenen auch zahlreiche kleinere.

63   Zur gegenseitigen Konstituierung von Schönheit und Status bei homerischen Kriegern vgl.
     van Wees 1992, 78.

64   Vgl. Gärtner 2005, 51.

65   Vgl. ebd.

66   Vgl. ebd.

(vgl. Q. Smyrn. 1.144, 1.150, 1.151). Bär weist darauf hin, dass in der *Aeneis* sowohl Aeneas selbst als auch Turnus goldene Beinschienen tragen (Verg. *Aen.* 11.488 und 12.430), während diese in der griechischen Epik vor Quintus Smyrnaeus unbekannt sind. Es wird also wahrscheinlich eine intertextuelle Verbindung zwischen Penthesilea einerseits und Turnus und Aeneas andererseits hergestellt.[67]

Bei Penthesilea nehmen in Bezug auf ihr Äußeres zwei Themen besonderen Raum ein: ihre erotische Attraktivität und ihr Kriegertum. Beide Aspekte kennzeichnen sie in gleichem Maße und werden von intra- und intertextuellen Verweisen bestätigt. Gerade die Kombination von göttlicher Schönheit und traditioneller Bewaffnung charakterisiert sie als homerische Heldin.

## 6      Das Äußere als Ausdruck verschiedener Rollen

In der Darstellung des Äußeren der Amazonen werden zahlreiche Rollen von Frauen im Epos thematisiert, wobei dieselbe Frau verschiedene Rollen erfüllen kann. Das Äußere der Frauen charakterisiert sie als Kriegerin (in allen untersuchten Epen), als attraktive Frau (Vergil, Quintus Smyrnaeus), als Anführerin (Vergil, Silius Italicus, Quintus Smyrnaeus), als potentielle Schwiegertochter (Vergil), als Ehefrau und Mutter (Statius) und als homerische Heldin (Quintus Smyrnaeus). Wie die Analyse gezeigt hat, ist die Rolle der Kriegerin die einzige, die in allen Epen realisiert wird. Als Kriegerin – und Anführerin – werden die Frauen nicht nur durch ihre Bewaffnung charakterisiert, sondern auch durch ihre strahlende Schönheit und ihre Rüstung und Kleidung. Gerade ihre auf Schönheit, Kleidung und Bewaffnung beruhende Ausstrahlung macht die Kriegerinnen auch zu attraktiven (Ehe-)Partnerinnen. Die Darstellung der Frauen ist sowohl durch die Verweise auf andere Kriegerinnen, insbesondere Camilla und Penthesilea, als auch durch die Verweise auf männliche Krieger intra- und intertextuell eingebunden, wobei ihr biologisches Geschlecht präsent ist, ohne speziell thematisiert zu werden. Sowohl die Art der Darstellung als auch die Art der Verweise, die mit Rüstung, Kleidung und Attraktivität verschiedene Aspekte des Äußeren betreffen, zeigt deutlich, dass es im Epos in dieser Hinsicht keinen strukturellen Unterschied in der Darstellung männlicher und weiblicher Krieger gibt.

---

67      Vgl. Bär 2009, 414.

KAPITEL 4

# Götter, Väter, Mütter – Die Abstammung der Amazonen

Ἄρεϊ δ᾽ ἔμπεσε πένθος ὑπὸ φρένας ἀμφὶ θυγατρὸς
θυμὸν ἀκηχεμένου.

Q. SMYRN. 1.675–676

Dem Ares aber fiel die Trauer ins Herz um der Tochter willen, | und
er litt in seinem Gemüt.

∵

Immer wieder wird im Epos auf die Herkunft der Figuren in väterlicher Linie
verwiesen. Bezeichnungen wie „Tochter des Priamus" für Cassandra, „Sohn des
Aeson" für Iason und „Atride" für Agamemnon oder Menelaus sind üblich.
Gleichzeitig wird gegebenenfalls auch ihre göttliche Herkunft betont: Achilles
ist ein Sohn der Thetis, Aeneas ein Sohn der Venus und Helena eine Tochter des Zeus.[1] Die ethnischen Amazonen des Schwarzmeergebietes werden in
den Epen übereinstimmend als Töchter des Kriegsgottes Ares/Mars bezeichnet. Diese Bezeichnung tritt erstmalig in einer *lectio varia* zum Schlussvers der
*Ilias* auf und unterstützt die Charakterisierung der Amazonen als Kriegerinnen.[2] Die Forschung hat die Abstammung der Amazonen in erster Linie als
mythologischen Topos gesehen und das interpretatorische Potential keineswegs ausgeschöpft; dies gilt insbesondere für die strukturellen Übereinstimmungen in der Beschreibung der regionalen und der ethnischen Amazonen. Im
vorliegenden Kapitel wird die chronologische Reihenfolge der Epen verlassen,
indem zunächst analysiert wird, wie das Verhältnis der ethnischen Amazonen
zu ihrem Vater, dem Kriegsgott Ares/Mars, in den Epen von Apollonius Rhodius, Valerius Flaccus und Quintus Smyrnaeus beschrieben wird und welche

---

1  Zur Rolle der Götter im Epos s. die wegweisende Monografie von Feeney 1991, zur Rolle der
   Genealogie für die Heldendarstellung in der *Ilias* Stoevesandt 2004, 129–131, zur Charakterisierung s. van Emde Boas, de Temmerman (Hg.) 2018.
2  Bierl, Latacz (Hg.) BK VIII. 2, 270: ἦλθε δ᾽ Ἀμαζών | Ἄρηος θυγάτηρ μεγαλήτορος ἀνδροφόνοιο
   (und dann kam die Amazone, Tochter des starken Männertöters Ares, Hom. *Il.* 24.804–805),
   vgl. oben S. 19.

© SUSANNE BOROWSKI, 2022 | DOI:10.1163/9789004472747_005

Funktion diese Darstellung im jeweiligen Epos hat. Dabei nimmt die Analyse von Apollonius Rhodius und Valerius Flaccus wegen der Behandlung desselben Stoffes in beiden Epen eine besondere Position ein. In der *Thebais* des Statius wird die Abstammung der Amazonen von Mars zwar nicht thematisiert, gerade deshalb ist die Passage jedoch im Hinblick auf die Funktion der Herkunft insgesamt aufschlussreich.

Nach der Analyse der ethnischen Amazonen wird untersucht, wie die Abstammung der regionalen Amazonen – Camilla bei Vergil und Asbyte bei Silius Italicus – dargestellt wird und welche relevanten Übereinstimmungen und Unterschiede zu konstatieren sind.

## 1 Apollonius Rhodius

Die Reise der Argonauten führt sie in das Gebiet des Flusses Thermodon, das als Heimat der Amazonen gilt. Hercules, ursprünglich ein Mitglied der Mannschaft, war schon vor der Argonautenfahrt in diese Gegend gekommen, um den Waffengurt der Hippolyte zu erringen. Apollonius verweist auf diesen Kampf, berichtet von weiteren Mythen, die die Amazonen in diesem Landstrich ansiedeln, und verarbeitet auch andere mythographische Episoden.[3] Auch in sehr kurzen Erwähnungen werden die Amazonen in den *Argonautica* konsequent als besonders kriegerisch und tapfer charakterisiert. So wird die Amazonenkönigin Hippolyte als φιλοπτόλεμος (kriegslustig, Apoll. Rhod. 2.778), der Kampf der Amazonen mit Hercules als πολυθαρσής (sehr kühn, Apoll. Rhod. 2.912) beschrieben. Die explizite Verbindung der Amazonen zum Kriegsgott Ares wird erstmals in der Prophezeiung des Phineus hergestellt:

> '[...]
> Τοὺς παραμειβόμενοι λισσῇ ἐπικέλσετε νήσῳ,
> μήτι παντοίῃ μέγ᾽ ἀναιδέας ἐξελάσαντες
> οἰωνούς οἳ δῆθεν ἀπειρέσιοι ἐφέπουσιν
> 385 νῆσον ἐρημαίην, τῇ μέν τ᾽ ἐνὶ νηὸν Ἄρηος
> λαΐνεον ποίησαν Ἀμαζονίδων βασίλειαι
> Ὀτρηρή τε καὶ Ἀντιόπη, ὁπότε στρατόωντο.
> Ἔνθα γὰρ ὔμμιν ὄνειαρ ἀδευκέος ἐξ ἁλὸς εἶσιν,
> 390 ἄρρητον. Τῶ καί τε φίλα φρονέων ἀγορεύω
> ἰσχέμεν· [...]'
>
> APOLL. RHOD. 2.382–391

---

3  Mythographie spielt bei Apollonius insgesamt eine wichtige Rolle. Vgl. Fränkel 1968, 21, Vian 1974, 125–129.

„[...] Diese [i. e. die Mossynoiken] passiert ihr und legt an einer kahlen Insel an, nachdem ihr mit einem komplizierten Plan die sehr ruchlosen Vögel vertrieben habt, die offenbar in unübersehbarer Zahl diese verlassene Insel bevölkern, auf der [385] die Amazonenköniginnen Otrere und Antiope einen steinernen Altar für Ares errichtet haben, wenn sie in den Krieg zogen. Da wird für euch unbeschreibliche Hilfe aus der bitteren See sein. Darum rate ich euch auch, weil ich Gutes im Sinn habe, dort anzulegen. [...]"

Der Kriegsgott Ares hat aufgrund seines Aufgabenbereiches eine besondere Bedeutung für die Amazonen, die dadurch sichtbar wird, dass die Amazonenköniginnen Otrere und Antiope regelmäßig vor ihren Kriegszügen dem Ares opfern. Anders als in späteren Passagen werden die Amazonen an dieser Stelle zwar als gefährlich charakterisiert, nicht aber für die Argonauten. Im Gegenteil: die Kriegszüge der Amazonen werden als Teil der Vergangenheit dargestellt (ὁπότε στρατόωντο, Apoll. Rhod. 2.387) und der Ort ist über die dort von Phineus in Aussicht gestellte Hilfe positiv konnotiert.

Die Verwendung des Patronymikons Ἀρητιάδης für die Amazone Melanippe in Apoll. Rhod. 2.966 stellt erstmals explizit eine verwandtschaftliche Verbindung zu Ares her.[4] Wenig später, an dem Punkt der Reisebeschreibung, an dem die Argonauten am Gebiet der Amazonen vorbeifahren, werden das Kriegertum der Amazonen und ihre Abstammung explizit miteinander verknüpft:

985    Καί νύ κε δηθύνοντες Ἀμαζονίδεσσιν ἔμιξαν
       ὑσμίνην, καὶ δ᾽ οὔ κεν ἀναιμωτί γ᾽ ἐρίδηναν –
       οὐ γὰρ Ἀμαζονίδες μάλ᾽ ἐπητέες οὐδὲ θέμιστας
       τίουσαι πεδίον Δοιάντιον ἀμφενέμοντο,
       ἀλλ᾽ ὕβρις στονόεσσα καὶ Ἄρεος ἔργα μεμήλει·
990    δὴ γὰρ καὶ γενεὴν ἔσαν Ἄρεος Ἁρμονίης τε
       Νύμφης, ἥ τ᾽ Ἀρηϊ φιλοπτολέμους τέκε κούρας
       ἄλσεος Ἀκμονίοιο κατὰ πτύχας εὐνηθεῖσα –,
       εἰ μὴ ἄρ᾽ ἐκ Διόθεν πνοιαὶ πάλιν Ἀργέσταο

---

4  Vgl. Ἤματι δ᾽ αὐτῷ | γνάμψαν Ἀμαζονίδων ἔκαθεν λιμενήοχον ἄκρην, | ἔνθα ποτὲ προμολοῦσαν Ἀρητιάδα Μελανίππην | ἥρως Ἡρακλέης ἐλοχήσατο, καί οἱ ἄποινα | Ἱππολύτη ζωστῆρα παναίολον ἐγγυάλιξεν | ἀμφὶ κασιγνήτης, ὁ δ᾽ ἀπήμονα πέμψεν ὀπίσσω· (Und am selben Tag bogen sie von Ferne um das einen Hafen umschließende Kap der Amazonen herum. Da hatte einst der Held Hercules der Arestochter Melanippe aufgelauert, als sie nach vorn trat, und Hippolyte hat ihm als Lösegeld für ihre Schwester ihren schimmernden Waffengurt gegeben, und er hat sie unversehrt zurückgeschickt, Apoll. Rhod. 2.964–969).

ἤλυθον, οἱ δ᾽ ἀνέμῳ περιηγέα κάλλιπον ἄκρην,
995    ἔνθα Θεμισκύρειαι Ἀμαζόνες ὡπλίζοντο.

APOLL. RHOD. 2.985–995

Und wenn sie sich dort länger aufgehalten hätten, wären sie wohl in einen
Kampf mit den Amazonen geraten, und sie hätten nicht unblutig gestrit-
ten – denn die Amazonen wohnten da überall in der Ebene des Doias,
nicht gerade freundlich im Umgang und den Gebräuchen gehorchend,
sondern ihnen war an schrecklicher Gewalt und den Werken des Ares
gelegen; ihrer Herkunft nach stammten sie nämlich bekanntlich von Ares
und der Nymphe Harmonia ab, [990] die die kriegliebenden Mädchen
dem Ares geboren hat, nachdem sie mit ihm in den Schluchten des Akmo-
nischen Waldes geschlafen hatte – und wenn nicht von Zeus wieder die
nordwestlichen Winde gekommen wären und sie dank des Windes das
ringsum liegende Kap verlassen hätten, wo die Themiskyreïschen Amazonen sich bewaffneten.

Aufgrund ihrer Neigung zu Gewalt und Kriegshandwerk, erzählt Apollonius,
hätten die Amazonen ohne das Eingreifen des Göttervaters Zeus die Argonauten in eine blutige Auseinandersetzung verwickelt. Damit werden sie zum ersten Mal als potentielle Bedrohung für die Argonauten dargestellt. Einleitend
wird gesagt, dass die Amazonen den üblichen Gesetzen der Gastfreundschaft
nicht gehorchen, sondern ganz im Gegenteil auf Gewalt und Krieg sinnen
(Apoll. Rhod. 2.987–989).[5] Der Krieg wird mit „Werke des Ares" (Ἄρεος ἔργα,
Apoll. Rhod. 2.989) angedeutet und als Übergang zu der Begründung der kriegerischen Natur der Amazonen eingesetzt: die Amazonen stammen aus der
Verbindung von Ares mit der Nymphe Harmonia und werden schon von Kindesbeinen an als φιλοπτόλεμος charakterisiert (Apoll. Rhod. 2.991). In ihrer Darstellung ist dabei auffällig, dass Adjektive, die vom Namen des Ares abgeleitet
sind, nicht zu ihrer Charakterisierung eingesetzt werden, während Apollonius
die Adjektive ἀρήιος (streitbar, kriegerisch) oder ἀρηίφιλος (von Ares geliebt) an
anderer Stelle insgesamt siebenmal in den *Argonautica* für männliche Krieger
benutzt und weitere zwölfmal zur Charakterisierung von Orten, Dingen und
Waffen.[6] Vielleicht unterscheidet Apollonius in der Darstellung der Amazonen
auf diese Weise die metonymische Verwendung von „Ares" im Sinnen von „kriegerisch" von Ares als mythologischem Vater der Amazonen.

---

5    Vgl. Fränkel 1968, 262.
6    Vgl. Campbell 1983, 36.

## 2    Valerius Flaccus

Die Darstellung der Amazonen bei Valerius Flaccus ist in Auseinandersetzung mit den *Argonautica* des Apollonius Rhodius gestaltet.[7] Geographisch gesehen werden die Amazonen bei beiden Autoren in der Gegend des Flusses Thermodon angesiedelt. Apollonius Rhodius schildert verschiedene Aspekte der Landschaft.

360    Ἔστι δέ τις ἄκρη Ἑλίκης κατεναντίον Ἄρκτου,
       πάντοθεν ἠλίβατος, καί μιν καλέουσι Κάραμβιν·
       τῆς καὶ ὑπὲρ Βορέαο περισχίζονται ἄελλαι,
       ὧδε μάλ᾽ ἂμ πέλαγος τετραμμένη αἰθέρι κύρει.
       Τήνδε περιγνάμψαντι Πολὺς παρακέκλιται ἤδη
365    Αἰγιαλός. Πολέος δ᾽ ἐπὶ πείρασιν Αἰγιαλοῖο
       ἀκτῇ ἐπὶ προβλῆτι ῥοαὶ Ἅλυος ποταμοῖο
       δεινὸν ἐρεύγονται. Μετὰ τὸν δ᾽ ἀγχίρροος Ἶρις
       μειότερος λευκῇσιν ἑλίσσεται εἰς ἅλα δίναις.

          APOLL. RHOD. 2.360–368

Es gibt da eine Klippe gegenüber der Bärin Helike, [360] an allen Seiten steil abfallend. Man nennt sie Karambis, und über ihr teilen sich die Sturmwinde des Boreas, so steil erhebt sie sich in den Himmel, gewendet zum Meer. Sobald man sie umrundet hat, liegt da die Große Küste. Am Ende der Großen Küste [365] bei einer hervorspringenden Felsklippe brüllen die Fluten des Flusses Halys beängstigend. In der Nähe fließt der weniger bedeutende Fluss Iris und wälzt sich mit weißen Wirbeln in die See.

Mit seiner ausführlichen Darstellung der steilen Küste, des scharfen Nordwindes und des Getöses der Wellen betont Apollonius den bedrohlichen Charakter der Umgebung.[8] Auch Valerius Flaccus schildert die Gegend als furchterregend (*horrenda litora*, Val. Fl. 4.606), variiert aber das Motiv des Apollonius, indem er die Bedrohlichkeit der Landschaft auf die Amazonen selbst überträgt.

    proxima Thermodon hinc iam secat arua – memento –
    inclita Amazonidum magnoque exorta Gradiuo

---

7   Zu Valerius Flaccus' Umgang mit seinen literarischen Vorgängern vgl. Zissos 2008, XVII–XXVI.
8   Zur Bedeutung der Landschaft bei Apollonius für die Charakterisierung der Amazonen vgl. Williams 1991, 118–122.

gens ibi: femineas nec tu nunc crede cateruas,
sed qualis, sed quanta uiris insultat Enyo
605    diuaque Gorgonei gestatrix innuba monstri.
ne tibi tunc horrenda rapax ad litora puppem
uentus agat, ludo uolitans cum turma superbo
puluereis exsultat equis ululataque tellus
intremit et pugnas mota pater incitat hasta.
610    non ita sit metuenda tibi saeuissima quamquam
gens Chalybum, duris patiens cui cultus in aruis
et tonat adflicta semper domus ignea massa.

        VAL. FL. 4.601–612

Ganz in der Nähe durchschneidet der Thermodon das Land – vergiss
nicht: da wohnt das berühmte Volk der Amazonen, das von dem großen
Mars abstammt. Und du musst nun nicht glauben, dass sie Truppen sterblicher Frauen sind, sondern sie sind vergleichbar mit Enyo [605] im Hinblick darauf, wie und mit welcher Kraft sie den Männern übel mitspielt,
und auch mit der göttlichen, unverheirateten Trägerin der grauenhaften
Gorgo. Möge der räuberische Wind dein Schiff nicht an die entsetzliche
Küste treiben, wenn die Reiterschar fliegend in stolzem Wettkampf jauch-
zend auf staubigen Pferden dahinjagt und die mit Geheul erfüllte Erde
zittert und ihr Vater sie zum Kämpfen anspornt mit dem Schütteln der
Lanze. Das Volk der Chalyber, das ausdauernd das harte Land bearbeitet, musst du, auch wenn es sehr grausam ist [610] und sein feuriges Haus
immer erschallt von dem Hämmern des Eisens, nicht so sehr fürchten wie
sie.

Valerius' Phineus rät den Argonauten mit der eindringlichen Aufforderung,
seine Warnungen nicht zu vergessen, nachdrücklich davon ab, im Gebiet der
Amazonen an Land zu gehen (Val. Fl. 4.606–607). Die Amazonen werden also
von Anfang an nicht nur im Allgemeinen als gefährlich charakterisiert, sondern
auch als konkrete Bedrohung für die Argonauten dargestellt. Valerius Flaccus
betont außerdem ihren halbgöttlichen Charakter und hebt den persönlichen
Bezug zu Mars hervor, der alle vier Amazonenepisoden prägt. Der Göttervater
Zeus dagegen spielt keine Rolle mehr. Bei Apollonius hatte Zeus noch eingreifen müssen, um einen Kampf zwischen Amazonen und Argonauten zu verhindern, bei Valerius Flaccus wird nur noch Mars genannt. Diese Straffung und
thematische Zuspitzung insbesondere in Bezug auf die Götterdarstellung ist
typisch für Valerius im Umgang mit Apollonius.[9]

---

9  Vgl. Zissos 2008, XXXIV.

Der Charakterisierung der Amazonen als *inclita* folgt direkt eine Warnung: *femineas nec tu nunc crede cateruas* (Val. Fl. 4.603). Neben seiner Grundbedeutung „weiblich" zielt *femineas* auch auf den Aspekt des Sterblichen, wie der anschließende Vergleich mit den Kriegsgöttinnen Enyo und Minerva deutlich macht (Val. Fl. 4.604–605).[10] Die Amazonen sind keine gewöhnlichen Sterblichen, sondern müssen als Töchter des Mars in ihrer Kraft und ihren kriegerischen Qualitäten mit Göttinnen verglichen werden. In der zweiten Warnung des Phineus (Val. Fl. 4.606–609) wird erstmals eine persönliche Beziehung zwischen Mars und den Amazonen hergestellt, denn sie werden von ihm trainiert (*et pugnas mota pater incitat hasta*, Val. Fl. 4.609).

Die Argonauten setzen ihre Reise fort und fahren schließlich an der Südküste des Schwarzen Meeres entlang, dem Gebiet, in dem Hercules den Waffengurt der Hippolyte errungen hatte.[11] Hier bietet sich die Gelegenheit, die Amazonen erneut zu erwähnen. Die erste Nennung ist eher beiläufig: *it Sthenelus. qualem Mauortia uidit Amazon* (Sthenelus kommt. So wie ihn die Amazone, die Mavorstochter, gesehen hat, Val. Fl. 5.89). Trotz der Kürze der Nennung wird der Bezug zu Mars hergestellt. Ausführlicher wird diese Beziehung in Val. Fl. 5.120–139 ausgearbeitet.

120    transit Halys longisque fluens anfractibus Iris
       saeuaque Thermodon medio sale murmura uoluens,
       Gradiuo sacer et spoliis ditissimus amnis,
       donat equos, donat uotas cui uirgo secures
       cum redit ingenti per Caspia claustra triumpho
125    Massageten Medumque trahens. est uera propago
       sanguinis, est ollis genitor deus. hinc magis alta
       Haemonidae petere et monitus non temnere Phinei.
       ipse autem comitum conuersus ad ora nouorum
       'uos mihi nunc pugnas' ait 'et uictricia' ductor
130    'Herculis arma mei uestrasque in litore Martis
       interea memorate manus.' sic fatus et aegro
       corde silens audit currus bellique labores
       uirginei, exciderit frenis quae prima remissis,
       semianimem patrius quam sanguine uexerit amnis,
135    quae pelta latus atque umeros nudata pharetris
       fugerit, Herculeae mox uulnere prensa sagittae,

---

10    Vgl. Murgatroyd 2009, 289.
11    Hercules war auch bei Valerius Flaccus anfänglich einer der Argonauten.

utque securigeras stimulauerit Ira cateruas
fleturusque pater, quantus duce terror in ipsa,
qui furor, insignis quo balteus arserit auro.

VAL. FL. 5.120–139

Der Halys zieht vorüber und der in langen Biegungen strömende Iris und
der Thermodon, der sich mit wüstem Getöse mitten ins Salzmeer wälzt,
ein Strom, heilig dem Mars und überreich an Kriegsbeute, dem eine junge
Frau als Geschenk Pferde weiht und Streitbeile, wenn sie durch die Kas-
pischen Engpässe in einem gewaltigen Triumphzug zurückkehrt, in dem
sie Massageten und Meder mit sich führt. Sie ist dem Blute nach eine
echte Nachfahrin [125], der Ahnherr dieser Frauen ist ein Gott. Von hier
aus hielten die Argonauten Kurs auf die hohe See und vergaßen die Warnungen des Phineus nicht. Und Iason selbst, der Anführer, drehte sich um
zu den Neuankömmlingen und sagte: „Erzählt mir unterdessen von den
Kämpfen und den siegreichen Waffen meines Hercules [130] und auch
von eurem Nahkampf an der Küste des Mars." So sprach er und schwermütig schweigend hörte er von den Streitwagen und den Kriegswerken
der jungen Frauen, hörte, welche als erste die Zügel verlor und herabfiel,
welche der väterliche Strom halbtot in ihrem Blut mit sich führte, welche
des Schildes an ihrer Seite und des Köchers an ihren Schultern entblößt
[135] floh und schnell von den Pfeilen des Hercules verwundet wurde und
wie Ira, der Zorn, und ihr Vater, der weinen sollte, die streitbeiltragenden
Truppen angespornt haben, welch ein großer Schrecken von der Anführerin selbst ausging, welche Raserei, und wie auffällig ihr Waffengurt vor
Gold strahlte.

In dieser Passage werden in großer Dichte zwei Aspekte der Abstammung der
Amazonen von Mars beschrieben: einerseits ihre besondere Kriegstüchtigkeit,
andererseits die persönliche Beziehung zwischen dem Gott und den Amazonen. Die Kriegstüchtigkeit der Amazonen zeigt sich in den reichen Spolien, die
sie dem Thermodon opfern, der seinerseits mit *Gradiuo sacer* (Val. Fl. 5.122)
und *patrius amnis* (Val. Fl. 5.134) als Fluss des Amazonenvaters Mars gekennzeichnet ist. Das Spolienopfer der Amazonen bei Valerius Flaccus evoziert die
Erinnerung an das Opfer, das die Amazonen bei Apollonius Rhodius bringen,
bevor sie in den Krieg ziehen (Apoll. Rhod. 2.385–387). Der Amazonenkriegs-
zug wird von Valerius Flaccus als erfolgreich dargestellt, so dass durch den
intertextuellen Bezug auch die Kriegstüchtigkeit der Amazonen bei Apollonius
unterstrichen wird. Mit *est uera propago | sanguinis, est ollis genitor deus* (Val.
Fl. 5.125–126) wird auf den halbgöttlichen Status der Amazonen verwiesen und

wiederum ihr Kriegertum betont, das mit *uera* qualitativ hervorgehoben wird. Wie schon zuvor in Val. Fl. 4.609 spornt Mars in Val. Fl. 5.136–137 persönlich die Amazonen zum Kampf an. Die Formulierung *fleturus pater* (Val. Fl. 5.138) stellt sowohl die Aussichtslosigkeit des Kampfes als auch die innere Verbundenheit des Kriegsgottes mit seinen Töchtern heraus.

Eine besondere Position in der Darstellung nimmt die Amazone Euryale ein. König Aeetes stellt sie Iason mit Worten vor, aus denen väterliche Zuneigung spricht[12]: *cara mihi et ueras inter non ultima natas* (mir teuer und meinen echten Töchtern in nichts nachstehend, Val. Fl. 5.614). Gleichzeitig ist dies ein Verweis auf die Worte Dianas über Camilla: *cara mihi ante alias* (sie, die mir vor anderen teuer, Verg. *Aen.* 11.537). Beide Passagen beziehen sich in einer inversen Spiegelung aufeinander, die sie miteinander und mit der Welt der Götter verbindet: Camilla hat einen sterblichen Vater, ist aber über Diana mit der Götterwelt verbunden. Euryale dagegen ist als Amazone eine Tochter des Gottes Ares und hat mit Aeetes eine sterbliche Vaterfigur.

In Valerius Flaccus' Wiedergabe des Argonautenstoffes zeigt sich sein kreativer Umgang mit dem Text des Apollonius Rhodius. Valerius rafft die Darstellung des Apollonius thematisch und entwickelt sie inhaltlich weiter, indem er den halbgöttlichen Status der Amazonen betont und die persönliche Beziehung des Kriegsgottes zu den Amazonen herausstellt.

## 3    Quintus Smyrnaeus

Die Darstellung der Amazonen, insbesondere Penthesileas, bei Quintus Smyrnaeus ist viel umfangreicher als bei Apollonius Rhodius und Valerius Flaccus, auch in Bezug auf ihre Abstammung. In Übereinstimmung mit der mythologischen Überlieferung wird Penthesilea als Tochter des Ares eingeführt.[13] Insgesamt ist die Darstellung der Götterwelt bei Quintus unter dem Einfluss der stoischen Philosophie im Verhältnis zu Homer deutlich verändert: während die Götter in den homerischen Epen regelmäßig aktiv in die Handlung eingreifen, haben sie in den *Posthomerica* mehr symbolischen Charakter.[14] Die Rolle des Schicksals dagegen, dem auch der Göttervater Zeus weitgehend untergeordnet ist, tritt stärker hervor.[15] Ares' Name wird für Penthesilea ebenso wie für männliche Krieger metonymisch zur Bezeichnung großer Kriegsbegeisterung und

---

12    Vgl. Fucecchi 2007, 19.
13    Vgl. Bär 2009, 240.
14    Vgl. Vian 1963, XIV–XVIII, bes. XVI, Gärtner 2007, 212, Bär 2009, 239–240.
15    Vgl. Gärtner 2007, Maciver 2012, 87–123.

herausragenden Kriegertums eingesetzt.[16] Anders als für die männlichen Protagonisten hat das von Ares abgeleitete Adjektiv ἀρήιος für Penthesilea jedoch
immer eine doppelte Bedeutung: einerseits die metonymische Bedeutung des
herausragenden Kriegertums, andererseits die genealogische Bedeutung der
Abstammung vom Gott des Krieges. Dies zeigt sich besonders darin, dass ἀρήιος oder vergleichbare von Ares abgeleitete Adjektive ausschließlich für Penthesilea, nicht aber für andere Amazonen benutzt werden, deren Tapferkeit
auf andere Weise beschrieben wird. Bezüglich ihrer Herkunft ragt Penthesilea
in zweierlei Hinsicht hervor: Sie ist die einzige Amazone göttlicher Abstammung, und sie erfreut sich außerdem auch der großen persönlichen Anteilnahme ihres göttlichen Vaters. Diese persönliche Anteilnahme eines Gottes
am Schicksal eines Menschen, die aus dem homerischen Epos vertraut ist[17],
ist bei Quintus Smyrnaeus umso auffälliger, als die Rolle der Götter, wie bereits
gesagt, in den *Posthomerica* im Allgemeinen symbolischer Art ist. Darüber hinaus ist zu beobachten, dass die verwandtschaftliche Beziehung zwischen Ares
und Penthesilea von verschiedenen Figuren, auch von Penthesilea selbst, mit
unterschiedlichen Zielsetzungen thematisiert wird.

Die Verbindung zwischen Ares und Penthesilea wird bereits anlässlich ihrer
Ankunft in Troja bei der ersten Beschreibung der Kriegerin zur Sprache
gebracht. Nachdem zunächst ihr θυμὸς ἀρήιος (kriegerischer Sinn, Q. Smyrn.
1.27) genannt wurde, wird sie einige Verse später, aus der Perspektive der Trojaner betrachtet, als Ἄρεος [...] θύγατρα bezeichnet (Tochter des Ares, Q. Smyrn.
1.55); ihr Äußeres wird als εἰδομένην μακάρεσσιν (den glückseligen Göttern glei-
chend, Q. Smyrn. 1.56) beschrieben. In dieser Darstellung wird erstmals auf Penthesileas Abstammung von Ares und ihre daraus resultierende Halbgöttlichkeit
hingewiesen. Dass dies mehr als nur ein Topos ist, zeigt sich in der Ausarbeitung der verwandtschaftlichen Beziehung. Es wird von Anfang an deutlich,
dass die Abstammung von Ares und herausragendes Kriegertum untrennbar
miteinander verbunden sind, so wird zum Beispiel in der Rüstungsszene Penthesileas ihre Verbindung zu Ares thematisiert:

> Ἀλλ᾽ ὅτε δή ῥ᾽ ἐπόρουσε ῥοδόσφυρος Ἠριγένεια,
> δὴ τότε Πενθεσίλεια μέγ᾽ ἐνθεμένη φρεσὶ κάρτος
> ἐξ εὐνῆς ἀνέπαλτο καὶ ἀμφ᾽ ὤμοισιν ἔδυνε
> τεύχεα δαιδαλόεντα, τά οἱ θεὸς ὤπασεν Ἄρης.
>
> Q. SMYRN. 1.138–141

---

16  Vgl. zum Beispiel Q. Smyrn. 1.716 (Griechen), 2.100 (Memnon), 3.287 (Ajax).
17  Vgl. Ares' Trauer um seinen Sohn Askalaphos Hom. *Il.* 15.110–118, Zeus' Wunsch, seinen
     Sohn Sarpedon zu retten Hom. *Il.* 16.431–438.

Aber als die rosenfesslige Erigeneia herbeieilte, | da sprang nun Penthesi-
leia mit großer Stärke in ihrem Herzen | auf von dem Lager und legte
um ihre Schultern | kunstvolle Waffen, die ihr der göttliche Ares gegeben
hatte.

„Die göttliche Herkunft heroischer Waffen ist ein alter epischer Topos"[18], der
Penthesilea, die ihre Waffen von Ares erhalten hat, als homerische Heldin identifiziert. Ihre besondere Beziehung zu Ares ist auch für andere Figuren des Epos
relevant: So wird die besondere Kriegstüchtigkeit Penthesileas zum Beispiel
von der Trojanerin Theano damit begründet, dass sie als Tochter des Ares eine
Halbgöttin ist.[19] Mit den Worten Τὴν δὲ φάτις καὶ Ἄρηος ἔμεν κρατεροῖο θύγα-
τρα· | τῷ οἱ θηλυτέρην τιν᾽ ἐριζέμεν οὔ τι ἔοικεν (Die aber ist, wie man sagt, auch
des starken Ares Tochter; | so ziemt es sich nicht, dass mit ihr eine Frau wettei-
fert, Q. Smyrn. 1.461–462) benutzt Theano Penthesileas göttliche Herkunft als
Argument dafür, dass die trojanischen Frauen nicht am Streit um ihre Heimat-
stadt teilnehmen sollen. Sie charakterisiert Penthesileas Fähigkeiten als über-
natürlich und für gewöhnliche Sterbliche nicht zu erreichen. Auch Penthesilea
selbst brüstet sich in ihrer Aristie gegenüber Achilles ihrer Herkunft, indem
sie behauptet, ihre Abstammung von Ares mache sie zu einer unbesiegbaren
Kriegerin.[20] Achilles übertrumpft sie jedoch mit dem Hinweis auf seine eigene
Abstammung aus dem Geschlecht des Zeus.[21]

Neben diesen Erwähnungen des Kriegsgottes Ares, in denen die metonymische Benutzung des Namens sich mit der genealogischen überschneidet,
wird auch die persönliche Bindung zwischen Penthesilea und Ares an verschiedenen Stellen deutlich. Im Zusammenhang mit ihrem ersten Kampftag
wird mehrfach die Nähe Penthesileas zu Ares thematisiert; im Hinblick auf
die Beziehung zwischen beiden ist insbesondere ein Traumgesicht Penthesileas von Interesse. Penthesilea verspricht bei einem ihr zu Ehren gegebenen
Gastmahl, Achilles zu töten. Nachts schickt ihr Athene, die auf der Seite der
Griechen steht, ein Traumbild in Gestalt des Ares.

---

18    Bär 2009, 412, mit Beispielen aus verschiedenen Epen. Zu Geschenken der Götter bei
      Homer vgl. van der Meije 1987.
19    Zu Hippodamea und Theano siehe oben S. 56–60.
20    Vgl. Ἀλλά μοι ἆσσον ἵκεσθε κατὰ κλόνον, ὄφρ᾽ ἐσίδησθε, | ὅσσον Ἀμαζόσι κάρτος ἐνὶ στήθεσσιν
      ὄρωρεν· | καὶ γάρ μευ γένος ἐστὶν ἀρήιον· οὐδέ με θνητός [560] | γείνατ᾽ ἀνήρ, ἀλλ᾽ αὐτὸς Ἄρης
      ἀκόρητος ὁμοκλῆς· | τούνεκά μοι μένος ἐστὶ πολὺ προφερέστατον ἀνδρῶν.᾽ „Auf nun, kommt
      näher zu mir durch das Getümmel, damit ihr seht, | welch große Kraft den Amazonen in
      der Brust sich regt. | Denn auch meine Familie ist kriegerisch; und mich zeugte [560] |
      kein sterblicher Mann, sondern Ares selbst, unersättlich im Kriegsruf. | Deshalb ist meine
      Kraft um vieles besser als die der Männer." Q. Smyrn. 1.558–562.
21    Vgl. Q. Smyrn 1.578–579.

Ἥ δὲ κιοῦσ' εὕδεσκεν, ὕπνος δέ οἱ ὄσσ' ἐκάλυψε
νήδυμος ἀμφιπεσών. Μόλε δ' αἰθέρος ἐξ ὑπάτοιο
125 Παλλάδος ἐννεσίῃσι μένος δολόεντος Ὀνείρου,
ὅππως μιν λεύσσουσα κακὸν Τρώεσσι γένηται
οἵ τ' αὐτῇ, μεμαυῖα ποτὶ πτολέμοιο φάλαγγας.
Καὶ τὰ μὲν ὣς ὥρμαινε δαΐφρων Τριτογένεια·
τῇ δ' ἄρα λυγρὸς Ὄνειρος ἐφίστατο πατρὶ ἐοικώς,
130 καί μιν ἐποτρύνεσκε ποδάρκεος ἄντ' Ἀχιλῆος
θαρσαλέως μάρνασθαι ἐναντίον. Ἥ δ' ἀίουσα
γήθεεν ἐν φρεσὶ πάμπαν· ὀίσσατο γὰρ μέγα ἔργον
ἐκτελέειν αὐτῆμαρ ἀνὰ μόθον ὀκρυόεντα,
νηπίη, ἥ ῥ' ἐπίθησεν ὀιζυρῷ περ Ὀνείρῳ
135 ἑσπερίῳ, ὃς φῦλα πολυτλήτων ἀνθρώπων
θέλγει ἐνὶ λεχέεσσιν ἄδην ἐπικέρτομα βάζων,
ὅς μιν ἄρ' ἐξαπάφησεν ἐποτρύνων πονέεσθαι.

Q. SMYRN. 1.123–137

Die ging und schlief, Schlaf sank um sie und schloss ihr | die Augen, der erquickende. Es kam aber hoch oben aus dem Äther | auf der Pallas Geheiß hin die Macht eines listenreichen Traumes, [125] | damit jene, nachdem sie ihn sah, zum Unheil werde für die Troer | und für sich selbst, da sie nach des Krieges Schlachtreihen verlangte. | Und das hatte so im Sinn die verständige Tritogeneia; | zu jener aber trat also hin der unheilvolle Traum, ihrem Vater gleichend, | und trieb sie an, gegen den fußschnellen Achilleus [130] | kühn von Angesicht zu Angesicht zu kämpfen, die aber hörte es | und freute sich in ihrem Herzen ganz und gar. Sie glaubte nämlich, | eine große Tat auszuführen an diesem Tag im schauerlichen Schlachtgetümmel, | die Törichte, die doch dem jammerbringenden Traum | früh in der Nacht vertraute, der die Stämme der vielleidenden Menschen [135] | verblendet in ihren Betten, genug Spottendes schwatzend; | der täuschte sie also und trieb sie zu mühevollem Handeln.

Der Trugtraum Penthesileas mit der anschließenden Rüstungsszene (Q. Smyrn. 1.123–160) greift zurück auf den von Zeus geschickten Trugtraum Agamemnons (Hom. Il. 2.1–47).[22] Die Beschreibung der Traumgestalt als πατρὶ ἐοικώς (Q. Smyrn. 1.129) weist darauf hin, dass Athene sich an der vorliegenden Stelle

---

22   Vgl. Bär 2009, 387.

das Vertrauensverhältnis zwischen Vater und Tochter zunutze macht, um Penthesilea in ihr Verderben zu stürzen. Penthesilea denkt fälschlich, in ihrem Vorhaben von ihrem Vater unterstützt zu werden. Sie wird deshalb als νηπίη (Q. Smyrn. 1.134) charakterisiert, wie auch Agamemnon nach seinem von Zeus geschickten Trugtraum in *Ilias* 2.38.[23] Das Adjektiv νήπιος bezeichnet nicht nur menschliche Verblendung, sondern beinhaltet auch das Mitleid darum.[24] Penthesilea wird mit Agamemnon parallelisiert, indem sie, ebenso wie dieser in der *Ilias*, in der zitierten Passage (Q. Smyrn. 1.132–137) in einer Art getäuscht wird, die auf ihr Ende vorausweist.

Eine vergleichbare Spannung zwischen der Einschätzung der Protagonisten und dem Wissen des intendierten Publikums tritt beim Gebet des Priamus auf, der Zeus um die sichere Rückkehr Penthesileas bittet. Priamus beruft sich in seinem Gebet auf die verwandtschaftlichen Beziehungen zwischen Zeus, Ares und Penthesilea:

> Κλῦθι, πάτερ, καὶ λαὸν Ἀχαι⟨ι⟩κὸν ἤματι τῷδε
> δὸς πεσέειν ὑπὸ χερσὶν Ἀρηι⟨ά⟩δος βασιλείης,
> καὶ δή μιν παλίνορσον ἐμὸν ποτὶ δῶμα σάωσον
> ἁζόμενος τεὸν υἷα πελώριον ὄβριμον Ἄρην
> 190   αὐτήν θ᾽, οὕνεκ᾽ ἔοικεν ἐπουρανίῃσι θεῇσιν
> ἐκπάγλως καὶ σεῖο θεοῦ γένος ἐστὶ γενέθλης.
> [...]᾽
>
>                 Q. SMYRN. 1.186–191

„Höre, oh Vater, und gib, dass das achaiische Volk an diesem Tage | fällt unter den Händen der Arestochter, der Königin[25], | und führe sie dann wiederum heil in mein Haus zurück, indem du deinem Sohn Ehre erweist, dem gewaltigen, starken Ares, | und ihr selbst, da sie den himmlischen Göttinnen erstaunlich [190] | gleicht und von deinem göttlichen Geschlecht ihre Abstammung hat. [...]"

---

23  Vgl. Hom. *Il.* 2.38–39: φῆ γὰρ ὅ γ᾽ αἱρήσειν Πριάμου πόλιν ἤματι κείνῳ | νήπιος, οὐδὲ τὰ ἤδη ἅ ῥα Ζεὺς μήδετο ἔργα (Er wähnte nämlich, nehmen werd᾽ er Priams Stadt an jenem Tage – | der Tor! Und wusste nichts von dem, was Zeus an Werken aussann). Text und Übersetzung: Bierl, Latacz (Hg.) BK II.1.

24  Vgl. de Jong [1987] 2004, 86.

25  Gärtner, U. 2010 übersetzt: „der königlichen Arestochter". Die Übersetzung „der Arestochter, der Königin" ist jedoch vorzuziehen, weil die Betonung damit gleichermaßen auf Penthesileas gesellschaftlicher Position als Heerführerin und Königin der Amazonen wie auf ihrer Abstammung liegt.

Priamus spricht Zeus auf seine familiäre Verantwortung an, indem er Penthesilea „Ἀρηι⟨ά⟩δος" (Q. Smyrn. 1.187) nennt und auch explizit benennt, dass
sie aus dem Geschlecht des Zeus selbst stammt (Q. Smyrn. 1.191). Auch hier wird
durch das Omen, das dem Gebet des Priamus folgt, sowohl den Rezipienten als
auch Priamus unmissverständlich vor Augen gestellt, dass das Schicksal Penthesileas, symbolisch für das Schicksal Trojas, besiegelt ist.[26]

Am deutlichsten wird der persönliche Charakter der Beziehung zwischen
Penthesilea und Ares in seiner emotionsgeladenen Reaktion auf ihren Tod
(Q. Smyrn. 1.675–715).

> Ἄρεϊ δ' ἔμπεσε πένθος ὑπὸ φρένας ἀμφὶ θυγατρὸς
> θυμὸν ἀκηχεμένου. Τάχα δ' ἔκθορεν Οὐλύμποιο,
> σμερδαλέῳ ἀτάλαντος ἀεὶ κτυπέοντι κεραυνῷ
> ὅν τε Ζεὺς προΐησιν, ὁ δ' ἀκαμάτης ἀπὸ χειρὸς
> ἔσσυται ἢ ἐπὶ πόντον ἀπείριτον ἢ ἐπὶ γαῖαν
> 680 μαρμαίρων, τῷ δ' ἀμφὶ μέγας πελεμίζετ' Ὄλυμπος·
> τοῖος Ἄρης ταναοῖο δι' ἠέρος ἀσχαλόων κῆρ
> ἔσσυτο σὺν τεύχεσσιν, ἐπεὶ μόρον αἰνὸν ἄκουσε
> παιδὸς ἑῆς· τῷ γάρ ῥα κατ' οὐρανὸν εὐρὺν ἰόντι
> Αὖραι μυθήσαντο θεαὶ Βορέαο θύγατρες
> 685 κούρης αἰνὸν ὄλεθρον. Ὁ δ' ὡς κλύεν, ἶσος ἀέλλῃ
> Ἰδαίων ὀρέων ἐπεβήσατο· τοῦ δ' ὑπὸ ποσσὶν
> ἄγκεα κίνυτο μακρὰ βαθύρρωχμοί τε χαράδραι
> καὶ ποταμοὶ καὶ πάντες ἀπειρέσιοι πόδες Ἴδης.
> Καί νύ κε Μυρμιδόνεσσι πολύστονον ὤπασεν ἦμαρ,
> 690 εἰ μή μιν Ζεὺς αὐτὸς ἀπ' Οὐλύμποιο φόβησε
> σμερδαλέης στεροπῇσι καὶ ἀργαλέοισι κεραυνοῖς
> οἵ οἱ πρόσθε ποδῶν θαμέες ποτέοντο δι' αἴθρης
> δεινὸν ἀπαιθόμενοι.

                    Q. SMYRN. 1.675–693

Dem Ares aber fiel Trauer ins Herz um der Tochter willen, | und er litt in
seinem Gemüt. Schnell stürzte er vom Olympos, | dem furchtbaren Blitz
vergleichbar, dem immer dröhnenden, | den Zeus schickt, der von der
unermüdlichen Hand herabfährt | entweder ins unendliche Meer oder
auf die Erde, | hellblitzend, durch den der große Olympos ringsum erzit-
tert: [680] | so stürzte Ares durch die weite Luft, betrübt in seinem Herzen,

---

26    Vgl. Bär 2009, 500, für das Omen vgl. Q. Smyrn. 1.198–204.

| mit seinen Waffen, als er hörte von dem furchtbaren Geschick | seines Kindes. Als er nämlich durch den weiten Himmel ging, | erzählten ihm die Brisen, die göttlichen Töchter des Boreas, | von dem furchtbaren Untergang des Mädchens. Wie der es aber hörte, [685] | schritt er einem Sturmwind gleich über die idaiischen Berge. Unter seinen Füßen | bewegten sich die langen Täler und die tiefspaltigen Schluchten | und Flüsse und alle unendlichen Ausläufer des Ida. | Und nun hätte er wohl den Myrmidonen einen jammervollen Tag beschert, | wenn ihn nicht Zeus selbst vom Olympos aus zurückgeschreckt hätte [690] | mit schrecklichem Wetterleuchten und furchtbaren Blitzen, | die ihm in großer Zahl vor die Füße flogen vom Himmel, | schrecklich leuchtend.

Die explosive Mischung von Trauer und Wut des Ares wird in dieser Passage in emotional aufgeladenen Formulierungen zum Ausdruck gebracht (Q. Smyrn. 1.675, 1.676, 1.682, 1.684). In Übereinstimmung mit seinem aufbrausenden Charakter reagiert Ares auf die Nachricht vom Tod seiner Tochter, indem er von den Höhen des Olymp in Richtung Schlachtfeld stürmt, um Rache an Achilles (Q. Smyrn. 1.709) und seinen Männern (Q. Smyrn. 1.689) zu nehmen. Nur das Eingreifen des Zeus, dem Ares sich heftig widersetzt (Q. Smyrn. 1.694–715), hindert ihn daran, sich zu rächen.[27]

Gärtner stellt fest, dass das persönliche Auftreten von Göttern in den *Posthomerica* eine Ausnahme ist „bzw. durch den Mythos vorgegeben; allerdings verzichtet selbst die durch den Tod ihres Sohnes tief getroffene Eos relativ rasch auf ihren Groll."[28] Eos, die Göttin der Morgenröte, ist die Mutter des Memnon, der als dritter großer Gegner nach Hector und Penthesilea im Kampf gegen Achilles fällt. In Übereinstimmung mit der mythologischen Überlieferung weigert sie sich, es nach dem Tod ihres Sohnes weiterhin Tag werden zu lassen. Sie sorgt dafür, dass ihr Sohn in seiner Heimat begraben wird und verwandelt ihm zu Ehren die am Grabhügel anwesenden Aethiopen in „Memnonvögel" (Q. Smyrn. 2.642–645). Erst danach und nachdem ihr Sohn auf ihre Ehrungen positiv reagiert hat, gibt sie ihre Weigerung unter dem Einfluss des Zeus auf.[29] Das persönliche Auftreten einer Gottheit in den *Posthomerica* ist ungewöhnlich und weicht, wie das Beispiel der Eos illustriert, in der Regel nicht vom bekannten Mythos ab. Vor diesem Hintergrund ist die Reaktion des Ares besonders auffällig, denn seine emotionale Reaktion auf den Tod Penthesileas ist ver-

---

27   Kurz nach der zitierten Passage findet sich wiederum ein Hinweis auf die Vorherbestimmung durch das Schicksal, vgl. Q. Smyrn. 1.713–715.

28   Gärtner 2007, 212.

29   Zur Rolle des Zeus in den *Posthomerica* vgl. Gärtner 2007, 239.

gleichbar mit der des Ares oder des Zeus in der *Ilias*, sie wird aber – soweit dies angesichts der Überlieferungslage erkennbar ist – nur bei Quintus beschrieben. Penthesilea wird durch ihre Abstammung von Ares in traditioneller Weise als Kriegerin und Heerführerin von außergewöhnlichem Status charakterisiert. Die Darstellung der persönlichen Beziehung zwischen Ares und seiner Tochter ordnet Penthesilea wiederum in die Tradition homerischer Helden ein.

## 4    Statius

Statius zeigt die Amazonen als Teil eines Triumphzuges, in dem sie als besiegte Gegnerinnen mitgeführt werden. Ebenso wie die Amazonen selbst werden ihre Waffen, angedeutet mit *duri Mauortis imago* (garstiges Bild des Mavors, Stat. *Theb.* 12.523) als Kriegsbeute präsentiert. Diese metonymische Verwendung des Namens des Kriegsgottes steht für den Krieg als solchen. Die gleiche Verwendung findet sich in der kurzen Passage, in der Theseus seine Ehefrau Hippolyte, die kriegsgefangene Königin der Amazonen, bittet, wegen ihrer Schwangerschaft das Kämpfen aufzugeben: *coniunxque rogat dimittere curas | Martis et emeritas thalamo sacrare pharetras* (und ihr Mann bittet sie, die Geschäfte des Mars ruhen zu lassen und ihre ausgedienten Waffen der Ehe zu weihen, Stat. *Theb.* 12.637–638). Die Abstammung der Amazonen wird bei Statius nicht thematisiert, denn der Name des Kriegsgottes wird ausschließlich metonymisch zur Hervorhebung ihrer Kriegstüchtigkeit benutzt, nicht um ein Verwandtschaftsverhältnis auszudrücken. Insgesamt wird in der Beschreibung der Amazonen als Besiegte und Kriegsbeute im Triumphzug des Theseus die Verbindung zu Mars lediglich *ex negativo* evoziert. Dementsprechend wenden sie sich auch nicht hilfesuchend an Mars oder, wie zum Beispiel die Frauen aus Argos, an den Altar der Clementia, sondern es verlangt sie nach dem Heiligtum der Minerva (*et tantum innuptae quaerunt delubra Mineruae*, und verlangen nur nach dem Heiligtum der unverheirateten Minerva, Stat. *Theb.* 12.531), die nicht nur Kriegsgöttin, sondern auch Göttin der Weisheit und Strategie ist. Der Zusatz *innuptae* weist darauf hin, dass die Amazonen nach ihrer Niederlage auf dem Schlachtfeld zumindest dem Schicksal einer erzwungenen sexuellen Beziehung oder einer Ehe mit dem Sieger entgehen wollen, das ihre Königin bereits ereilt hat.[30] Statius zeigt, wie Feeney darlegt, ein hohes Maß an Originalität in seinem Umgang mit den Götterfiguren.[31] Zu Mars konstatiert Feeney:

---

30    Vgl. Pollmann 2004, 216.
31    Vgl. Feeney 1991, 313–391.

„Mars is not a divine character who participates for characterful reasons, but an embodiment of the madness which is activating the human characters".[32] Gerade aus diesem Grunde ist es folgerichtig, dass die Verbindung der Amazonen zu Mars nicht explizit behandelt wird. Denn bei den Amazonen, die besiegt sind und ihre Waffen aufgeben müssen, ist kein Raum mehr für die von ihm verkörperte kriegerische Raserei. Die besiegten Amazonen erwarten, dass Minerva als Göttin der Weisheit und Strategie sie besser unterstützen kann.

## 5    Vergil

Vergil ist der einzige Autor, der mit Penthesilea und Camilla zwei verschiedene Amazonenkriegerinnen auftreten lässt. In der sehr kurzen Erwähnung Penthesileas (Verg. Aen. 1.490–493) wird über die Tatsache hinaus, dass sie eine Amazone ist, nichts über ihre Herkunft gesagt. Von Camilla dagegen wird nicht nur ihre Herkunft, sondern auch ihre Kindheit und Jugend mit ihrem Vater Metabus und unter dem Schutz der Göttin Diana beschrieben. Die Rolle des Mars, der in den anderen Epen als Metonymie des Krieges und als Vater der Amazonen auftritt, ist in der Aeneis eine andere: „Mars [...] carries a heavy load of significance as a national Roman god, father of Romulus and Remus."[33] In der Darstellung der bürgerkriegsähnlichen Kämpfe in Latium hat Vergil die zusätzliche Komplikation vermieden, Mars neben seiner Rolle als Urahn der Römer auch noch als Vater einer Kriegerin auftreten zu lassen, die gegen Aeneas kämpft.[34]

Dennoch ist das Kriegertum Camillas sowohl durch ihre Abstammung als auch durch ihre Erziehung bestimmt. Indirekt spielt dies an verschiedenen Stellen eine Rolle, explizit wird der Aspekt der Abstammung jedoch nur einmal genannt, nämlich wenn Camilla am Ende des Latinerkatalogs zum ersten Mal in Erscheinung tritt (Verg. Aen. 7.803–817). Dort wird sie als Volsca de gente (Verg. Aen. 7.803) vorgestellt und ist damit eine Repräsentantin der italischen Völker, die in der Truppenschau des Turnus auftreten (Verg. Aen. 7.641–817). In den ersten Versen der Passage wird sie als bellatrix tituliert:

Hos super aduenit Volsca de gente Camilla
agmen agens equitum et florentis aere cateruas,

---

32    Feeney 1991, 367.
33    Feeney 1991, 368.
34    Die Literatur zur Bürgerkriegsthematik bei Vergil ist enorm, vgl. Stover 2012, 113–114, Fußnote 4.

805   bellatrix, non illa colo calathisue Mineruae
      femineas adsueta manus, sed proelia uirgo
      dura pati cursuque pedum praeuertere uentos.

            VERG. *Aen.* 7.803–807

Zu diesen gesellte sich endlich, vom Stamm der Volsker, Camilla, die eine
Reiterschwadron führte und Scharen in glänzender Rüstung, die Kriegerin; nicht hatte sie an Spindel und Korb der Minerva [805] ihre Frauen-
hände gewöhnt, sondern darin als junge Frau sich geübt, harte Kämpfe
durchzustehen und im Lauf den Winden zuvorzukommen.

Mit der Charakterisierung als *bellatrix* kennzeichnet Vergil Camilla zweifach
als Kriegerin, denn der Begriff verweist einerseits zurück auf Penthesilea (Verg.
*Aen.* 1.490–493) und andererseits voraus auf Camillas Vater Metabus und damit
auf eine vom Vater übernommene Neigung zur Kriegsführung.[35] Auch Metabus
wird nämlich von Diana in ihrer Rede über die Kindheit und Jugend Camillas (Verg. *Aen.* 11.532–596) *bellator* genannt.[36] Diana schildert in den ersten
Versen ihrer Rede die Rolle des Schicksals und Camillas Verbindung zur Götterwelt, später auch die besondere Vater-Tochter-Beziehung zwischen Metabus
und Camilla.

      Velocem interea superis in sedibus Opim,
      unam ex uirginibus sociis sacraque caterua,
      compellabat et has tristis Latonia uoces
535   ore dabat: 'graditur bellum ad crudele Camilla,
      o uirgo, et nostris nequiquam cingitur armis,
      cara mihi ante alias. [...]'

            VERG. *Aen.* 11.532–537

Unterdessen wandte sich auf den Höhen des Olymp Diana an die flinke
Opis, eine der sie begleitenden Jungfrauen aus ihrer geweihten Schar,
und sprach die leidvollen Worte: „Zu einem grausamen Krieg schreitet

---

35   *Bellator* wird in der *Aeneis* noch an drei anderen Stellen benutzt: für Mars selbst (9.721),
     für einen namenlosen Gegner Camillas (11.700) und für Turnus (12.614).
36   Die als aitiologische Ekphrasis (vgl. Gransden 1991, 115) oder Epyllion (vgl. Fratantuono
     2009, 182) charakterisierte Passage war Gegenstand einer intensiven Forschungsdiskus-
     sion, die sich vor allem mit der Frage beschäftigte, ob die Passage an dieser Stelle in der
     *Aeneis* stehen müsse oder bei einer Überarbeitung des Werkes ganz weggefallen wäre. Für
     eine Zusammenfassung der wichtigsten Standpunkte s. Horsfall 2003, 312–313.

Camilla, [535] Jungfrau, und gürtet sich vergebens mit unseren Waffen, sie, die mir vor anderen teurer. [...]"

Mit den Worten *cara mihi ante alias* (Verg. *Aen.* 11.537) betont Diana ihre sehr enge Verbindung zu Camilla.[37] Diese zeigt sich auch darin, dass Diana der Nymphe Opis aufträgt, den unvermeidlichen Tod Camillas unmittelbar zu rächen, und gleichzeitig verspricht, Camilla in heimatlicher Erde zu bestatten (Verg. *Aen.* 11.587–594). In den zitierten Versen wird mehrfach auf das vorherbestimmte Schicksal Camillas Bezug genommen. Diana spricht *tristis* [...] *uoces* (Verg. *Aen.* 11.534) zu Opis, mit *bellum crudele* wird darauf verwiesen, dass der Krieg, den sie nicht überleben wird, gerade für Camilla grausam ist[38], und auch *nostris nequiquam cingitur armis* (Verg. *Aen.* 11.536) verweist auf den unabwendbaren Tod Camillas. Der spätantike Vergilkommentator Servius sieht den Umstand, dass Camilla *nostris* [...] *armis*, also mit Jagdwaffen, in den Kampf zieht, pejorativ als inadäquate Bewaffnung für den Krieg und hat mit dieser Auffassung auch moderne Nachfolger gefunden.[39] Gegen diese These spricht, dass Camilla im Kampf gerade nicht nur die Waffen der Diana benutzt, sondern über ein breites Arsenal verfügt.[40] Es ist deshalb anzunehmen, dass es mit der Bezeichnung *nostris* [...] *armis* nicht um eine pejorative Infragestellung ihrer Eignung zum Kampf geht, sondern dass die Zugehörigkeit Camillas zu Diana und den Ihren herausgestellt werden soll. Die persönliche Bindung betont die Tragik von Camillas Tod, denn selbst ihre Zugehörigkeit zu Diana kann sie angesichts der überwältigenden Macht des Schicksals nicht retten.[41]

Neben der persönlichen Bindung, die in ihrer Fürsorge und Zuneigung einer Mutterbindung ähnelt, ist auch die Nähe zur Götterwelt in der Beziehung zwi-

---

37   Arrigoni 1982 hat das Verhältnis zwischen Diana und Camilla eingehend untersucht. Vgl. auch Schönberger 1966 und Wilhelm 1987.

38   Vgl. Tiberius Donatus' Kommentar: *quippe ideo crudele bellum adstruxit, non quo sit aliquando non crudele, sed ex quo significaretur Camillam non esse redituram,* Georgii 1969, Bd. 2, 495: Er fügt ‚grausamer Krieg' nicht hinzu, weil es jemals einen gäbe, der nicht grausam wäre, sondern weil daraus deutlich wird, dass Camilla nicht zurückkehren wird.

39   Text Servius: Thilo, Hagen 1961. Zitat: Thilo, Hagen 1961, Bd. 2, 543. Vgl. Basson 1986, 59, Fratantuono 2009, 181.

40   Vgl. Egan 1983, 21: „her martial accoutrements include an extensive, if not complete, collection of the weapons known to ancient warfare, for at one time or another she bears or uses the following items: iaculum, spicula, arcus, telum, funda, pharetra, hasta, hastile, bipennis, abies, cuspis, securis, ensis, parma, sagitta. No other individual in the *Aeneid* uses anything like the variety of weaponry ascribed to Camilla over the course of about 350 lines". Vgl. auch Becker 1997, 6.

41   Diese Interpretation vertritt bereits der spätantike Vergilkommentator Tiberius Donatus, vgl. Georgii 1969, Bd. 2, 495, vgl. auch Schönberger 1966, 187, Horsfall 2003, 315.

schen Diana und Camilla relevant. Auch in dieser Hinsicht übernimmt Diana
für Camilla bei Vergil dieselbe Rolle, die Mars/Ares für die Amazonen bei Valerius Flaccus und Quintus Smyrnaeus hat. Wie in der Analyse der Amazonen
deutlich geworden ist, spielt ihre Zugehörigkeit zur Welt der Götter eine wichtige Rolle in der Darstellung. Dies wird bei Vergil auch für Camilla mit ihrer
ersten Kampfbeschreibung bestätigt:

> At medias inter caedes exsultat Amazon
> unum exserta latus pugnae, pharetrata Camilla,
> 650 et nunc lenta manu spargens hastilia denset,
> nunc ualidam dextra rapit indefessa bipennem;
> aureus ex umero sonat arcus et arma Dianae.
> illa etiam, si quando in tergum pulsa recessit,
> spicula conuerso fugientia derigit arcu.
> 655 at circum lectae comites, Larinaque uirgo
> Tullaque et aeratam quatiens Tarpeia securim,
> Italides, quas ipsa decus sibi dia Camilla
> delegit pacisque bonas bellique ministras:
> quales Threiciae cum flumina Thermodontis
> 660 pulsant et pictis bellantur Amazones armis,
> seu circum Hippolyten seu cum se Martia curru
> Penthesilea refert, magnoque ululante tumultu
> feminea exsultant lunatis agmina peltis.
>                   VERG. *Aen.* 11.648–663

Doch mitten in dem Morden frohlockt eine Amazone, die eine Brust
für den Kampf entblößt, Camilla mit ihrem Köcher; bald versendet sie,
in dichter Folge werfend, biegsame Speere, [650] bald packt sie mit der
Rechten die starke Doppelaxt, unermüdlich; an ihrer Schulter klirren der
goldene Bogen und die Pfeile Dianas. Sie wendet sogar, wenn sie, einmal geschlagen zum Rückzug gezwungen, den Bogen zurück und schießt
fliehend Pfeile ab. Um sie herum ausgewählte Gefährtinnen, die junge
Larina, [665] Tulla und, die bronzene Streitaxt schwingend, Tarpeia, Töchter Italiens, die zu ihrem Schmuck die göttliche Camilla selbst sich
erwählte: wie thrakische Amazonen, wenn sie über den Fluss Thermodon
traben und mit ihren bunten Waffen kämpfen, [660] sei's um Hippolyte geschart, sei's wenn die Marstochter Penthesilea auf ihrem Wagen
zurückkehrt und mit lautem Geschrei und Geheul die Mitstreiterinnen
mit ihrem halbmondförmigen Schilden jubelnd sich gebärden.

Camilla wird in der Passage sowohl implizit durch ihr Äußeres, ihre Bewaffnung, ihr Geschick im Manöver und ihre Kampfbegeisterung als auch explizit mit zwei Vergleichen als eine Amazone dargestellt (Verg. *Aen.* 11.648, 659).[42] In Camillas Bewaffnung werden auch die Waffen Dianas genannt, die die enge Verbindung zwischen Camilla und Diana ins Gedächtnis rufen. Direkt danach wird Camilla mit dem Adjektiv *dia* (Verg. *Aen.* 11.657) als göttlich beschrieben. Die Stelle erhält besonderes Gewicht, weil es die einzige Stelle in der *Aeneis* ist, an der das Epitheton benutzt wird. Im anschließenden Amazonenvergleich wird Camilla der Amazonenkönigin Penthesilea gegenübergestellt, die ihrerseits als *Martia* [...] *Penthesilea* (die Marstochter Penthesilea, Verg. *Aen.* 11.661–662) gekennzeichnet wird. Auch *Martia* wird von Vergil nur an dieser Stelle zur Charakterisierung einer Person eingesetzt.[43] Die Nähe Camillas zur Götterwelt aufgrund ihrer Beziehung zu Diana wird Penthesileas Götterweltnähe, die sie als Tochter des Mars *qualitate qua* besitzt, gegenübergestellt.

Zurück zur Rede Dianas: Aus ihren Worten tritt die besondere Qualität der Vater-Tochter-Beziehung zwischen Metabus und Camilla hervor (Verg. *Aen.* 11.539–580). Metabus flüchtet aus Privernum, einer volskischen Stadt, und nimmt auf seiner Flucht nur die kleine Camilla mit. Camilla ist nach ihrer Mutter benannt, darüber hinaus spielt diese in der Erzählung keine Rolle. Indem Metabus seine Tochter der Göttin Diana weiht, kann er sie und sich selbst vor seinen Verfolgern retten. Was später aus Metabus geworden ist, erfahren wir nicht. Angesichts der Tatsache, dass Metabus von den Volskern vertrieben wurde, stellt sich die Frage, wie Camilla trotzdem deren Königin geworden ist und welche Rolle das Exil des Metabus dabei spielt.[44] Um diese Frage zu beantworten, soll zunächst die Figur des Metabus betrachtet werden.

> ecce fugae medio summis Amasenus abundans
> spumabat ripis, tantus se nubibus imber
> ruperat. ille innare parans infantis amore
> 550 tardatur caroque oneri timet. omnia secum
> uersanti subito uix haec sententia sedit:
> telum immane manu ualida quod forte gerebat

---

42 Anders Arrigoni 1982, 39, die den Unterschied zwischen Jägerin und Amazone betont.
43 Vgl. Horsfall 2003, 370.
44 Camilla wird – ebenso wie Penthesilea – in der Sekundärliteratur regelmäßig „Prinzessin" genannt, vgl. Williams 1961, 153, Becker 1997, 4, Keith 2010, 1. Vergil lässt sie jedoch eindeutig als Königin auftreten. Vgl. *Obuia cui Volscorum acie comitante Camilla | occurrit portisque ab equo regina sub ipsis | desiluit* (Ihm entgegen kam Camilla, von einem Trupp Volsker begleitet; unmittelbar vor den Toren sprang die Königin vom Pferd, Verg. *Aen.* 11.498–500).

bellator, solidum nodis et robore cocto,
huic natam libro et siluestri subere clausam
555   implicat atque habilem mediae circumligat hastae;
quam dextra ingenti librans ita ad aethera fatur:
'alma, tibi hanc, nemorum cultrix, Latonia uirgo,
ipse pater famulam uoueo; tua prima per auras
tela tenens supplex hostem fugit. accipe, testor,
diua tuam, quae nunc dubiis committitur auris.'

VERG. *Aen.* 11.547–560

Siehe, auf halbem Weg schäumte vor dem Dahinfliehenden der Amase-
nus hoch auf, weit über seine Ufer getreten: Ein so heftiger Wolkenbruch
war niedergegangen. Metabus schickt sich zum Schwimmen an, zögert
aber aus Liebe zu seinem Kind und fürchtet für seine teure Last. Alles
erwog er bei sich, [550] da setzte sich plötzlich im letzten Augenblick
dieser Gedanke fest: Sein gewaltiger Speer, den er glücklicherweise als
Krieger in seiner starken Hand trug, knotig, aus feuergehärtetem Holz –:
Hieran befestigt er, mit Bast und Kork vom Wald umwickelt, seine Tochter
und bindet sie handlich an die Mitte des Speeres; [555] diesen in seiner
kraftvollen Rechten schwingend, ruft er zum Himmel die Worte: ‚Segen-
spendende Bewohnerin der Wälder, jungfräuliche Tochter der Latona, ich
selbst als Vater weihe dir diese zur Dienerin; erstmals deine Waffe haltend,
flieht sie flehentlich bittend vor ihrem Feind durch die Lüfte. Nimm, ich
beschwöre dich, Göttin, als dein Eigentum sie an, die jetzt den gefahrvol-
len Lüften anvertraut wird'.

Im Moment höchster Not, als Metabus mit seiner kleinen Tochter einen reißenden Fluss überqueren muss, bewegen ihn die Liebe zu seinem Kind (*infantis
amore*, Verg. *Aen.* 11.549) und sein Verantwortungsgefühl dazu, innezuhalten
und die Hilfe der Göttin Diana anzurufen. Er weiht das Leben des Kindes der
Göttin und vertraut Camilla damit ihrem Schutz an. Metabus bindet Camilla
an einen Speer, den er als Krieger (*bellator*, Verg. *Aen.* 11.553) zur Hand hat. Die
Bezeichnung *bellator* ist in diesem Kontext auffällig, denn Metabus profiliert
sich hier nicht als Krieger, sondern ist auf der Flucht und versucht vielmehr,
dem Kampf aus Verantwortungsgefühl für seine Tochter (*caroque oneri timet*,
Verg. *Aen.* 11.550) aus dem Weg zu gehen. Mit *bellator* wird jedoch, wie oben
bereits erwähnt, ein Hinweis auf die Herkunft des Kriegertums der Camilla
gegeben, denn auch sie wurde als *bellatrix* (Verg. *Aen.* 7.805) eingeführt. Nachdem er sicher auf der anderen Seite des reißenden Flusses angekommen ist,
hebt Metabus seine Tochter auf, doppeldeutig als *donum Triuiae* (Verg. *Aen.*

11.566) bezeichnet, als das Geschenk für und von Diana. Er hält das Versprechen, das er der Göttin gegeben hat, und erzieht Camilla als Jägerin Dianas. Als
Säugling füttert er sie mit Pferdemilch (Verg. *Aen.* 11.571) und sobald sie laufen
kann, erhält sie ihre ersten Waffen und erweist sich als geschickte Jägerin (Verg.
*Aen.* 11.573–580).[45] Wie in der Analyse des Äußeren Camillas bereits erwähnt,
ist die Jagd in der antiken Vorstellung eine ideale Vorbereitung auf den Krieg.[46]
Für Camilla sind Jägertum und Kriegertum besonders eng miteinander verbunden: bereits als Säugling wird sie ja an den Kriegsspeer des Metabus gebunden,
den er dann mit den Worten *tua prima per auras | tela tenens supplex hostem
fugit* (Verg. *Aen.* 11.558–559) über den Fluss wirft. Sharrock interpretiert die
Szene prägnant als eine symbolische Metamorphose: „[Metabus] both dedica-
tes the girl to Diana and anticipates her future life, physically enacting her symbolic metamorphosis into a weapon of war."[47] Der spätantike Vergilkommentator Tiberius Donatus beurteilt das Handeln des Metabus als Ausdruck seiner
*pietas*. In seinem Kommentar schreibt er zur Flucht des Metabus mit Camilla
aus Privernum: *magnam patris et multis modis adstruit pietatem* (er [Vergil]
fügt eine große und vielfältig in Erscheinung tretende *pietas* des Vaters hinzu,
Tiberius Claudius Donatus ad Verg. *Aen.* 11.541).[48] Metabus flüchtet mit Camilla
*media inter proelia belli* (mitten durch die Gefechte des Krieges, Verg. *Aen.*
11.541), wie Aeneas mit seinem Vater Anchises aus dem brennenden Troja.[49]
Die Flucht mit einem Säugling ist Donatus zufolge jedoch erheblich schwieri-
ger als die mit einem Greis.[50] Insgesamt ist das Verhalten des Metabus sowohl
gegenüber Diana als auch gegenüber seiner Tochter von *pietas* geprägt. Brill
dagegen sieht keine positive Charakterisierung des Metabus, sondern urteilt
über ihn und den Etrusker Mezentius: „Beide verkörpern die negative Seite des
alten Italiens: sie werden wegen ihrer *superbia* und ihrer Grausamkeit von ihren
Untertanen in blutigen Kämpfen vertrieben. Beiden ist aber auch die zärtliche
Zuneigung zu ihrem Kinde eigen, die im Gegensatz zu ihren anderen Eigen-

---

45    Horsfall 2003, 332, konstatiert: „Given the stock idea of character imbibed with milk [...],
      V. might very well here be playing upon a link between C.'s early nourishment and later
      prowess on horseback."
46    Vgl. Phillips, Willcock 1999: Xenophon, Kynegetikos 12.8: ἐκ τῶν τοιούτων οὖν στρατιῶταί τε
      ἀγαθοὶ καὶ στρατηγοὶ γίγνονται. (Aus diesen Menschen werden deshalb gute Soldaten und
      Heeresführer.) Zu Jagd und Krieg im römischen Kulturkreis vgl. Aymard 1951, 469–481.
47    Sharrock 2015, 161, vgl. Brill 1972, 46, und Fratantuono 2009, 192, der den Aspekt der Schick-
      salsgebundenheit hervorhebt, die symbolisch betont werde, indem Camilla an dem Speer
      festgebunden wird.
48    Georgii 1969, Bd. 2, 496. Die Übersetzungen sind von der Verfasserin.
49    Vgl. Sharrock 2015, 161.
50    Vgl. Georgii 1969, Bd. 2, 496–497.

schaften steht."[51] Diese Interpretation des Metabus geht auf den spätantiken Vergilkommentator Servius zurück. Zu *pulsus ob inuidiam regno uirisque superbas* (aus Missgunst und aufgrund feindlicher Arroganz aus seinem Königreich vertrieben, Verg. *Aen.* 11.539[52]) schreibt Servius: *PULSUS OB INVIDIAM scilicet crudelitatis* („vertrieben aus Missgunst", ergänze: wegen seiner Grausamkeit, Servius ad Verg. *Aen.* 11.539).[53] Problematisch an dieser Interpretation ist, dass *ob inuidiam* sich dann auf die Erbitterung des Volkes bezieht, wohingegen *uirisque superbas* eine Eigenschaft des Metabus bezeichnet. Beide Substantive sind jedoch durch *que* eng verbunden[54], die Begriffe *inuidia* und *uirisque superbas* sollten deshalb ein und derselben Person zugeordnet werden. In diesem Falle wurde Metabus unrechtmäßig aus seinem Land vertrieben. So äußert sich auch Tiberius Donatus: *denique addidit ob inuidiam, ut ostenderet nullum expulsionis suae praebuisse materiem, sed illam uim superbia potius ciuium et studio aemulationis exortam* (schließlich fügte er [i. e. Vergil] aber hinzu „wegen des Neides", um zu zeigen, dass er keinen Grund für seine Vertreibung gegeben habe, sondern dass diese Gewalt eher aufgrund der Arroganz der Bürger und wegen ihres Eifers in der Missgunst entstanden ist, Tiberius Claudius Donatus ad Verg. *Aen.* 11.539).[55] Wenn man Donatus in seiner Interpretation des Metabus folgt, ist die Königswürde Camillas mit ihrer Abstammung von Metabus zu erklären. Metabus wird damit zu einer positiven Figur, und es ist anzunehmen, dass Camilla, nachdem die Gegner ihres Vaters vertrieben waren, von den Volskern als Tochter ihres geachteten Vaters bei ihrer Rückkehr ebenfalls positiv gesehen wurde und deshalb später als Königin die Nachfolge ihres Vaters antreten konnte.[56]

---

51   Brill 1972, 44.

52   Die Übersetzung Vergils an dieser Stelle ist von der Verfasserin. Binder, Binder (Hg., Üs.) 2008, 621, scheinen Servius darin zu folgen, dass sich *inuidia* auf die Untertanen und *uiris superbas* auf Metabus beziehe. Sie übersetzen: „verhasst wegen seines stolzen Gehabes". *Vires* ist jedoch „insbes., die gegen jmd. od. etw. feindliche gerichtete **Gewalt**, der **Zwang**" Baier (Hg.) 2013, Bd. 2, 5043 (Hervorhebung im Original).

53   Thilo, Hagen 1961, Bd. 2, 543. Horsfall 2003, 316, sieht *uires superbas* als eine Eigenschaft von Metabus, die zu seiner Vertreibung geführt hat.

54   Vgl. Kühner, Stegmann [1912] 1962, Bd. 2, 10: *que* wird „in der Verbindung innerlich zusammengehöriger Begriffe oder Gedanken zu einem Ganzen angewendet" (Hervorhebung im Original).

55   Georgii 1969, Bd. 2, 496. Der Text des Donatus ist an dieser Stelle problematisch: *nullum* sollte, wie Georgii vorschlägt, durch *nullam eum* ersetzt werden.

56   Vgl. Sharrock 2015, 162.

## 6      Silius Italicus

Die komplexe Abstammung der nordafrikanische Kriegerin Asbytes wird im Rahmen ihres ersten Auftretens geschildert:

> Discinctos inter Libyas populosque bilingues
> Marmaricis audax in bella Oenotria signis
> uenerat Asbyte, proles Garamantis Hiarbae.
> Hammone hic genitus Phorcynidos antra Medusae
> 60 Cinyphiumque Macen et iniquo e sole calentes
> Battiadas late imperio sceptrisque regebat.
> cui patrius Nasamon aeternumque arida Barce,
> cui nemora Autololum atque infidae litora Syrtis
> parebant nullaque leuis Gaetulus habena.
> 65 atque is fundarat thalamos Tritonide nympha,
> unde genus proauumque Iouem regina ferebat
> et sua fatidico repetebat nomina luco.
>
> SIL. 2.56–67

Mitten zwischen ungegürteten Lybiern und zweisprachigen Völkern kam unter marmarischer Flagge kühn in den oenotrischen Krieg Asbyte, Nach-fahrin des garamantischen Hiarbas. Dieser stammte von Hammon ab und regierte mit Macht und Szepter weit und breit die Grotten der phor-cynischen Medusa und das Volk der Macae vom Cinyps und die unter der gnadenlosen Sonne erglühenden [60] Battiaden. Ihm gehorchten die Nasamonen seines Vaterlandes und das immer trockene Barke, ihm die Haine der Autololer und die Ufer der unzuverlässigen Syrte und die leicht-bewaffneten Gaetuler, die ohne Zügel reiten. Und er ist mit einer trito-nischen Nymphe die Ehe eingegangen; [65] darum führt die Königin ihr Geschlecht auf Iuppiter als Urahn zurück und leitet ihren Namen ab von dem weissagenden Hain.

Bereits bevor ihr Name genannt wird, wird Asbyte als *audax* charakterisiert (Sil. 2.57). Das Adjektiv verweist sowohl auf Vergils Penthesilea als auch auf Camilla.[57] Auch *proles Garamantis Hiarbae* (Sil. 2.58) bezieht sich auf Vergil.

---

57  Penthesilea: *bellatrix, audetque uiris concurrere uirgo* (eine Kriegerin, und die junge Frau wagt es, sich mit Männern zu messen, Verg. *Aen.* 1.493). Camilla: *audeo et Aeneadum pro-mitto occurrere turmae* (ich wage es und verspreche, der Schwadron der Aeneaden entge-genzutreten, Verg. *Aen.* 11.503); vgl. Bernstein 2017, 68–69.

In der *Aeneis* ist Iarbas ein nordafrikanischer Fürst, den Dido abgewiesen hat
(Verg. *Aen.* 4.36).[58] Als er von dem Gerücht über die Beziehung zwischen Dido
und Aeneas erfährt, wird er eifersüchtig und wendet sich wütend an seinen
Vater Iuppiter. Dieser schickt Mercurius zu Aeneas, um ihn an seine Pflicht
zu erinnern (Verg. *Aen.* 4.197–237). Iarbas setzt also die Ereignisse in Gang, die
schließlich zum Fluch Didos über Aeneas und all seine zukünftigen Nachkommen führen. Damit gibt es zwei Verbindungen zwischen Vergils Didoepisode
in der *Aeneis* und Asbyte in Silius' *Punica*: Dido kündigt in ihrer Verwünschung
einen Rächer an, in dem zeitgenössische Rezipienten unschwer den historischen Hannibal ihrer eigenen Vergangenheit erkennen konnten. Silius hat seinerseits die Figur Hannibals in Auseinandersetzung mit Vergils Darstellung
konzipiert.[59] Bei genauer Betrachtung erschließt sich auch die zweite Verbindung zur Didoepisode: Asbyte stammt von Hiarbas ab, der bei Silius ein Fürst
zahlreicher afrikanischer Völkerschaften ist[60], in der *Aeneis* jedoch von Dido
abgewiesen wurde. Die nicht historische Figur Asbyte ist verwandtschaftlich
mit dem Iuppitersohn Hiarbas/Iarbas verbunden und betont damit auf besondere Weise den traditionellen Charakter des historischen Epos in der Nachfolge
der homerischen Epen.[61] Als Nachfahrin des vergilischen Iarbas, der die Ereignisse in Gang gesetzt hat, die das Auftreten des historischen Hannibal bei Silius
begründen, ist sie die rechte Hand Hannibals. Sie ist die erste Person, die in den
*Punica* in einer Aristie gezeigt wird, und ihr Tod ist der erste Verlust auf Seiten
Hannibals. Auf diese Weise ist sie eng mit ihm verbunden, und ihr Tod weist
auf den Tod und die Niederlage Hannibals voraus.[62]

Hiarbas selbst stammt auch bei Silius von Iuppiter ab und hat seine Nachkommen mit einer tritonischen Nymphe gezeugt (*atque is fundarat thalamos
Tritonide nympha*, Sil. 2.65).[63] Der Tritonsee gilt als Geburtsort Minervas, den
auch Silius im Truppenkatalog des Hannibal erwähnt:

> huic, qui stagna colunt Tritonidos alta paludis,
> qua uirgo, ut fama est, bellatrix edita lympha
> inuento primam Libyen perfudit oliuo.
>
> SIL. 3.322–324

---

58    Zur Identifizierung der nordfrikanischen Völker bei Silius vgl. Spaltenstein 1986, 109–110.

59    Vgl. zum Beispiel Sil. 1.17–122: Hannibal schwört den Römern ewige Feindschaft.

60    Vgl. Bernstein 2017, 69–70.

61    Zum epischen Charakter der Passage vgl. Küppers 1986, 142–143.

62    Vgl. Bernstein 2017, XXIV.

63    Bei Vergil ist die Nymphe die Mutter des Iarbas. Uccellini 2006, 240, weist darauf hin, dass
      Silius die Version Vergils, in der die Nymphe vergewaltigt wird, in diesem Punkt verändert
      hat.

Zu ihm [kamen] sie, die die tiefen Sumpfgebiete des tritonischen Sees bewohnten, an dessen klarem Wasser der Sage nach die jungfräuliche Kriegerin geboren ist und Libyen als erstes mit neu gefundenem Olivenöl benetzte.

Asbyte stammt damit in männlicher Linie von Iuppiter ab, in weiblicher Linie von einer Nymphe.[64] Die Abstammung von einer Nymphe fügt eine weitere Dimension zur Charakterisierung Asbytes hinzu: Die namenlose Vorfahrin Asbytes lebte in demselben See, an dem Minerva, Göttin der Weisheit und des Krieges, geboren wurde.[65] Minerva bringt zwar Libyen den Olivenbaum, wird aber von Silius auch *bellatrix* genannt, was ihr kriegerisches Wesen betont. Asbyte ist damit die einzige Amazone, die auch über die mütterliche Seite mit Kriegertum assoziiert wird. Anders als bei den anderen Amazonen ist diese Beziehung zur Welt der Götter nicht als persönliche und emotionale Bindung gestaltet, sondern liegt in der mythischen Vergangenheit des historischen Epos.

## 7    Die Funktion der Abstammung in den Amazonenepisoden

Indem die Abstammung der ethnischen Amazonen benannt wird, werden drei unterschiedliche Themen behandelt, die jedoch inhaltlich miteinander verbunden sind: ihr Kriegertum, ihre Halbgöttlichkeit und ihre Vaterbeziehung.

Die Darstellung der Abstammung der ethnischen Amazonen ist bei Apollonius Rhodius Teil eines mythographischen Exkurses, der die kämpferische Natur und das Kriegertum der Amazonen erklärt. Valerius Flaccus bindet die Amazonen inhaltlich stärker in den Text ein als Apollonius. Er betont den halbgöttlichen Status der Kriegerinnen und die persönliche Bindung zwischen Ares und den ethnischen Amazonen. Über Euryale, die mit Aeetes auch eine sterbliche Vaterfigur hat, wird außerdem eine intertextuelle Verbindung zu Vergils Camilla hergestellt. Quintus Smyrnaeus setzt alle drei Aspekte zur Charakterisierung Penthesileas ein. Die Bezeichnung mit dem Adjektiv ἀρήιος bezieht sich sowohl auf das kriegerische Wesen als auch auf die göttliche Abstammung Penthesileas. Sowohl Penthesilea selbst als auch andere Figuren rekurrieren auf diese Göttlichkeit, wobei die verschiedenen Figuren unterschiedliche Ziele verfolgen: Theano will die Trojanerinnen von der Idee abbringen, dass sie wie die

---

64    Silius hat dieses genealogische Detail wahrscheinlich von der Amazonendarstellung des Apollonius Rhodius übernommen. Vgl. Uccellini 2006, 240–241.

65    Vgl. Uccellini 2006, 241. Sie zeigt, dass selbst Asbytes Name über Kallimachos mit dem tritonischen See verbunden ist.

Amazonen kämpfen könnten, Penthesilea selbst will ihren Gegner einschüchtern, Priamus schließlich versucht vergeblich, ihr das Leben zu retten. Durch die Charakterisierung des Priamus als Vaterfigur ist Penthesilea auf besondere Weise mit dem trojanischen Königshaus verbunden, und ihre durchgängige Präsentation als zweiter Hector bekommt so eine weitere Dimension. Penthesileas Herkunft unterstützt ihre Identifizierung als homerische Heldin in vielfältiger Weise: ihr Kriegertum wird herausgestellt und durch ihre Abstammung von Ares hat sie den von Freund und Feind anerkannten Status einer Halbgöttin. Schließlich spielt in den *Posthomerica* auch die persönliche Beziehung zwischen Penthesilea und Ares eine bedeutende Rolle. Dies zeigt sich unter anderem darin, dass Athene diese Beziehung für ihre eigenen Zwecke instrumentalisiert.

Die Amazonen bei Statius sind besiegt, ihre Königin hat geheiratet und erwartet ein Kind. In Statius' Darstellung der Amazonen wird der Name des Mars lediglich metonymisch benutzt, für Hilfe und Unterstützung wenden sich die Amazonen an Minerva. *Ex negativo* wird damit die Bedeutung der Beziehung zwischen Mars und den Amazonen für ihre Einordnung als Kriegerinnen bestätigt.

Auch bei der Charakterisierung der regionalen Amazonen Camilla und Asbyte werden zentrale Aspekte über ihre Abstammung transportiert. Camilla ist die Tochter sterblicher Eltern, so dass die drei Aspekte Kriegertum, Göttlichkeit und persönliche Beziehung von vornherein anders eingebunden werden müssen als bei den ethnischen Amazonen. Sowohl Metabus als auch die Göttin Diana treten als Elternfiguren für Camilla auf. Metabus trägt zu ihrer Vorbereitung auf den Kampf bei, indem er Camilla von Kindesbeinen an bewaffnet und sie als Jägerin aufzieht. Diana nimmt sie in ihren Kreis auf und führt die Erziehung weiter. Dianas Göttlichkeit überträgt sich auf Camilla, die sowohl im Hinblick auf ihre anderen kriegerischen Qualitäten als auch im Hinblick auf diese Göttlichkeit mit den Amazonen verglichen und dadurch in ihrem Kriegertum bestätigt wird. Sowohl Metabus als auch Diana haben eine sehr enge persönliche Beziehung zu Camilla. Für Metabus ist sie das Wichtigste, was er auf seiner Flucht mitnehmen kann, und er zieht sie danach mit großer Fürsorge auf. Diana kann den vom Schicksal vorbestimmten Tod ihres Schützlings nicht verhindern, sorgt aber dafür, dass ihr Tod gerächt wird und sie eine ehrenvolle Bestattung erhält.

Asbyte kann als einzige Amazone ihre Herkunft sowohl in väterlicher als auch in mütterlicher Linie auf eine Gottheit zurückführen. Sie stammt nicht von Mars ab, sondern von Iuppiter, dennoch wird über die Assoziation mit Minerva auch der Aspekt des Kriegertums eingeflochten. Anders als die anderen Amazonen hat sie in keiner Weise eine emotionale Bindung zu einer Gottheit oder einem Elternteil.[66] Asbytes göttliche Herkunft liegt in einer mythischen Vergangenheit und markiert dadurch den traditionellen Charakter des historischen Epos.

Die Eigenschaften, die den Amazonen aufgrund ihrer Abstammung zugesprochen werden, kennzeichnen sie je nach dem Darstellungsschwerpunkt des jeweiligen Epos als Kriegerinnen, als göttliche Kriegerinnen, als tragische Kriegerinnen, als homerische Kriegerinnen, als respektierte Kriegerinnen, als geliebte Kriegerinnen, als intertextuell verankerte Kriegerinnen, als epische Kriegerinnen oder als all diese Kriegerinnen zugleich.

---

66  Die Amazonen bei Apollonius haben ebenfalls keine persönliche Bindung, sind aber auch nicht als Protagonisten dargestellt.

# KAPITEL 5

# Amazonomachie? Der Blick auf die Kämpfe der Amazonen

Aduenit qui uestra dies muliebribus armis
uerba redargueret.

VERG. *Aen.* 11.687–688

Gekommen ist der Tag, der eure Worte mit weiblichen Waffen Lügen straft.

∵

Die Bewährung griechischer Helden im Kampf gegen Amazonen ist mit dem Begriff „Amazonomachie" besonders gekennzeichnet. Dieser Begriff impliziert jedoch von vornherein die Wahrnehmung der Amazonen als Repräsentantinnen des Anderen und hat die Konnotation des Kämpfens gegen eine Gruppe von Gegnerinnen. Ein alternatives Konzept für die Interpretation der Kämpfe der Amazonen ist mit dem Begriff „Aristie" verbunden. Mit „Aristie" wird die überragende kämpferische Einzelleistung, das Kernstück heroischer Bewährung im griechisch-römischen Epos, benannt.[1] Aristien werden im Epos Vertretern beider Seiten zuteil und kennzeichnen die Kontrahenten als Angehörige eines vergleichbaren Wertesystems. Im vorliegenden Kapitel soll untersucht werden, wie die ganz unterschiedlichen Kampfdarstellungen der Amazonen im Epos zu beurteilen sind.

Einige der Amazonen in der vorliegenden Studie sind Teil des gemeinhin als Amazonomachie gekennzeichneten Standardrepertoires der griechisch-römischen Heldendarstellung: Ein Krieger muss im Kampf gegen einen schier unüberwindlichen Gegner, in diesem Fall eine ethnische Amazone, sein Heldentum beweisen. In diese Tradition ist die sehr kurze Passage um Bellerophon in der *Ilias* einzuordnen (Hom. *Il.* 6.178–186), ebenso wie Apollonius Rhodius' mehrfache kurze Nennung des Kampfes von Hercules gegen Hippolyte (Apoll.

---

1  Zu Aristie vgl. Schröter 1950, Heinze [1903] 1957, Krischer 1971, Stocks 2019.

Rhod. 2.778–779 und 2.912). Statius' Beschreibung des Theseus, der siegreich von einem Feldzug gegen die Amazonen zurückkehrt, nimmt eine andere Wendung, weil er die besiegte Gegnerin heiratet (Stat. *Theb.* 12.519–539). In Valerius Flaccus' *Argonautica* wird der Kampf des Hercules gegen die Amazonen als Standardelement der Heldendarstellung erwähnt (Val. Fl. 5.120–139). Hercules' Sieg bedeutet keineswegs die Vernichtung eines symbolischen Anderen, denn die Amazonen nehmen zusammen mit Iason an den Kämpfen in Colchis teil. Die Amazone Euryale besiegt deutlich überlegen ihren Gegner in einem raschen Kampf (Val. Fl. 6.367–380). Als Aristie ist diese Schilderung allerdings schon wegen ihrer Kürze nicht zu betrachten.

In Vergils *Aeneis*, Silius Italicus' *Punica* und Quintus Smyrnaeus' *Posthomerica* schließlich werden die Amazonen Camilla, Asbyte und Penthesilea in ausführlichen, individuellen Kämpfen dargestellt. Diese sollen im vorliegenden Kapitel untersucht werden.

Die regionalen Amazonen Camilla und Asbyte werden in der Forschung häufig vor dem Hintergrund der Amazonenforschung interpretiert. In Übereinstimmung mit der Prämisse, dass sie als Symbol für „das Andere" stünden, sind in der Forschungsliteratur zwei Interpretationslinien für die Kämpfe der Amazonen zu unterscheiden, je nachdem, ob der Akzent auf ethnischer Alterität oder auf Genderalterität liegt.[2] Im ersten Fall wird der Sieg des Helden über die Amazonen als symbolischer Sieg über das Barbarentum interpretiert.[3] Im zweiten Fall wird das Kämpfen der Amazonen als weibliche Grenzüberschreitung (*sex-role-crossover*) und der Ausgang des Kampfes als Bestätigung des patriarchalen Gesellschaftssystems gedeutet.[4]

In der Analyse des Äußeren und der Abstammung der Amazonen ist deutlich geworden, dass sie auf vielfältige Weise als Kriegerinnen charakterisiert werden, ohne dass ihr Geschlecht oder die Zugehörigkeit zu einer ethnischen Gruppe im Vordergrund stünden. Im vorliegenden Kapitel soll untersucht werden, wie sich das Kriegertum der Frauen in den Kampfhandlungen im Epos bewährt und wie es bewertet wird. In der Analyse Camillas, Asbytes und Penthesileas werden Äußerungen der Protagonistinnen und Erzählerkommentare ebenso berücksichtigt wie die Reaktionen ihrer Gegner und Verbündeten auf ihr Kämpfen und Sterben.

---

2   Zu den Forschungspositionen bis 1995 vgl. Stewart 1995. Eine Zusammenfassung und kritische Wertung bei Mayor 2014, 17–33.

3   Vgl. zum Beispiel DuBois [1982] 1991, Blundell 1995, Loman 2004.

4   Vgl. zum Beispiel Tyrrell 1984, Wagner-Hasel 1986, Keith 2000, Augoustakis 2010.

1      Camilla

Die Bücher sieben bis zwölf der *Aeneis* bilden mit ihrer Betonung der Kriegshandlungen in Latium den *Ilias*-Teil der *Aeneis*; in den Büchern zehn bis zwölf
stehen jeweils Aristie und Tod eines latinischen Helden im Zentrum der Darstellung.[5] In Buch zehn ist das Mezentius, in Buch elf Camilla und in Buch zwölf
Turnus. Bereits die Verteilung der Aristien über die Bücher weist darauf hin,
dass Camillas Rolle sich nicht strukturell von der Rolle anderer Krieger unterscheidet. Um diese These zu überprüfen, soll sowohl Camillas Auftreten im
Krieg als auch ihr Tod betrachtet werden.

Die Ausgangsposition der *Aeneis*, in der ein Flüchtling aus der kleinasiatischen Stadt Troja als Gründungsvater des römischen Reiches auftritt, lässt
erwarten, dass die Frage nach der Positionierung von „Römertum" und „Barbarentum" in Vergils Epos nicht einfach zu beantworten ist.[6] Joseph Reed zeigt
in seiner Untersuchung zur Wechselwirkung von „Nation and Poetry", dass die
vielfältige Thematisierung von Ethnizität einerseits die Komplexität römischer
Identität begründet und andererseits die identitätsstiftende Rolle gemeinsamer moralisch-ethischer Werte unterstreicht.[7]

Auch die Figur Camillas soll aus diesem Blickwinkel betrachtet werden. Ihre
Teilnahme an den Kämpfen um die Stadt Laurentum wird zweimal angekündigt: das erste Mal tritt sie am Ende des siebten Buches in der exponierten
Schlussposition des Italikerkatalogs (Verg. *Aen.* 7.803–817) auf, das zweite Mal
nennt Turnus selbst sie im elften Buch, und spricht mit dem Hinweis auf ihre
Anwesenheit im Kampf den anderen Teilnehmern des Kriegsrates Mut zu:
*est et Volscorum egregia de gente Camilla | agmen agens equitum et florentis
aere cateruas* (Dazu kommt aus dem berühmten Stamm der Volsker Camilla,
die einen Reiterzug anführt, von Erz prangende Scharen, Verg. *Aen.* 11.432–
433). Durch die Wiederholung des Verses *agmen agens equitum et florentis aere
cateruas* (Verg. *Aen.* 7.804) aus dem Italikerkatalog werden die zwei Passagen
aufeinander bezogen und Camilla wird zum wiederholten Mal als Anführerin
strahlender Reitertruppen gezeigt.

Die Volsker sind das einzige Volk, das in dieser Aufzählung der Verbündeten
des Turnus wertend charakterisiert wird. Zur Erläuterung der Junktur *egregia
de gente* schreibt der spätantike Vergilkommentator Tiberius Donatus:

---

5   Vgl. Gransden 1991, 1–5.
6   Vgl. Reed 2007, 1: „In composing the *Aeneid*, Vergil had inherited the peculiar task of tracing
    the Roman nation from a group of Trojan refugees".
7   Vgl. Reed 2007, 1–15.

plena Volscorum praedicatio: multi, inquit, fuerunt instructi equis et fortes atque armis splendidi ac refulgentes. qualis illa gens fuit, quam fortis in uiris, quando feminae ipsorum et ire ad bellum non dubitant et praeficiuntur armatis!

TIBERIUS CLAUDIUS DONATUS ad Verg. *Aen.* 11.432–433[8]

Der vollständige Lobpreis der Volsker: sie waren viele, sagt er [i. e. Vergil], ausgerüstet mit Pferden, und sie sind tapfer und herrlich anzusehen und strahlend in ihren Waffen. Was für ein Volk ist dies gewesen, wie stark in den Mannschaften, wenn ihre Frauen nicht zögern, in den Krieg zu ziehen und auch den Bewaffneten vorgesetzt sind!

Gerade die Tatsache, dass Frauen und Männer zusammen kämpfen und dass Frauen auch Führungspositionen einnehmen, führt Tiberius Donatus zufolge dazu, dass das Volk als Ganzes im Kampf stärker ist. Es wird deutlich, dass die Teilnahme der Frauen am Kampf nicht nur keine Grenzüberschreitung (*sex-role-crossover*) darstellt, sondern vielmehr zu einer positiven Charakterisierung der Volsker beiträgt.

Die Kampfhandlungen beginnen in Verg. *Aen.* 11.597 mit dem Vorrücken der trojanischen Bundesgenossentruppen gegen die Mauern Laurentums. Die Kämpfe wogen hin und her, und in Verg. *Aen.* 11.648 treten Camilla und ihre Truppen auf.[9] Bei ihrem ersten Auftreten in der Schlacht wird Camilla als kampffreudige Amazone (*exsultat Amazon*, Verg. *Aen.* 11.648) mit allen typischen Attributen dargestellt. Sie kämpft zu Pferd mit Lanze und Doppelaxt, und ihre außergewöhnliche Geschicklichkeit und unermüdliche Kampfeslust zeigen sich unter anderem darin, dass sie auch rückwärts gewandt schießen kann: *illa etiam, si quando in tergum pulsa recessit, | spicula conuerso fugientia derigit arcu* (Sie wendet sogar, wenn sie, einmal geschlagen zum Rückzug gezwungen, den Bogen zurück und schießt fliehend Pfeile ab, Verg. *Aen.* 11.653–654). Diese Technik wird neben den Amazonen auch skythischen Bogenschützen zugeschrieben und gilt als orientalische Praxis, die als „parthischer Schuss" bekannt ist.[10] Camilla ist jedoch keine ethnische Amazone, sie ist, wie kurz zuvor in einem ausführlichen Exkurs von Diana berichtet[11], eine Volskerin und in Italien aufgewachsen. Außerdem zieht sie nicht allein in den Kampf, sondern mit ihren Gefährtinnen, die sie selbst für Krieg und Frieden ausgewählt hat

---

8   Georgii 1969, Bd. 2, 481.
9   Für den Text der gesamten Passage siehe oben S. 104.
10  Vgl. Gransden 1991, 125, Rostovtzeff 1943.
11  Verg. *Aen.* 11.532–596.

(*delegit pacisque bonas bellique ministras*, sie wählte geeignete Gefährtinnen für Krieg und Frieden, Verg. *Aen.* 11.658). Sie gilt also auch in Friedenszeiten als Anführerin und wenn sie nicht gemeinsam in den Krieg ziehen, jagen die Frauen zusammen oder kommen gemeinschaftlichen Verpflichtungen nach.[12] Ihre Gefährtinnen werden *Italides* (Verg. *Aen.* 11.657) genannt, und die genannten Namen (Larina, Tulla, Tarpeia, Verg. *Aen.* 11.655, 656) sind „strongly Italian, the last two indeed strongly Roman."[13] Die Gruppe als Ganze wird wiederum mit Amazonen, namentlich mit Hippolyte und Penthesilea (Verg. *Aen.* 11.661, 662), verglichen. Die Kriegerinnen werden damit auf zweifache Weise eingeordnet: Die Betonung der italisch-römischen Wurzeln Camillas und ihrer Gefährtinnen signalisiert die kulturelle Einheit der regionalen Amazonen mit den Römern, denn sowohl die latinischen Völker, die auf der Seite des Aeneas kämpfen, als auch diejenigen, die mit Turnus in den Streit ziehen, also auch Camilla und ihre Soldatinnen, werden letztlich zusammen das römische Volk bilden.[14] Die Darstellung als Amazonen und der explizite Vergleich mit Hippolyte und Penthesilea ordnen die Frauen darüber hinaus in die heroische Vergangenheit und in den Kampf um Troja und damit in die literarische Tradition des Epos ein.

Camilla tritt als Truppenkommandantin auf, die Turnus respektvoll begegnet, ihm dezidiert Vorschläge zur Kriegsführung unterbreitet und von ihm geschätzt und akzeptiert wird. Ihr Auftreten ist als *transgendered* einzuordnen, wie die Analyse der folgenden Textpassagen zeigt. Camilla selbst ist sich als Kriegerin dessen bewusst, dass ihr Erscheinen als Frau in der Schlacht auffällig ist:

> hunc illa exceptum (neque enim labor agmine uerso)
> 685 traicit et super haec inimico pectore fatur:
> 'silvis te, Tyrrhene, feras agitare putasti?
> aduenit qui uestra dies muliebribus armis
> uerba redargueret. nomen tamen haud leue patrum
> manibus hoc referes, telo cecidisse Camillae.'
>
> VERG. *Aen.* 11.684–689

---

12    Vgl. Horsfall 2003, 367. Vgl. Pyy 2010, 191.
13    Gransden 1991, 125. Auch Fratantuono 2009, 213, sieht die zweifache Charakterisierung Camillas als orientalisch und als italisch, betont aber einen bedrohlichen Charakter des Orientalischen: „But just as we begin to feel uncomfortable with C. and begin to associate her with the Parthian bogeyman, Virgil will thrust us back into the primitive splendor of Italy with the names of C.'s Italian companions".
14    Vgl. Reed 2007, 59.

Ihn nahm Camilla sich vor (nicht schwierig bei fliehender Truppe), [685] durchbohrt ihn und ruft obendrein aus feindseliger Brust: „Hast du, Tyrrhener, geglaubt, in den Wäldern Wild zu jagen? Gekommen ist der Tag, der eure Worte mit weiblichen Waffen Lügen straft. Keinen geringen Ruhm wirst du gleichwohl zu den Manen der Väter mitnehmen, nämlich: vom Geschoss der Camilla getroffen, seist du gefallen."

Camilla verspottet ihren Gegner Ornytus, weil er sie für eine leichte Beute hält.[15] Selbstbewusst erkennt sie an, dass *muliebribus armis* nicht die Art und Weise ist, in der sich ein Soldat gemeinhin zu sterben wünscht. Sie spielt jedoch mit diesen Gendervorstellungen, indem sie als „Trost" für Ornytus konstatiert, dass der Tod von ihrer Hand zweifelsohne Ruhm für den Besiegten bedeute.[16] Gleichzeitig sorgt sie dafür, dass ihr eigener Name aufgrund ihres Sieges gerühmt wird, wie es Ziel und Kennzeichen der Heldenbewährung ist.[17] In den beiden folgenden Textpassagen wird deutlich, dass auch die Gegner nicht nur darauf reagieren, dass Camilla eine Kriegerin ist, sondern ebenso auf ihr Geschlecht. Zunächst versucht ein gegnerischer Soldat, ihr Geschlecht auszunutzen:

> incidit huic subitoque aspectu territus haesit
> 700   Appenninicolae bellator filius Auni,
> haud Ligurum extremus, dum fallere fata sinebant.
> isque ubi se nullo iam cursu euadere pugnae
> posse neque instantem reginam auertere cernit,
> consilio uersare dolos ingressus et astu
> 705   incipit haec: 'quid tam egregium, si femina forti
> fidis equo? dimitte fugam et te comminus aequo
> mecum crede solo pugnaeque accinge pedestri:
> iam nosces uentosa ferat cui gloria fraudem.'
>
>          VERG. *Aen.* 11.699–708

Auf sie stieß und blieb, von dem plötzlichen Anblick erschreckt, wie angewurzelt stehen der streitbare Sohn des Aunus, eines Apenninbewohners, [700] nicht der letzte der Ligurer, solange die Fata noch Täuschung zuließen. Als dieser merkt, dass er auf keinem Weg mehr dem Kampf entrin-

---

15   Das Motiv „Erinnern an frühere Worte" findet sich bereits in der *Ilias*, vgl. Hom. *Il.* 17.24–25.

16   Vgl. Morello 2008, 45, und Horsfall 2003, 381–382. Anders Keith 2000, 28.

17   Vgl. Viparelli 2008, 15, Pyy 2010, 191, anders Baumbach 2020, 62, der Camillas Aristie als Parodie interpretiert.

nen noch die ihn bedrängende Königin abschütteln kann, sinnt er auf eine List und sagt verschlagen zu ihr: „Was ist so Besonderes daran, wenn du als Frau [705] dein Vertrauen auf die Stärke eines Rosses setzt? Denk nicht an Flucht und vertraue dich gleich mir einem Nahkampf auf gleicher Höhe an, rüste dich zum Fußkampf: Du wirst schon sehen, wem windige Ruhmsucht Schaden bringt."

Es ist deutlich, dass die Anspielung auf ihr Geschlecht (*quid tam egregium, si femina forti | fidis equo?* Verg. *Aen.* 11.705–706) ein Versuch des Soldaten ist, Camillas Überlegenheit durch eine List zu entgehen (*consilio uersare dolos ingressus*, Verg. *Aen.* 11.705). Sie reagiert auf die Beleidigung ihres Kriegertums, indem sie vom Pferd springt, den seinerseits zu Pferd fliehenden Gegner mit Leichtigkeit überholt und tötet. Der letzte Satz des Ligurers (Verg. *Aen.* 11.708) ist durch das Wortspiel mit *fraudem* bereits ein ironischer Hinweis auf sein eigenes Schicksal. Das Substantiv *fraus*, in seiner Grundbedeutung „Betrug, Tücke, Täuschung"[18], ist hier mit der metonymischen Bedeutung „Schaden" ungewöhnlich eingesetzt.[19] Ligurer gelten den Römern als Betrüger, wie auch schon mit *haud Ligurum extremus, dum fallere fata sinebant* (Verg. *Aen.* 11.701) angedeutet wurde.[20] Mit *iam nosces uentosa ferat cui gloria fraudem* (Verg. *Aen.* 11.708) will der namenlose Krieger Camilla drohen; sie weiß jedoch – wie auch das intendierte Publikum – genau, dass ihr Gegner ihr mit seinem Maulheldentum nicht gewachsen ist.[21] Ihre evidente Überlegenheit wird durch ein homerisches Gleichnis bestätigt, in dem Camilla die Position des Achilles einnimmt, der Hector verfolgt.[22]

> quam facile accipiter saxo sacer ales ab alto
> consequitur pennis sublimem in nube columbam
> comprensamque tenet pedibusque euiscerat uncis;
> tum cruor et uulsae labuntur ab aethere plumae
>
> VERG. *Aen.* 11.721–724

So leicht verfolgt ein Habicht, der heilige Vogel, vom hohen Felsen auf seinen Schwingen die Taube hoch im Gewölk, hat er sie dann gepackt, hält

---

18    Baier (Hg.) 2013, Bd. 1, 2185.
19    Vgl. Horsfall 2003, 389.
20    Gransden 1991, 129.
21    Anders Horsfall 2003, 389.
22    Vgl. Hom. *Il.* 22.139–140. Zur Parallele mit Homer allgemein vgl. Gransden 1991, 130, Horsfall 2003, 394–395, Fratantuono 2009, 236.

er sie fest und zerfleischt sie mit gekrümmten Krallen; dann fallen Bluts-
tropfen und ausgerupfte Federn vom Himmel.

Der spätantike Vergilkommentator Servius schreibt zu Verg. *Aen.* 11.722: *noua
laus Camillae, siquidem accipiter columbam sequitur, ista hostem praecedit. ipsa
etiam auium comparatio sumpta ex contrario est: nam aequius uir accipitri,
Camilla compararetur columbae* (ein neues Lob Camillas: weil ja ein Habicht
eine Taube verfolgt, diese vor dem Gegner weicht. Der Vergleich der Vögel selbst
entsteht aus dem Gegensatz: denn der Mann müsste angemessener Weise mit
dem Habicht, Camilla mit der Taube verglichen werden, Servius ad Verg. *Aen.*
11.722).[23] Ob es Servius hier um das grammatikalische Geschlecht geht (*accipiter* ist Maskulinum, *columba* ist Femininum) oder ob er Gendersterotypen
wie „‚männlich' ist gleichzusetzen mit aggressiv (*sequitur*), ‚weiblich' ist gleichzusetzen mit einer Opferrolle (*praecedit*)" benennt, ist nicht zu entscheiden.[24]
Deutlich ist jedoch, dass die Spannung, die zwischen der Erwartungshaltung
und dem Handeln Camillas entsteht, nicht als Grenzüberschreitung charakterisiert wird, sondern gerade auch wegen der Parallelisierung mit Achilles zur
besonderen Betonung ihrer kriegerischen Qualitäten beiträgt.

Camillas Erfolg im Kampf bleibt auch auf dem Olymp nicht unbemerkt,
und der Göttervater Iuppiter spornt den Etrusker Tarchon an, seinerseits in
das Kampfgeschehen einzugreifen. Tarchon beschuldigt seine Mannschaften
der Feigheit und fährt fort:

> '[...]
> femina palantis agit atque haec agmina uertit!
> 735 quo ferrum quidue haec gerimus tela inrita dextris?
> at non in Venerem segnes nocturnaque bella,
> aut ubi curua choros indixit tibia Bacchi.
> exspectate dapes et plenae pocula mensae
> (hic amor, hoc studium) dum sacra secundus haruspex
> nuntiet ac lucos uocet hostia pinguis in altos!'
>
>         VERG. *Aen.* 11.734–740

„[...] Eine Frau treibt euch auseinander und jagt dieses Heer in die Flucht!
Wozu haben wir Schwerter, warum tragen wir diese Waffen nutzlos in
unseren Händen? [735] Doch seid ihr nicht schlaff, wenn Venus euch ruft

---

23   Thilo, Hagen 1961, Bd. 2, 559–560.
24   Morello 2008, 50, Fußnote 34, geht davon aus, dass Servius hier das Potential von Gender-
     stereotypen zur positiven Charakterisierung Camillas benutzt. Vgl. Pigoń 2014, 38.

zu ihren nächtlichen Kämpfen oder wenn die gekrümmte Schalmei zu
den Reigen des Bacchus lädt. Wartet auf Festmahle und Pokale eines reich
gedeckten Tisches (das liebt ihr, das reizt euch), bis der Priester günstige
Opferzeichen meldet und das fette Opfertier euch tief in den Hain ruft!"

Ein einzelner Krieger, eine Frau, treibt einen ganzen Heereszug vor sich her –
dies ist der doppelte Kern des Vorwurfs, den Tarchon äußert.[25] Horsfall unterstreicht in seiner Interpretation den Aspekt des Geschlechts und sieht *femina*
in der exponierten Versanfangsposition als Hinweis darauf, dass eine Frau
generell im Kampf fehl am Platze sei. Dies werde zudem durch den Hinweis auf
die *nocturna bella* der Venus bestätigt.[26] Es geht an dieser Stelle jedoch nicht
um eine Schmähung Camillas, sondern um die Provokation der Soldaten, um
sie zu größerem Einsatz anzuspornen. Bereits aus der *Ilias* ist nämlich der an
Krieger gerichtete Vorwurf bekannt, nur in Liebesdingen und bei nächtlichen
Gelagen stark zu sein.[27] Ausgehend von der Darstellung Camillas als *transgendered* ist deshalb eine andere Interpretation vorzuziehen: Tarchon bedient sich
an dieser Stelle herkömmlicher Auffassungen von Gender, indem er Camilla
*femina* nennt und damit impliziert, dass seine Krieger doch wohl stärker als
eine Frau seien. In der Beurteilung Camillas ist also ihr Geschlecht präsent.
Trotzdem schätzt Tarchon die Gegnerin als überaus stark ein: Camilla ist Herrin der Situation, wie die Verben *agit* und *vertit* zeigen, sie treibt alleine ganze
Heereszüge (*haec agmina*) vor sich her. Die Rede Tarchons stellt daher die Position Camillas aufgrund ihres Geschlechts nicht grundsätzlich in Frage, bei der
Beurteilung ihres Handelns, in diesem Fall ihrer Stärke als Gegnerin, spielt es
aber sehr wohl eine Rolle. Die Rede richtet sich in der Form eines epischen
Topos an die Soldaten mit der Aufforderung, härter zu kämpfen gegen einen
starken, einzelnen Kontrahenten, der zudem eine Frau ist.

Die letzten Passagen, die zur Charakterisierung Camillas ausgewertet werden sollen, sind diejenigen, in denen ihr Tod beschrieben wird. In Verg. *Aen.*
11.799–804 wird gleichsam in Zeitlupe beschrieben, wie ein tödliches Geschoss
Camilla trifft[28]:

> ergo ut missa manu sonitum dedit hasta per auras,
> 800   conuertere animos acris oculosque tulere

25    Vgl. Donat (Georgii 1969, Bd. 2, 524): *Una, inquit, femina: obtrectationem sumpsit a numero et sexu* (Eine Frau, sagt er. Den Tadel leitet er ab aus der Anzahl und dem Geschlecht).
26    Horsfall 2003, 398–399, ähnlich Fratantuono 2009, 240–241.
27    Vgl. Hom. *Il.* 3.54–55, Hom. *Il.* 15.508, Hom. *Il.* 24.261.
28    Zur Zeitverzögerung vgl. Brill 1972, 79, Reed 2007, 19.

cuncti ad reginam Volsci. nihil ipsa nec aurae
nec sonitus memor aut uenientis ab aethere teli,
hasta sub exsertam donec perlata papillam
haesit uirgineumque alte bibit acta cruorem.
805 concurrunt trepidae comites dominamque ruentem
suscipiunt. fugit ante omnis exterritus Arruns
laetitia mixtoque metu, nec iam amplius hastae
credere nec telis occurrere uirginis audet.

VERG. Aen. 11.799–808

Als nun, von seinem Arm geschleudert, der Speer durch die Lüfte
schwirrte, richteten alle Volsker die Aufmerksamkeit gespannt auf das
Geschehen und blickten [800] auf ihre Königin. Sie selbst achtete auf
nichts, weder auf das Brausen der Luft noch auf das aus dem Äther her-
ankommende Geschoss, bis der Speer unter die entblößte Brust traf, dort
steckenblieb und, tief eingedrungen, das Blut der jungen Frau trank. Hastig eilen die Gefährtinnen herbei und fangen ihre stürzende Herrin [805]
auf. Dahinflieht, mehr als alle erschreckt, Arruns in einer Mischung von
Freude und Angst, wagt nicht länger, sich auf seinen Speer zu verlassen
noch den Geschossen der jungen Frau sich auszusetzen.

Arruns kann Camilla nicht in offener Konfrontation, sondern nur aus dem Hinterhalt besiegen. Während sie selbst konzentriert ihrer erhofften Kriegsbeute
nachsetzt, sehen die Volsker, wie der Speer auf Camilla zufliegt und sie schließ-
lich trifft. Besonders die Verse *hasta sub exsertam donec perlata papillam | haesit
uirgineumque alte bibit acta cruorem* (Verg. *Aen.* 11.803–804) werden in der Forschung gemeinhin als sexuell aufgeladen interpretiert, so schreibt zum Beispiel
Fratantuono in seinem Kommentar: „A horrific line, describing in painful detail
the penetration of the spear, and tingeing Camilla's death with an element
of viciously sexual violence, indeed rape."[29] Suerbaum vertritt dagegen in seiner Rezension zum Kommentar Fratantuonos energisch und überzeugend die
Gegenposition: „Irritierend finde ich, daß F. schon dann von Erotik oder gar Sex
spricht, wenn irgendwie eine Frau im Spiel ist, zum Beispiel wenn ein tödlicher

---

29  Fratantuono 2009, 272. Vgl. auch Fowler 1987, 196: „In the case of Camilla it could be said
    that the perversity of her becoming a wife (defloration) and mother (suckling) only at
    the moment of death constitutes a reproach to her way of life. She should have stayed at
    home to become a wife and mother in the normal way: her death shows the abnormality
    of her life." Vgl. ebenso Heuzé 1985, 333, Gransden 1991, 137, Horsfall 2003, 428, Reed 2007,
    19, Sharrock 2015, 167.

Pfeil (!) die amazonenhafte Camilla unter der entblößten Brust (!) trifft."[30] Auch
in der Weiterführung der Szene spielt „Erotisierung" keine Rolle, es wird vielmehr auf Camillas Rolle als Anführerin (*domina*, Verg. *Aen.* 11.805, *regina*, Verg.
*Aen.* 11.499) hingewiesen, und ihre bedrohliche Ausstrahlung ist unverändert:
Arruns fürchtet die Kriegerin, auch wenn sie halbtot am Boden liegt, und flieht
verstört.

Im Zentrum der folgenden Passage steht das Pflichtbewusstsein Camillas als
General, das ihr Handeln selbst im Sterben noch bestimmt.

> 'hactenus, Acca soror, potui: nunc uulnus acerbum
> conficit, et tenebris nigrescunt omnia circum.
> 825  effuge et haec Turno mandata nouissima perfer:
> succedat pugnae Troianosque arceat urbe.
> iamque vale.' simul his dictis linquebat habenas
> ad terram non sponte fluens. tum frigida toto
> paulatim exsoluit se corpore, lentaque colla
> 830  et captum leto posuit caput, arma relinquens,
> uitaque cum gemitu fugit indignata sub umbras.
> tum uero immensus surgens ferit aurea clamor
> sidera: deiecta crudescit pugna Camilla;
> incurrunt densi simul omnis copia Teucrum
> Tyrrhenique duces Euandrique Arcades alae.
>
> VERG. *Aen.* 11.823–835

„Bis hierher, Acca, meine Schwester, hatte ich Kraft: Jetzt verzehrt mich
die furchtbare Wunde, und alles ringsum wird schwarz vom Dunkel des
Todes. Lauf schnell und überbringe Turnus diese meine letzte Botschaft:
[825] er soll für mich nachrücken in den Kampf und die Trojaner von der
Stadt abwehren. Leb wohl nun!" Im selben Augenblick ließ sie die Zügel
fahren und glitt widerstrebend zu Boden. Dann löste sie sich erkaltet all-
mählich ganz vom Körper, sie legte den biegsamen Hals und das vom Tod
umfangene Haupt auf den Boden, die Waffen loslassend, [830] und ihre
Seele floh mit einem Seufzer voll Gram hinab zu den Schatten. Da aber
erhebt sich unermessliches Geschrei und bricht sich droben an den goldenen Sternen: Heftiger entbrennt der Kampf nach dem Fall der Camilla;
dicht gedrängt stürmen gleichzeitig in die Schlacht alle Kämpfer der Teu-
crer, die tyrrhenischen Anführer und Euanders arkadische Schwadronen.

---

30    Suerbaum 2010, 316, in seiner Rezension zu Fratantuono 2009. Interpunktion im Original.

Buchstäblich bis zu ihrem letzten Atemzug bleibt Camilla als Anführerin ihrer Truppen die Verkörperung herausragender Kampfesfreude und Kompetenz.[31] Camillas letzter Gedanke gilt der Verteidigung ihrer Heimat und damit dem Kampf: sie lässt Turnus auftragen, ihren Platz in der Schlachtordnung einzunehmen.[32] Damit schätzt Camilla die Situation nach ihrem Tod richtig ein, denn die Gegner greifen unmittelbar mit vereinten Kräften an (Verg. Aen. 11.833–835), weil sie erwarten, nun eine bessere Chance auf den Sieg zu haben. Erst im allerletzten Moment lässt Camilla ihre Waffen fallen (arma relinquens, Verg. Aen. 11.829) und stirbt, aufgebracht über ihren eigenen Tod (uitaque cum gemitu fugit indignata sub umbras, Verg. Aen. 11.831). Dieser Vers ist in der Forschung ausführlich behandelt worden, denn mit ihm wird später, als Schlussvers der Aeneis, auch der Tod des Turnus beschrieben. Er wird daher als Prolepse auf Turnus' Niederlage gelesen.[33] Die Parallelisierung von Camilla und Turnus zeigt sich, so Knauer in seiner Studie zu Vergils Homerrezeption, nicht nur in diesem Vers, sondern auch in der Darstellung ihrer Aristien, die in weitgehender Übereinstimmung mit den Aristien von Patroclus beziehungsweise Hector in der Ilias gestaltet sind.[34]

Wie in der Rede Dianas angekündigt (Verg. Aen. 11.590–593), wird der Tod Camillas sofort gerächt. Opis, die nur hier den Beinamen Threissa (Verg. Aen. 11.858) trägt und damit in dem Moment, in dem sie den Tod Camillas rächt, als Amazone charakterisiert wird, tötet Arruns. Anders als Camilla hört er hilflos den tödlichen Pfeil ankommen, und anders als sie stirbt er unbemerkt. Er wird sofort von allen vergessen, auch von seinen Gefährten.[35] Camilla dagegen wird von Diana entrückt (Verg. Aen. 11.593–594) und, wie Sarpedon in der Ilias (Hom. Il. 16.681–683), ehrenvoll in heimatlicher Erde bestattet. Camillas Mannschaften fliehen, von ihrem Tod erschüttert, in ungeordnetem Rückzug (Verg. Aen. 11.868–887). In der wegen des gemeinsamen Heranstürmens freundlicher und feindlicher Truppen unübersichtlichen Gesamtlage werden die Stadttore in Panik geschlossen. Die Frauen der Stadt kommen in dieser Situation den zurückkehrenden Kriegern in ihrer Bedrängnis zu Hilfe:

---

31  Vgl. Morello 2008, 56.

32  Vgl. Viparelli 2008, 22, formuliert prägnant: „Volscian Camilla dies defending Latium and Italia." Vgl. auch Fratantuono 2007, 355.

33  Vgl. Suzuki 1989, 141, Horsfall 2003, 439, Fratantuono 2009, 283.

34  Knauer 1979, 308–315, vgl. Horsfall 2003, 439–440.

35  Exemplo teli stridorem aurasque sonantis | audiit una Arruns haesitque in corpore ferrum. | illum exspirantem socii atque extrema gementem | obliti ignoto camporum in puluere linquunt (Unverzüglich vernahm das Schwirren der Geschosse und zugleich das Zischen der Luft Arruns, und schon haftet in seinem Körper das Eisen. Ihn, der sein Leben aushaucht und ein letztes Mal seufzt, lassen die Gefährten, ohne sich um ihn zu kümmern, namenlos im Staub des Schlachtfelds liegen, Verg. Aen. 11.863–866).

ipsae de muris summo certamine matres
(monstrat amor uerus patriae, ut uidere Camillam)
893  tela manu trepidae iaciunt ac robore duro
stipitibus ferrum sudibusque imitantur obustis
praecipites, primaeque mori pro moenibus ardent.
VERG. *Aen.* 11.891–895

Sogar die Frauen schleudern von den Mauern in größtem Eifer Geschosse
(wahre Vaterlandsliebe beflügelt sie, nach Camillas Vorbild) hastig mit
eigener Hand, und mit Knüppeln aus hartem Kernholz [893] und in Feuer
gehärteten Stangen ersetzen sie, sich überstürzend, das Eisen und brennen darauf, als erste für ihre Stadt zu sterben.

Camilla, die von den Frauen bei ihrer ersten Begegnung aufgrund ihres strahlenden Auftretens als Anführerin der volskischen Truppen bewundert und als
mögliche Schwiegertochter gesehen wurde[36], wird ihnen schließlich zum Vorbild eines von Vaterlandsliebe getragenen Kriegertums, das also auch Frauen
einschließen kann und dem sie ihren Möglichkeiten entsprechend nachei-
fern.[37]

## 2    Asbyte

Der Angriff der Punier auf die südspanische Stadt Saguntum, der historisch
im Jahr 218 v. Chr. stattgefunden hat, bildet den Auftakt zu Silius Italicus'
Epos über den Zweiten Punischen Krieg. Hannibal wurde bei diesem ersten
Angriff auf Saguntum verletzt, so berichtet Silius im ersten Buch der *Punica*.
Das zweite Buch beginnt mit einer Rede des karthagischen Anführers, in der
er Rom bedroht und seine Soldaten zu größter Tapferkeit anspornt. Hannibal
ist eine ambivalente Figur und als solche trotz der offenkundigen Feindschaft
zwischen Rom und Karthago, wie Claire Stocks überzeugend feststellt, „both
modeled on and a model for Rome's *uiri*".[38] Nach der Rede Hannibals betritt
Asbyte das Schlachtfeld. Die eigenständige Behandlung des Amazonenstoffes
durch Silius zeigt sich unter anderem darin, dass Asbyte nicht als letzte Hoffnung im Streit gegen einen übermächtigen Gegner eingeführt wird, sondern

---

36  Vgl. Verg. Aen. 11.581–582.
37  Vielleicht ist in der Beschreibung der Frauen eine Allusion an Hor. *carm.* 3.2.13 zu sehen:
    *dulce et decorum est pro patria mori* (süß und ehrenvoll ist es, fürs Vaterland zu sterben).
38  Stocks 2014, 54.

dass ihre Aristie die erste in den *Punica* ist.[39] Neil Bernstein interpretiert dies als eines der zahlreichen Beispiele für die Verarbeitung typisch homerischer und vergilischer Szenen und leitet daraus Silius' dichterische Originalität und Qualität ab.[40] Seine Analyse sieht Amazonen als Teil der epischen Tradition und unterstützt damit implizit die These, dass Amazonenepisoden als Bauform des Epos betrachtet werden müssen.[41] Asbyte tritt erstmals inmitten verschiedener nordafrikanischer Völker auf (Sil. 2.56–58), und ihre besondere Position innerhalb der Streitkräfte Hannibals wird von Anfang an deutlich gemacht. Wir erfahren nicht, wer die anderen Anführer sind, Asbytes Name wird jedoch genannt und über das Adjektiv *audax* intertextuell sowohl mit Camilla als auch mit Penthesilea bei Vergil verknüpft, die beide mit demselben Epitheton bezeichnet werden.[42] Darüber hinaus ist Asbyte neben Camilla die einzige Amazone, deren Jugend beschrieben wird (Sil. 2.68–72). Diese Beschreibung wird mit einem Amazonenvergleich abgeschlossen, der ebenfalls auf Vergil verweist.[43] Die kurze Schilderung ihres Äußeren (Sil. 2.77–81), mit der die folgende Passage beginnt, trägt zu ihrer Charakterisierung als Anführerin bei, und in Vers 84 wird sie schließlich, wie Camilla, *regina* genannt.

> Ergo habitu insignis patrio, religata fluentem
> Hesperidum crinem dono dextrumque feroci
> 80  nuda latus Marti ac fulgentem tegmine laeuam
> Thermodontiaca munita in proelia pelta,
> fumantem rapidis quatiebat cursibus axem.
> pars comitum biiugo curru, pars cetera dorso
> fertur equi; nec non Veneris iam foedera passae
> reginam cingunt, sed uirgine densior ala est.
> 85  ipsa autem gregibus per longa mapalia lectos
> ante aciem ostentabat equos tumuloque propinquo,
> dum sequitur gyris campum, uibrata per auras
> spicula contorquens summa ponebat in arce.
> Hanc hasta totiens intrantem moenia Mopsus
> 90  non tulit et celsis senior Gortynia muris

---

39    Vgl. Miniconi 1951, 92.

40    Vgl. auch Bernstein 2017, XXIV.

41    Vgl. Bernstein 2017, XXII: „Critics have often read Asbyte as a derivative figure, evidence of Silius' epigonal relationship with Virgil. Silius has, however, produced an independently conceived response to the epic tradition of the Amazonian warrior."

42    Vgl. Bernstein 2017, 76.

43    Zu den Übereinstimmungen zwischen Asbyte und Camilla im Einzelnen vgl. Bernstein 2017, 68–136.

tela sonante fugat neruo liquidasque per auras
derigit aligero letalia uulnera ferro.

SIL. 2.77–92

So treibt sie, auffallend in der Kleidung des Vaterlands, das wogende
Haar mit einem Geschenk der Hesperiden zusammengehalten, die rechte
Seite frei für den unbändigen Kampf des Mars, und die Linke glänzend
geschützt [80] mit einem Schild vom Thermodon, die rauchende Achse
zur Schlacht in schneller Fahrt. Ein Teil ihres Gefolges benutzt den Streitwagen, ein anderer Teil sitzt auf dem Pferderücken. Und auch Frauen, die
das Bündnis der Venus schon eingegangen sind, umgeben die Königin;
der Flügel der unverheirateten Frauen ist jedoch dichter. Sie selbst stellte
vor der Schlachtreihe Pferde zur Schau, ausgewählt aus den Herden der
weitverstreuten Nomadenhütten ihrer Heimat [85], und während sie das
Schlachtfeld mit ihrem Wagen umrundete, traf sie dicht bei dem Hügel,
indem sie unablässig Pfeile schwirren ließ, die Burg an ihrem höchsten
Punkt. Mopsus ertrug es nicht, dass sie so häufig die Stadtmauer mit ihrer
Lanze angriff. Der alte Mann jagt von den hohen Mauern gortynische [90]
Pfeile von der klingenden Sehne und schickt durch die klare Luft tödliche
Wunden mit federtragendem Eisen.

In dieser Passage wird der traditionelle Charakter des historischen Epos zweifach betont: Ein Teil ihrer Soldatinnen kämpft, wie Asbyte selbst, vom homerischen – und deshalb anachronistischen – Streitwagen aus (Sil. 2.82).[44] Darüber
hinaus ist die Pferdeschau (Sil. 2.85–86), die Asbyte als einzige Amazone im
Epos ausführt, typisch für Krieger des lateinischen Epos.[45] Asbyte verliert keine
Zeit, sondern greift Saguntum sofort an. Der Bogenschütze Mopsus reagiert,
ohne dass Asbytes Herkunft oder ihr Geschlecht thematisiert würden[46], auf die
Bedrohung, die sie für die Stadt darstellt.

Asbyte ist in direkter Auseinandersetzung mit Camilla gestaltet. Die Tatsache, dass Mopsus aus großer Entfernung mit Pfeil und Bogen auf sie zielt, ruft
daher den Tod Camillas in Erinnerung und lässt erwarten, dass Asbyte auf vergleichbare Weise stirbt. Die Spannung wird gesteigert, indem zunächst retar-
dierend die kretische Herkunft und die Lebensgeschichte des Iuppiterpriesters
Mopsus geschildert werden (Sil. 2.93–113), bevor er tatsächlich die Waffe auf
Asbyte richtet. Schon bevor er endlich den Pfeil abschießt, wird jedoch durch

---

44    Vgl. Bernstein 2017, 78, Küppers 1986, 144–145.
45    Vgl. Bernstein 2017, 82, vgl. Verg. Aen. 7.656, Sil. 16.426–427, Stat. Theb. 6.326–339.
46    Vgl. Sharrock 2015, 173.

einen Erzählerkommentar (*non grata Iouem per uota uocabat*, Sil. 2.115) deutlich, dass Iuppiter die Gebete seines ehemaligen Priesters Mopsus nicht erhö-
ren wird:

> tum uultum intendens telumque in uirginis ora
> 115   desertum non grata Iouem per uota uocabat.
> namque ut fatiferos conuerti prospicit arcus,
> opposito procul insidiis Nasamonias Harpe
> corpore praeripuit letum calamumque uolantem,
> dum clamat, patulo excipiens tramisit hiatu,
> 120   et primae ferrum a tergo uidere sorores.
> at comitis casu frendens labentia uirgo
> membra leuat paruaque oculos iam luce natantes
> irrorat lacrimis totisque annisa doloris
> uiribus intorquet letalem in moenia cornum.
>
>       SIL. 2.114–124

Dann ruft er, seinen Blick und das Geschoss auf das Gesicht der jungen
Frau richtend, Iuppiter, den er verlassen hat, mit unwillkommenen Wor-
ten an. [115] Denn sobald die nasamonische Harpe, weit entfernt vom
Hinterhalt, sieht, dass der todbringende Bogen sich krümmt, vereitelt sie
mit ihrem Körper als Deckung den Tod und lässt sich, den fliegenden Pfeil
mit offenem Mund empfangend, durchbohren, während sie ruft, und die
vordersten Schwestern sehen das Eisen aus ihrem Rücken ragen. [120]
Asbyte aber, wütend über den Tod der Gefährtin, fängt die stürzenden
Glieder auf, sie benetzt die Augen, in denen nur noch wenig Licht ist, mit
Tränen und schleudert mit aller Kraft, die der Schmerz ihr verleiht, die
tödliche Lanze gegen die Mauern.

Harpe wirft sich schützend vor ihre Königin: ein deutlicher Hinweis auf die
Loyalität der Soldatin gegenüber der Anführerin.[47] Asbyte ihrerseits fängt die
Sterbende auf und rächt ihren Tod in der Art eines homerischen Helden sofort,
indem sie den Sohn des Mopsus tötet.[48] Auch Hannibal, der seit seiner Verlet-
zung im ersten Buch der *Punica* nicht mehr im Kampf aufgetreten ist, greift
ein und tötet den zweiten Sohn des Mopsus, der daraufhin Selbstmord begeht.

---

47   Diese Form der Loyalität zeigt Silius als einziger der epischen Dichter, vgl. Bernstein 2017,
     91. Zum Namen Harpes s. Uccellini 2006, 247.
48   Vgl. mit Juhnke 1972, 189, Hom. *Il.* 8.322–329: Hector rächt den Tod seines Wagenlenkers
     Archeptolemos.

Die Reaktion Hannibals zeigt, dass die Amazonen vollwertige Mitglieder der punischen Truppen sind, deren Tod dem epischen Ehrenkodex gemäß gerächt werden muss. Auch die spätere emotionale Reaktion Hannibals auf den Tod Asbytes wird hier bereits vorbereitet. Asbyte wird jedoch nicht nur von ihren Verbündeten geschätzt, sondern auch als Gegnerin respektiert:

> nec contentus Idi leto letoque Cothonis
> 165    Marmaridae nec caede Rothi nec caede Iugurthae
> Asbytes currum et radiantis tegmina laeuae
> poscebat uotis gemmataque lumina peltae
> atque in belligera uersabat uirgine mentem.
>
> SIL. 2.164–168

Und nicht zufrieden mit dem Tod des Idus und dem Tod des marmarischen Cothon, nicht mit dem Töten des Rothus und nicht mit dem Töten des Iugurtha [165] verlangt er [d. i. Theron] mit Gebeten den Wagen Asbytes und den glänzenden Schutz ihrer Linken, den strahlenden Schmuck der Pelte und richtet seinen Sinn auf die kriegerische junge Frau.

Ein Triumph über Asbyte verspricht größeren Ruhm als der Sieg über andere Krieger, wie die dreifache Wiederholung von *nec* betont. Dabei geht es Theron explizit um den Erwerb von Spolien, insbesondere um den Streitwagen und den strahlenden Schild Asbytes.[49] Sie weicht ihrem Gegner zunächst geschickt aus, vergleichbar mit Camilla in ihrer Konfrontation mit Orsilochus (Verg. *Aen.* 11.690–698).[50] Asbyte tötet einige Feinde, dann erst wendet sie sich Theron zu. Auch sie will die Ausrüstung des Theron als Kriegsbeute erwerben und verspricht diese Dictynna (vgl. unten Sil. 2.191). Wie in der Todesszene Camillas spielt auch hier das Erwerben von Spolien eine motivierende Rolle, es gehört seit Homer für männliche und weibliche Krieger gleichermaßen zum Ehrenkodex[51], und ein Abweichen von dieser Regel wird, wie im Fall des Arruns, explizit

---

49    Zur Diskussion von *laeua* vs. *laena* vgl. Bernstein 2017, 104, und Augoustakis 2010, 124, Fußnote 82.

50    Camilla tötet Orsilochus, indem sie ihm den Schädel einschlägt, auf vergleichbare Weise wie auch Asbyte von Theron getötet wird. Vgl. Bernstein 2017, 105.

51    Vgl. Hom. *Il.* 5.164–165 und 17.125–212, Verg. *Aen.* 9.176–467, insbesondere 9.359–374 und 9.465–479. Augoustakis 2010, 125, reduziert die Passage auf spielerisch grenzüberschreitendes Verhalten (*sex-role-crossover*) der Protagonisten: „[B]oth Theron and Asbyte absorb Camilla's traits and behaviour, in a game where the female has repudiated her femininity, while the male is lured by a woman's attire."

motiviert.[52] Wie fast jeder große Krieger trifft auch Asbyte schließlich auf einen
Gegner der ihr zum Verhängnis wird.

> Iamque aderat remeans uirgo, inter proelia postquam
> distringi Therona uidet, saeuamque bipennem
> 190   perlibrans mediae fronti, spolium inde superbum
> Herculeasque tibi exuuias, Dictynna, uouebat.
> nec segnis Theron tantae spe laudis in ipsos
> aduersus consurgit equos uillosaque fului
> ingerit obiectans trepidantibus ora leonis.
> 195   attoniti terrore nouo rictuque minaci
> quadrupedes iactant resupino pondere currum.
> tum saltu Asbyten conantem linquere pugnas
> occupat incussa gemina inter tempora claua
> feruentesque rotas turbataque frena pauore
> 200   disiecto spargit collisa per ossa cerebro,
> ac rapta properans caedem ostentare bipenni
> amputat e curru reuolutae uirginis ora.
> necdum irae positae. celsa nam figitur hasta
> spectandum caput; id gestent ante agmina Poenum
> 205   imperat, et propere currus ad moenia uertant.
> Haec caecus fati diuumque abeunte fauore
> uicino Theron edebat proelia leto.
>
>       SIL. 2.188–210

Und schon kehrte die junge Frau zurück, als sie Theron in Kämpfe verwickelt sieht, und während sie mit ihrer furchtbaren Streitaxt mitten auf
seine Stirn zielt, verspricht sie die damit gewonnene stolze Beute [190]
und das Herculeslöwenfell dir, Dictynna. Und nicht untätig angesichts
einer so großen Möglichkeit, Ruhm zu erwerben, richtet Theron sich auf
vor den Pferden und geht nach vorn und streckt den scheuenden Pferden
den haarigen Kopf des blonden Löwen entgegen. Besinnungslos durch
den plötzlichen Schrecken und den drohenden Rachen [195] werfen die
Vierbeiner den schweren Wagen nach hinten um. Dann trifft er Asbyte,
die versucht, sich mit einem Sprung aus dem Zweikampf zu befreien, mit
einem Schlag seiner Keule mitten zwischen die Schläfen. Und er bespritzt
mit dem zerschmetterten Hirn die zerschlagenen Knochen [200] und die

---

52    Vgl. Verg. *Aen.* 11.789–793.

glühenden Räder und die Zügel, die in der Panik durcheinandergeraten sind. Und in seiner Eile, mit dem Mord zu prahlen, schlägt er mit der geraubten Axt den Kopf der jungen Frau ab, während sie vom Wagen fällt. Und noch gab er seine Wut nicht auf. Hoch oben auf der Lanze wird der Kopf befestigt, um ihn zur Schau zu stellen. Er befiehlt, dass man ihn vor das Heer der Punier tragen müsse und ihren Streitwagen schnell zur Stadtmauer bringen. [205] Diese Gefechte lieferte Theron, blind für sein Schicksal, während die Gunst der Götter ihn verließ und er schon nahe dem Tod war.

Asbyte, die gerade drei Gegner niedergestreckt hat, ist von Theron im offenen Kampf anscheinend nicht zu besiegen, denn er greift sie nicht direkt an, sondern lässt ihre Pferde scheuen (Sil. 2.193–194). Wie viele Todesszenen bei Silius und anderen Epikern ist auch Asbytes Tod anschaulich und brutal gestaltet.[53] Augoustakis interpretiert die Szene als symbolische Bestrafung weiblicher Grenzüberschreitung (*sex-role-crossover*)[54], Küppers konstatiert jedoch zu Recht, dass die Brutalität typisch für den Streitwagenkampf im Allgemeinen ist und dass Silius zudem „übersteigernd die Darstellung bei Vergil" (Verg. *Aen.* 10.570–574) rezipiert, „wo das Viergespann des Niphaeus vor dem stürmisch angreifenden Aeneas scheut, so daß der Lenker vom Wagen stürzt".[55] Herbert Juhnke stellt darüber hinaus Einflüsse der *Ilias* fest, und er zeigt, dass die Theron-Asbyte-Episode strukturell mit der Konfrontation zwischen Hector und Patroclus zu vergleichen ist.[56] Die Darstellung von Asbytes Tod muss also wiederum als explizite Auseinandersetzung mit der epischen Tradition gesehen werden.

Die Formulierung *caecus fati* (Sil. 2.206) weist darauf hin, dass Theron sich seines Sieges nicht lange erfreuen kann, und tatsächlich stürzt sich Hannibal, voll Wut über den Tod und die Schändung Asbytes, auf Theron. Er verfolgt ihn und jagt den Entwaffneten – wie Achilles den Hector – um die Stadt, um ihn schließlich zu töten und seinen Tod Asbyte zu widmen.

---

53  Spaltenstein 1986, 127, verweist auf „le même réalisme horrible" bei Vergil: *saxo ferit ora Thoantis | ossaque dispersit cerebro permixta cruento* (mit einem Steinbrocken trifft er das Gesicht des Thoas | und verstreut dessen mit blutigem Hirn verschmierte Knochen, Verg. *Aen.* 10.416), und Valerius Flaccus: *sparsusque cerebro | albet ager* (das Feld wird weiß vom verspritzten Hirn, Val. Fl. 3.166). Vgl. Griffin 1980, 91–92. Auch die Enthauptung kommt bereits bei Homer vor. Vgl. Hom. *Il.* 14.492–498.

54  Vgl. Augoustakis 2010, 126.

55  Küppers 1986, 152.

56  Juhnke 1972, 190.

'i, miseram Asbyten leto solare propinquo' –
haec dicens, iugulo optantis dimittere uitam
260   infestum condit mucronem ac regia laetus
quadrupedes spolia abreptos a moenibus ipsis,
quis aditum portae trepidantum saepserat agmen,
uictor agit curruque uolat per ouantia castra.
At Nomadum furibunda cohors miserabile humandi
265   deproperat munus tumulique adiungit honorem
et rapto cineres ter circum corpore lustrat.
hinc letale uiri robur tegimenque tremendum
in flammas iaciunt, ambustoque ore genisque
deforme alitibus liquere cadauer Hiberis.

SIL. 2.258–269

„Geh und tröste die arme Asbyte mit deinem raschen Tod." Während er
dies sagt, sticht er den tödlichen Dolch in die Kehle des Todesbereiten;
und froh [260] treibt er als Sieger die königliche Beute, die Pferde, mit
denen die Schar der Ängstlichen den Zugang zum Tor abgeschlossen hat,
weg von den Mauern selbst, und fliegt auf dem Wagen durch das jubelnde
Lager. Die wütende Gruppe der Nomaden aber eilt herbei, um die traurige
Pflicht der Bestattung zu erfüllen, und ehrt sie [i.e. Asbyte] mit einem
Grabhügel [265] und bringt ihrer Asche ein Reinigungsopfer, indem sie
seinen geraubten Leichnam dreimal rundum trägt. Danach werfen sie die
tödliche Keule des Mannes und die schreckliche Kopfbedeckung in die
Flammen und überlassen die Leiche, nachdem das Gesicht und die Wangen verbrannt sind, den spanischen Vögeln.

Hannibal rächt den Tod seiner Truppenkommandantin Asbyte sofort. Er
gewinnt auch ihren Streitwagen zurück, der als Spolium Symbol des Sieges
über Asbyte war. Anschließend wird Asbyte mit den einem epischen Krieger gebührenden Ehren bestattet, während der Leichnam Therons dreimal um
ihren Grabhügel geschleift und anschließend den Vögeln zum Fraß vorgeworfen wird – wiederum eine Reminiszenz an den Tod des Patroclus.[57] Bernstein
kennzeichnet die Konfrontation zwischen Hannibal und Theron als „a window
reference looking back through the *Aeneid* to the *Iliad* that signals some of
the Achillean aspects of Hannibal's character."[58] Diese Charakterisierung mit

57   Vgl. Spaltenstein 1986, 132.
58   Bernstein 2017, XXV.

dem Verweis auf die epische Tradition lässt sich auch für Asbyte konstatieren, die in enger Auseinandersetzung mit Camilla gestaltet ist. Bereits Juhnke hat festgestellt, dass insbesondere Asbytes Sterbeszene in verschiedener Hinsicht an Patroclus erinnert: beide werden nicht in einem ehrlichen Kampf besiegt (Sil. 2.194, Hom. *Il.* 16.788–791, Apollo schlägt Patroclus und ermöglicht so, dass Euphorbus ihn mit der Lanze trifft), versuchen zu fliehen (Sil. 2.197, Hom. *Il.* 16.817), werden in einem Moment der Hilflosigkeit getötet (Sil. 2.195–202, Hom. *Il.* 16.818–821) und nach ihrem Tod gerächt.[59] Im Zentrum der Darstellung stehen Asbytes Auftreten als Heerführerin und ihre Kennzeichnung als homerische Heldin.

Die Analyse hat gezeigt, dass das Geschlecht Asbytes in der Darstellung ihres Kämpfens keine Rolle spielt.[60] Dies wird in zwei weiteren kurzen Passagen in den *Punica* bestätigt: Im dritten Buch (Sil. 3.298–299) wird erwähnt, dass das Kontingent Asbytes nun unter der Leitung ihres Bruders Acherras steht. Dies deutet darauf hin, dass die Truppen als solche wichtig sind, nicht das Geschlecht der Soldatinnen oder der Anführerin. Noch später in den *Punica*, im Rahmen einer römischen Truppenschau im achten Buch, werden Amazonen in einem Vergleich genannt, der unmissverständlich zeigt, dass ihre wichtigste Eigenschaft das Kriegertum ist:

> Quid, qui Picenae stimulat telluris alumnos,
> 425   horridus et squamis et equina Curio crista,
> pars belli quam magna uenit! non aequore uerso
> tam creber fractis albescit fluctus in undis,
> nec coetu leuiore, ubi mille per agmina uirgo
> lunatis acies imitatur Martia peltis,
> perstrepit et tellus et Amazonius Thermodon.
>
> SIL. 8.424–430

Und wie kommt Curio, erschreckend in seinem Panzer und mit dem Pferdeschweif als Helmbusch, der die Söhne der picenischen Erde antreibt, [430] persönlich als große Kraft in den Krieg. So zahlreich bricht die gischtende Flut sich nicht auf dem Meer, und sie kommen nicht weniger beweglich zusammen, als wenn die kriegerische Jungfrau mit ihren tausend Truppen Schlachtreihen mit halbmondförmigen Schilden formt und die Erde und der amazonische Thermodon erbeben.

---

59   Vgl. Juhnke 1972, 190.
60   Vgl. Pigoń 2014, 42.

Es ist nicht anzunehmen, dass römische Soldaten in der Konfrontation mit Hannibal als „anders" charakterisiert werden sollen. Der Vergleich mit Amazonen dient vielmehr dazu, die Anzahl und die Beweglichkeit der römischen Truppen unter dem Befehl Curios hervorzuheben und damit die militärische Stärke der Römer zu betonen.

Die wichtigste Eigenschaft der Amazonen ist ihr Kriegertum, das von Silius sowohl in der Darstellung Asbytes und ihrer Soldatinnen als auch durch den Amazonenvergleich durchgängig als *transgendered* dargestellt wird.

## 3    Penthesilea

Quintus Smyrnaeus schreibt seine *Posthomerica* nicht nur in stark homerisierender Sprache, er rekurriert auch in Struktur und Inhalt auf die homerischen Epen, die er auf innovative Weise verarbeitet. In der *Ilias* spielt „Barbarentum" als Kategorie zur Beurteilung der Trojaner und ihrer Bundesgenossen eine untergeordnete Rolle, wie Stoevesandt überzeugend gezeigt hat.[61] Im Zentrum der Darstellung steht eine Gesellschaft, deren aristokratische Ordnung und kompetitive Haltung sich offenbart, indem die Protagonisten sich in Kampf und Krieg bewähren. Mit der Analyse des Äußeren und der Abstammung Penthesileas in den *Posthomerica* wurde gezeigt, dass in ihrer Darstellung stets der Aspekt des Kriegertums betont wird. Gerade in der Aristie ist deshalb nicht zu erwarten, dass Quintus nun von der *Ilias* abweicht, indem er Penthesileas nichtgriechische Herkunft in den Vordergrund stellt. Die Frage, ob Frauen kämpfen können und sollen, wird von Quintus explizit behandelt und dahingehend beantwortet, dass für eine erfolgreiche Teilnahme am Kampfgeschehen vor allem eine gute Ausbildung und dauerndes Training nötig seien.[62] Es ist vor diesem Hintergrund deshalb unwahrscheinlich, dass Rollenzuschreibungen aufgrund von Herkunft oder Geschlecht die Darstellung Penthesileas maßgeblich prägen. Diese These soll anhand der Reaktionen anderer Protagonisten auf Penthesileas Kämpfen und Sterben geprüft werden. Sowohl die Reaktionen

---

61    Vgl. Stoevesandt 2004 *passim*, siehe insbesondere die Zusammenfassung ihrer Ergebnisse 337–349. Vgl. auch Hall 1989, 14: „The world of the Homeric poems is divided by a great gulf, but it separates not groups of different ethnicity or language, but the aristocrats and the common people." Vgl. auch Vlassopoulos 2013, 172: „Homeric epic was not ignorant of cultural and ethnic difference in a world of unstable identities; it is instead the result of a poetic choice not to focus on cultural and ethnic difference, but on the kind of universal concerns which are common to all humanity or, to be more precise, to the mortal heroes of divine origin who are the subject of epic".

62    Zur Analyse der Passage siehe oben S. 56–60.

ihrer Bundesgenossen als auch ihrer Gegner sind aufschlussreich, ebenso wie
ihre eigenen Äußerungen und der Erzählerkommentar.

Penthesileas Ankunft in Troja wird auf zweierlei Weise motiviert[63]: Zum
einen will sie am Krieg teilnehmen, zum anderen sucht sie Entsühnung für
die Schuld des Schwestermordes (Q. Smyrn. 1.18–32). Das Motiv des Verwand-
tenmordes kommt im Epos regelmäßig vor[64], wird aber im weiteren Verlauf
der *Posthomerica* nicht wieder aufgenommen. Die Ankunft Penthesileas und
ihrer Amazonen flößt nicht nur dem Volk neue Hoffnung ein (Q. Smyrn. 1.62–
73), sondern hellt auch König Priamus' Miene auf und schenkt ihm neuen Mut,
obwohl er den Tod seiner Söhne betrauert.[65] Er empfängt Penthesilea wie eine
Tochter nach langer Abwesenheit, mit allen Ehren, die einem siegreichen Herr-
scher zukommen (Q. Smyrn. 1.85–92). Dass diese Siegerehrung, mit der Priamus
seiner neuerwachten Hoffnung auf einen Kampferfolg der Trojaner und seinem Vertrauen in Penthesilea Ausdruck verleiht, voreilig ist, wird bereits in der
folgenden Passage deutlich. In dieser reagiert Andromache, deren Mann Hector am selben Tag im Zweikampf von Achilles getötet wurde, in einem inneren
Monolog auf die Versprechungen Penthesileas.

> Ἡ δ' ἄρ' ὑπέσχετο ἔργον ὃ οὔ ποτε θνητὸς ἐώλπει,
> δῃώσειν Ἀχιλῆα καὶ εὐρέα λαὸν ὀλέσσειν
> 95   Ἀργείων, νῆας δὲ πυρὸς καθύπερθε βαλέσθαι,
> νηπίη· οὐδέ τι ᾔδη ἐυμμελίην Ἀχιλῆα,
> ὅσσον ὑπέρτατος ἦεν ἐνὶ φθισήνορι χάρμῃ.
> Τῆς δ' ὡς οὖν ἐπάκουσεν ἐὺς πάις Ἠετίωνος
> Ἀνδρομάχη, μάλα τοῖα ⟨φίλῳ⟩ προσελέξατο θυμῷ·
> 100  Ἆ δειλή, τί νυ τόσσα μέγα φρονέουσ' ἀγορεύεις;
> Οὐ γάρ τοι σθένος ἐστὶν ἀταρβέι Πηλείωνι
> μάρνασθ', ἀλλὰ σοὶ ὦκα φόνον καὶ λοιγὸν ἐφήσει.
> Λευγαλέη, τί μέμηνας ἀνὰ φρένας; Ἦ νύ τοι ἄγχι
> ἕστηκε⟨ν⟩ Θανάτοιο τέλος καὶ Δαίμονος Αἶσα.
> 105  Ἕκτωρ γὰρ σέο πολλὸν ὑπέρτερος ἔπλετο δουρί·
> ἀλλ' ἐδάμη κρατερός περ ἐών, μέγα δ' ἤκαχε Τρῶας
> οἵ ἑ θεὸν ὣς πάντες ἀνὰ πτόλιν εἰσορόωντο·
> [...]'

> Q. SMYRN. 1.93–107

---

63   Dies unterscheidet sie von zum Beispiel Memnon, dessen Ankunft in Troja keine Begrün-
     dung erhält. Vgl. Q. Smyrn. 2.100–101.
64   Vgl. West 2013, 138.
65   Vgl. Vian 1963, 5.

Die aber versprach eine Tat, die kein Sterblicher jemals erhofft hatte, | Achilleus zu töten und das große Volk der Argeier | zu vernichten, die Schiffe aber auf ein Feuer zu werfen, | die Törichte; aber sie wusste nicht, wie weit überlegen Achilleus war im männervernichtenden Kampf. | Wie diese nun hörte die treffliche Tochter des Eetion | Andromache, sprach sie gar solches zu ihrem Herzen: | „Ach, du Arme, was sagst du hochmütig so große Dinge? | Keineswegs nämlich hast du die Kraft, gegen den unerschrockenen Peleussohn | zu kämpfen, sondern schnell wird er dir Tod und Verderben bringen. | Du Elende, was rast du in deinem Sinne? Wahrlich, nahe bei dir | steht nun des Todes Erfüllung und Aisa, das göttlich verhängte Geschick. | Hektor war nämlich viel besser als du mit dem Speer; | aber er wurde bezwungen, obwohl er stark war, und brachte den Troern großes Leid, | die ihn alle wie einen Gott ansahen in der Stadt. [...]"

Wie auch an zahlreichen anderen Stellen wird Penthesilea hier mit Hector parallelisiert, der in der *Ilias* mehrfach versucht hatte, die griechische Flotte in Brand zu stecken.[66] Gleichzeitig bildet ihr Versprechen eine Prolepse auf den späteren Verlauf der Handlung, denn in dem Moment, in dem Penthesilea sich tatsächlich den griechischen Schiffen nähert, kehren Ajax und Achilles in den Kampf zurück (Q. Smyrn. 1.494–500), was die Niederlage und den Tod Penthesileas einläutet.[67] Das Versprechen Penthesileas wird unmittelbar als Selbstüberschätzung gekennzeichnet, indem sie in einem Erzählerkommentar als νηπίη (Q. Smyrn. 1.96) charakterisiert wird. In der *Ilias* Homers bezeichnet νήπιος häufig einen Helden, der als Mensch die Machenschaften der Götter bzw. des Schicksals nicht durchschaut, der darum zugrunde geht und Mitleid hervorruft.[68] Auch Memnons Tod wird in den *Posthomerica* auf vergleichbare Weise angekündigt.[69] An dieser Stelle wird, wie auch an zahlreichen anderen, proleptisch auf den vom Schicksal vorherbestimmten Ausgang des Kampfes verwiesen.[70] Diese regelmäßigen Prolepsen machen deutlich, dass Penthesilea in den *Posthomerica* sterben wird, obwohl es auch andere Versionen des Penthesileamythos gab, in denen Penthesilea Achilles besiegte.[71]

---

66   Zu dem Motiv vgl. Bär 2009, 312–314.
67   Vgl. Bär 2009, 312–313.
68   Vgl. de Jong [1987] 2004, 86.
69   Vgl. Duckworth 1936, 73. Stoevesandt 2004, 83, hat gezeigt, dass in der *Ilias* Krieger auf der trojanischen Seite häufiger als griechische als verblendet und deshalb mitleiderregend dargestellt werden.
70   Penthesileas Tod wird an den folgenden Stellen angekündigt: Q. Smyrn. 1.96–97, 1.124–137, 1.171, 1.198–204, 1.357, 1.373–375, 1.384–395.
71   Zu anderen Versionen des Mythos vgl. Kakridis 1964, Arrigoni 1982, 45, Mayor 2014, 302.

Andromache beschreibt Penthesilea mit den ersten Worten ihres inneren Monologs als bemitleidenswert und schließt damit an bei νηπίη (Q. Smyrn. 1.96).[72] Der Versanfang ἆ δειλή (Q. Smyrn. 1.100) verstärkt darüber hinaus die Parallelisierung mit Hector, denn er ist ein deutlicher Hinweis auf die Worte, die Zeus in der *Ilias* spricht, als Hector die Rüstung des Patroclus anlegt: ἆ δείλ' οὐδέ τί τοι θάνατος καταθύμιός ἐστιν | ὅς δή τοι σχεδὸν εἶσι (Elender, du weißt nicht halb, wie weit der Tod sich genähert hat, Hom. *Il.* 17.202).[73] Andromaches Gedanken über Penthesilea gehen in eine Klage um Hector über, und während alle anderen Trojaner aus Penthesileas Ankunft neue Hoffnung schöpfen, sieht Andromache in ihrem Schmerz um Hector auch für Penthesilea den nahenden Tod und bedauert die Kriegerin (λευγαλέη, Q. Smyrn. 1.103).[74] Bär weist in einer detaillierten Analyse der Andromacherede eine enge Verbindung zu der Heldendarstellung bei Homer nach: „Penthesileas nahe bevorstehender Tod wird somit intertextuell mehrfach mit Patroclus' und Hectors Tod in der *Ilias* verknüpft. Dadurch erhalten die beiden Helden und ihr Tod *ex post* proleptische Funktion für Penthesileas Todesschicksal; gleichzeitig wird die Amazonenkönigin auf eine Stufe mit zwei der wichtigsten Heroen auf Griechen- und Troerseite gestellt."[75] Die Verknüpfung der trojanischen Bundesgenossin sowohl mit dem griechischen Patroclus als auch mit dem trojanischen Hector zeigt, dass „Barbarentum" als Kategorie in der Darstellung Penthesileas keine zentrale Kategorie ist. Das *tertium comparationis* in der Beziehung von Grieche, Trojaner und Amazone ist nicht die ethnische Zugehörigkeit der Krieger, sondern ihr Kriegertum. Bär sieht sehr wohl, dass Penthesilea gleichrangig und gleichwertig mit Hector und Patroclus dargestellt wird. Doch aufgrund seiner Prämisse, dass Frauen im griechischen Epos nicht kämpfen dürften, interpretiert er das Selbstvertrauen, mit dem Penthesilea in den Streit zieht, als Hybris einer Frau, die sich Aufgaben eines Mannes zueignet (*sex-role-crossover*). Es ist aber dieselbe Hybris, die auch Hector und Patroclus kennzeichnet, nämlich die eines Kriegers, der siegesgewiss in einen von vornherein verlorenen Kampf zieht.[76]

Am folgenden Tag tritt Penthesilea in die Schlacht ein, gerüstet mit Waffen, die sie von ihrem Vater Ares und auch von Eris, der Göttin des Streites, bekommen hat, und markiert so das Ende der Kampfpause nach dem Tod Hectors.

---

72   Zu ἆ δειλή vgl. Bär 2009, 335–336.
73   Text: West 2000. Die Übersetzung ist von der Verfasserin.
74   Zur Hoffnung der Trojaner vgl. Q. Smyrn. 1.61–71.
75   Bär 2009, 325.
76   Vgl. Bär 2009, 111.

Τῷ ἐπικαγχαλόωσα τάχ' ἤλυθεν ἔκτοθι πύργων
Τρῶας ἐποτρύνουσα μάχην ἐς κυδιάνειραν
ἐλθέμεναι· ⟨τ⟩οὶ δ' ὦκα συναγρόμενοι πεπίθοντο
ἄνδρες ἀριστῆες, καίπερ πάρος οὐκ ἐθέλοντες
165 στήμεναι ἄντ' Ἀχιλῆος· ὁ γὰρ περιδάμνατο πάντας.
Ἥ δ' ἄρα κυδιάασκεν ἀάσχετον· ἕζετο δ' ἵππῳ
καλῷ τ' ὠκυτάτῳ τε τόν οἱ ἄλοχος Βορέαο
ὤπασεν Ὠρείθυια πάρος Θρήκηνδε κιοῦσῃ
ξείνιον, ὅς τε θοῇσι μετέπρεπεν Ἁρπυίῃσι·
170 τῷ ῥα τόθ' ἑζομένη λίπεν ἄστεος αἰπὰ μέλαθρα
ἐσθλὴ Πενθεσίλεια· λυγραὶ δέ μιν ὀτρύνεσκον
Κῆρες ὁμῶς πρώτην τε καὶ ὑστατίην ἐπὶ δῆριν
ἐλθέμεν. Ἀμφὶ δὲ Τρῶες ἀνοστήτοισι πόδεσσι
πολλοὶ ἕποντ' ἐπὶ δῆριν ἀναιδέα τλήμονι κούρῃ
175 ἰλαδόν, ἠύτε μῆλα μετὰ κτίλον, ὅς θ' ἅμα πάντων
νισομένων προθέῃσι δαημοσύνῃσι νομῆος·
ὣς ἄρα τῇ γ' ἐφέποντο βίῃ μέγα μαιμώωντες
Τρῶες εὐσθενέες καὶ Ἀμαζόνες ὀβριμόθυμοι.
Ἥ δ' οἵη Τριτωνίς, ὅτ' ἤλυθεν ἄντα Γιγάντων,
180 ἢ Ἔρις ἐγρεκύδοιμος ἀνὰ στρατὸν ἀίσσουσα,
τοίη ἐνὶ Τρώεσσι θοὴ πέλε Πενθεσίλεια.

Q. SMYRN. 1.161–181

Darüber [d. h. über ihre Streitaxt] jubelte sie und lief schnell aus der Burgmauer. | Die Troer trieb sie an, in die männerehrende Schlacht | zu gehen. Die besten Männer versammelten sich schnell | und leisteten ihr Folge, obwohl sie zuvor Achilleus nicht hatten | gegenübertreten wollen. Der besiegte nämlich alle ringsum. [165] | Die aber brüstete sich unbändig; sie saß auf ihrem Pferd, | dem schönen und sehr schnellen, das ihr die Gemahlin des Boreas | geschenkt hatte, Oreithyia, als sie zuvor nach Thrakien kam, | als Gastgeschenk; das übertraf die schnellen Harpyien; | auf diesem saß sie da und verließ die hohen Häuser der Stadt, [170] | die edle Penthesileia. Schlimme Keren aber trieben sie, | in den zugleich ersten und letzten Kampf | zu gehen. Ringsum aber folgten auf Füßen, die nie mehr zurückkehren sollten, | viele Troer in den schonungslosen Kampf dem kühnen Mädchen | in Scharen, wie Schafe hinter einem Widder, der, wenn alle zusammen [175] | gehen, vorausläuft unter der klugen Leitung des Hirten: | so folgten der nun voll großer Kampfbegier die kräftigen Troer und die starkmütigen Amazonen. | Die aber war wie die Tritonis, als sie den Giganten gegenübertrat, | oder die tumulterregende

Eris, wenn sie durch ein Heer stürmt: [180] | so war unter den Troern
die schnelle Penthesileia.

Die Passage ist geprägt von dem unbändigen Kampfeswillen, den Penthesilea auf die zuvor noch verzagten Trojaner zu übertragen versteht. Männer
und Frauen kämpfen in Penthesileas erstem Kampf bei Troja zusammen. Sie
folgen gemeinsam ihrem Kommando, wie das Gleichnis von den Schafen,
die dem Widder folgen, zeigt.[77] Im zweiten Gleichnis wird Penthesilea mit
Athene parallelisiert, die in den Streit mit den Giganten zieht. Mit eben diesen Giganten werden später Achilles und Ajax bei ihrem Eintritt in den Kampf
gegen Penthesilea verglichen (Q. Smyrn. 1.515–519). Penthesilea und Achilles
werden durch die Gleichnisse in ihrer Kampfkraft aufeinander bezogen, und
Maciver konstatiert, dass „[t]he similarity of their entries into battle, and the
natural opposition suggested by the similes, puts the contest between Penthesilea and Achilles on a cosmic, gigantomachic scale."[78] Mit dem Gleichnis
wird eine Spannung aufgebaut, die sich auf die Frage richtet, wie der Kampf
ausgehen wird, denn während die zahlreichen Anspielungen auf Penthesileas unabwendbaren und vom Schicksal so gewollten Tod hervorheben, dass
es keine Hoffnung für Penthesilea gibt, weckt der Vergleich Penthesileas mit
Athene die Erwartung, dass Penthesilea ebenso siegreich aus ihrem Kampf
hervorgehe wie die Göttin der Kriegsführung aus dem Kampf gegen die Giganten.

Die Reaktion der Griechen auf Penthesilea wird mit denselben Worten
beschrieben wie zuvor die Reaktion der trojanischen Verbündeten (ἐθάμβεον,
εὖτ' ἐσίδοντο, sie staunten, als sie sie sahen, Q. Smyrn. 1.54 und 1.205). Während
die Griechen aus der Ferne Penthesilea und die Trojaner heranstürmen sehen,
wird Penthesilea in einem Erzählerkommentar, wie Hector in der *Ilias*, mit der
Gewalt des Feuers verglichen (Q. Smyrn. 1.209–210, Hom. *Il.* 15.605–606). Die
Reaktion der Griechen zeigt sich in der folgenden Passage:

> Καί τις ἄμ' ἀγρομένοισιν ἔπος ποτὶ τοῖον ἔειπε·
> Τίς δὴ Τρῶας ἄγειρε μεθ' Ἕκτορα δῃωθέντα,
> οὓς φάμεν οὐκέτι νῶιν ὑπαντιάσειν μεμαῶτας;
> Νῦν δ' ἄφαρ ἀίσσουσι λιλαιόμενοι μέγα χάρμης.
> 215 Καί νύ τις ἐν μέσσοισιν ἐποτρύνει πονέεσθαι·
> φαίης κεν θεὸν ἔμμεν, ἐπεὶ μέγα μήδεται ἔργον.

---

77    Dasselbe Bild wird für Aeneas benutzt: Hom. *Il.* 13.489–495, vgl. Bär 2009, 465–467.
78    Maciver 2012, 140.

Ἀλλ᾽ ἄγε, θάρσος ἄατον ἐνὶ στέρνοισι βαλόντες
ἀλκῆς μνησώμεσθα δαΐφρονος· οὐδὲ γὰρ ἡμεῖς
νόσφι θεῶν Τρώεσσι μαχησόμεθ᾽ ἤματι τῷδε.᾽

Q. SMYRN. 1.211–219

Und es sprach, während sie sich versammelten, mancher ein solches
Wort: | „Wer hat nun die Troer versammelt, nachdem Hektor getötet
wurde? | Wir dachten, dass sie uns nicht mehr stürmisch gegenüberträ-
ten. | Nun aber drängen sie sogleich heran und sehnen sich sehr nach
der Schlacht. Und jetzt treibt einer in ihrer Mitte sie an, sich abzumühen;
[215] | du dürftest ihn wohl für einen Gott halten, da er auf eine große Tat
sinnt. | Aber auf, lasst uns unbesiegbaren Mut in unsere Brust legen | und
unserer kühnen Stärke gedenken! Auch wir werden nämlich nicht | ohne
die Götter gegen die Troer kämpfen an diesem Tage."

Die Griechen blicken aus großer Entfernung auf Troja. Was sie erkennen, ist,
dass die Trojaner sich entgegen ihren Erwartungen trotz des Verlustes von Hector wieder zum Kampf sammeln (Q. Smyrn. 1.213–215). Die Erklärung, die die
Griechen dafür finden, ist göttliches Eingreifen (Q. Smyrn. 1.216–217).[79] Es zeigt
sich, dass die Wirkung, die Penthesilea auf die Soldaten hat, aus der Entfernung nicht von der Wirkung eines männlichen Anführers zu unterscheiden
ist.[80] Dies macht deutlich, dass Geschlecht in den *Posthomerica* keine quali-
tative Kategorie zur Beurteilung von Kriegertum ist.

In den folgenden Versen (Q. Smyrn. 1.220–402) werden die Kämpfe zwischen
den Amazonen und Trojanern auf der einen Seite und den Griechen auf der
anderen Seite beschrieben. Beinahe hundert Verse (Q. Smyrn. 1.312–402) sind
der Aristie Penthesileas gewidmet, die unermüdlich kämpft. In Gleichnissen
wird ihre Kraft mit der einer Löwin (Q. Smyrn. 1.314–318) und ihre Ausdauer mit
einer Meereswoge (Q. Smyrn. 1.320–324) verglichen.[81] Von Penthesileas Auftreten inspiriert, wollen auch die trojanischen Frauen in den Kampf ziehen, sehen
aber nach einer ausführlichen Diskussion davon ab. Penthesilea wütet weiter
unter den Griechen (Q. Smyrn. 1.476–493), und schließlich nähern sich die Trojaner tatsächlich den griechischen Schiffen – das Signal für Ajax und Achilles,
wieder in den Kampf zu ziehen. Ajax tötet einige Trojaner, Achilles einige Amazonen. Sobald Penthesilea bemerkt, dass Achilles und Ajax kämpfen, greift sie

---

79    Ähnlich auch Hom. *Il.* 5.174–178.
80    Vgl. Bär 2009, 519.
81    Zu Gleichnissen mit Raubtieren und Naturgewalten in der *Ilias* vgl. Stoevesandt 2004,
      244–266.

sie an. Ihr erster Speer prallt jedoch an Achilles' von Hephaistos geschmiede-
tem Schild ab. Sie ergreift sofort einen anderen (Q. Smyrn. 1.494–552) und ruft
mutig aus:

> Νῦν μὲν ἐμῆς ἀπὸ χειρὸς ἐτώσιον ἔκθορεν ἔγχος·
> ἀλλ' οἴω τάχα τῷδε μένος καὶ θυμὸν ὀλέσσειν
> 555 ὑμέων ἀμφοτέρων, οἵ τ' ἄλκιμοι εὐχετάασθε
> ἔμμεναι ἐν Δαναοῖσιν· ἐλαφροτέρη δὲ μόθοιο
> ἔσσεται ἱπποδάμοισι μετὰ Τρώεσσιν ὀιζύς.
> Ἀλλά μοι ἆσσον ἵκεσθε κατὰ κλόνον, ὄφρ' ἐσίδησθε,
> ὅσσον Ἀμαζόσι κάρτος ἐνὶ στήθεσσιν ὄρωρε.
> Καὶ γάρ μευ γένος ἐστὶν ἀρήιον· οὐδέ με θνητὸς
> γείνατ' ἀνήρ, ἀλλ' αὐτὸς Ἄρης ἀκόρητος ὁμοκλῆς·
> τοὔνεκά μοι μένος ἐστὶ πολὺ προφερέστατον ἀνδρῶν.'
>
> Q. SMYRN. 1.553–562

„Nun entsprang zwar aus meiner Hand nutzlos der Speer; | aber ich
glaube, dass ich schnell mit diesem euer beider Kraft und Mut | vernichten
werde, die ihr euch rühmt, wehrhaft zu sein | unter den Danaern; leichter
wird danach sein | das Elend des Schlachtgetümmels für die rossebän-
digenden Troer. | Auf nun, kommt näher zu mir durch das Getümmel,
damit ihr seht, | welch große Kraft den Amazonen in der Brust sich regt.
| Denn auch meine Familie ist kriegerisch; und mich zeugte | kein sterb-
licher Mann, sondern Ares selbst, unersättlich im Kriegsruf. | Deshalb ist
meine Kraft um vieles besser als die der Männer."

Während Camilla bei Vergil in einer vergleichbaren Passage explizit mit Gen-
dererwartungen spielt[82], ist der Gegenstand der Rede Penthesileas ihre Abstammung von Ares, die sie in ihrer für Krieger typischen Herausforderungsrede „ebenso zur Steigerung des Selbstbewußtseins wie zur Einschüchterung
des Gegners" betont.[83] Als Amazone stamme sie vom Gott des Krieges persönlich ab, nicht von einem gewöhnlichen Sterblichen. Mit der Erläuterung
τοὔνεκά μοι μένος ἐστὶ πολὺ προφερέστατον ἀνδρῶν (Q. Smyrn. 1.562) zielt Pen-
thesilea also auf den Gegensatz Göttlich-Menschlich (οὐδέ με θνητὸς | γείνατ'
ἀνήρ, Q. Smyrn. 1.560–561), nicht auf einen Mann-Frau-Gegensatz.

---

82   Siehe die Analyse oben S. 118–119.
83   Stoevesandt 2004, 307. Vgl. auch die Herausforderungsrede Memnons gegen Achilles in
     Q. Smyrn. 2.411–429. Zu Herausforderungsreden allgemein vgl. Stoevesandt 2004, 305–307,
     für einen Überblick zu den Herausforderungsreden in der *Ilias* ebd., 424–427.

Auch Penthesileas zweiter Speer gleitet nutzlos von Ajax' Rüstung ab, denn das Schicksal hat für diesen einen anderen Tod vorherbestimmt (Q. Smyrn. 1.566–567). Ajax zieht sich danach aus dem Kampf gegen Penthesilea zurück, weil er um die grenzenlose Überlegenheit des Achilles weiß. Dennoch erkennt er Penthesileas Kampfkraft an: ἤδεεν ὡς Ἀχιλῆι καὶ ἰφθίμη περ ἐοῦσα | ῥηίδιος πόνος ἔσσεθ' ὅπως ἴρηκι πέλεια ([Ajax] wusste, dass sie für Achilleus, obwohl sie stark war, | leichte Mühe sein werde wie für den Falken die Taube, Q. Smyrn. 1.571–572). Das Greifvogelgleichnis verbindet Achilles, Hector, Camilla und Penthesilea intertextuell miteinander, wobei Achilles und Camilla jeweils die Rolle des Greifvogels, Hector und Penthesilea die Rolle der Taube einnehmen.[84] Die Rollen von Aggressor und Opfer sind also aufgrund der Über- oder Unterlegenheit im Kampf, nicht aufgrund des biologischen Geschlechts verteilt. Die Formulierung ἰφθίμη περ ἐοῦσα erinnert an die Worte, mit denen Andromache in den *Posthomerica* Achilles' Sieg über Hector beschrieben hatte (κρατερός περ ἐών, obwohl er stark war, Q. Smyrn. 1.106).[85] Dieselben Worte wie Andromache benutzt auch Achilles, wenn er darauf hinweist, dass er Hector besiegt hat (Q. Smyrn. 1.582). Achilles wird seinerseits in Q. Smyrn. 3.618 ἴφθιμος genannt. Formulierung und Wortwahl zeigen, dass Penthesilea als Kriegerin dieselbe Wertschätzung erhält wie männliche Krieger. Achilles übertrumpft Penthesilea mit dem Hinweis auf seine eigene Abstammung aus dem Hause des Zeus und begegnet ihr damit auf der Ebene, die sie gewählt hat (Q. Smyrn. 1.575–579).

Achilles' erster Speerwurf trifft Penthesilea in die Brust, ist aber nicht tödlich.[86] Penthesilea erwägt, ihr Leben zu erkaufen oder Achilles' Mitleid zu erregen, indem sie ihn daran erinnert, dass sie Altersgenossen sind (Q. Smyrn. 1.601–609).[87] Bevor sie jedoch handeln kann, tötet Achilles in seiner Wut mit einem einzigen Stoß nicht nur Penthesilea, sondern auch ihr Pferd. Penthesilea wird von Achilles ebenso mühelos besiegt, wie sie zuvor die Siege über ihre Gegner davongetragen hat. Der Moment ihres Todes wird mit einem Gleichnis hervorgehoben.

---

84    Hom. *Il.* 22.139–140, Verg. *Aen.* 11.721–724, siehe die Analyse Camillas oben S. 120–121.

85    Zu κρατερός περ ἐών bei Homer vgl. Bär 2009, 344–345.

86    Bär 2009, 113 mit Fußnote 351, interpretiert die Wunde in Penthesileas Brust als Hinweis auf ihre im Tod zurückkehrende Weiblichkeit. Dem widerspricht, dass auch männliche Helden in den *Posthomerica* in die Brust (ὁ μαζός) getroffen werden: Q. Smyrn. 6.509 (Deiphobus), 6.635 (Kleolaos), 10.123–124 (Demoleon). Zu Verwundungen in der *Ilias* vgl. den Überblick bei Stoevesandt 2004, 388–412.

87    Auch Hector erwägt in der Konfrontation mit Achilles, sein Leben freizukaufen. Vgl. Hom. *Il.* 22.111–121 und den Kommentar von de Jong 2012, 88.

Εὖτ' ἐλάτη κλασθεῖσα βίη κρυεροῦ Βορέαο,
ἥν τέ που αἰπυτάτην ἀνά τ' ἄγκεα μακρὰ καὶ ὕλην,
627 οἷ αὐτῇ μέγ' ἄγαλμα, τρέφει παρὰ πίδακι γαῖα·
τοίη Πενθεσίλεια κατ' ὠκέος ἤριπεν ἵππου,
θηητή περ ἐοῦσα· κατεκλάσθη δέ οἱ ἀλκή.

Q. SMYRN. 1.625–629

Wie eine Tanne, zerbrochen durch die Kraft des eiskalten Boreas, | die
als größte in den großen Schluchten und im Wald, | ihr selbst zur gro-
ßen Zier, nährt bei einer Quelle die Erde: [627] | so fiel Penthesilea vom
schnellen Pferd, | bewundernswert, wie sie war; es schwand ihr aber die
Wehrkraft.

In Übereinstimmung mit ihrer Charakterisierung als homerische Heldin
beschreibt das Gleichnis nicht so sehr den Fall Penthesileas als vielmehr ihre
achtunggebietende Gestalt und ihre herausragende Position zu Lebzeiten.
Selbst im Fall bleibt sie imponierend, und in der exponierten Versendposition
wird abschließend Penthesileas ἀλκή benannt, ein Charakteristikum, in dem
sich Mut, Unerschrockenheit und Kraft verbinden.[88] Ihr Tod hat unmittelba-
ren Einfluss auf das Kriegsgeschehen, denn die Trojaner ziehen sich entsetzt
und verwirrt in die Stadt zurück (Q. Smyrn. 1.630–642).

Achilles schmäht Penthesilea in den folgenden Versen (Q. Smyrn. 1.643–653),
wie es auch im homerischen Epos gebräuchlich ist. Ziel der Schmähung bei
Homer ist es, wie Irene de Jong formuliert, „to hurt one's defeated enemy and
demonstrate one's own superiority."[89] Die Schmähung als solche zeigt, dass
Penthesilea ein besiegter Krieger wie andere auch ist. Inhaltlich wählt Achilles den einfachsten Weg und wirft Penthesilea *sex-role-crossover* vor, nämlich
die Werke der Frauen verlassen zu haben und in den Krieg gezogen zu sein
(Q. Smyrn. 1.652–653). In der folgenden Passage werden die Reaktionen des
Achilles und der Griechen auf den Tod Penthesileas beschrieben.

Ἀμφὶ δέ οἱ κρατὸς κόρυν εἵλετο μαρμαίρουσαν
ἠελίου ἀκτῖσιν ἀλίγκιον ἢ Διὸς αἴγλῃ·
τῆς δὲ καὶ ἐν κονίῃσι καὶ αἵματι πεπτηυίης
660 ἐξεφάνη ἐρατῆσιν ὑπ' ὀφρύσι καλὰ πρόσωπα
καί περ ἀποκταμένης. Οἳ δ', ὡς ἴδον, ἀμφιέποντες

---

88    Vgl. Maciver 2012, 142–143.
89    De Jong 2012, 141.

Ἀργεῖοι θάμβησαν, ἐπεὶ μακάρεσσιν ἐῴκει.
Κεῖτο γὰρ ἐν τεύχεσσι κατὰ χθονὸς ἠΰτ᾽ ἀτειρὴς
Ἄρτεμις ὑπνώουσα Διὸς τέκος, εὖτε κάμῃσι
665 γυῖα κατ᾽ οὔρεα μακρὰ θοοὺς βάλλουσα λέοντας·
αὐτὴ γάρ μιν ἔτευξε καὶ ἐν φθιμένοισιν ἀγητὴν
Κύπρις ἐυστέφανος κρατεροῦ παράκοιτις Ἄρηος,
ὄφρα τι καὶ Πηλῆος ἀμύμονος υἷ᾽ ἀκαχήσῃ.
Πολλοὶ δ᾽ εὐχετόωντο κατ᾽ οἰκία νοστήσαντες
670 τοίης ⟨τησδ᾽⟩ ἀλόχοιο παρὰ λεχέεσσιν ἰαῦσαι.
Καὶ δ᾽ Ἀχιλεὺς ἀλίαστον ἑῷ ἐνετείρετο θυμῷ,
οὕνεκά μιν κατέπεφνε καὶ οὐκ ἄγε δῖαν ἄκοιτιν
Φθίην εἰς εὔπωλον, ἐπεὶ μέγεθός τε καὶ εἶδος
ἔπλετ᾽ ἀμώμητός τε καὶ ἀθανάτῃσιν ὁμοίη.
[...]⁹⁰
Μέγα δ᾽ ἄχνυτο Πηλέος υἱὸς
κούρης εἰσορόων ἐρατὸν σθένος ἐν κονίῃσι·
720 τοὔνεκά οἱ κραδίην ὀλοαὶ κατέδαπτον ἀνῖαι,
ὁππόσον ἀμφ᾽ ἑτάροιο πάρος Πατρόκλοιο δαμέντος.

Q. SMYRN. 1.657–674 und 1.718–721

Vom Haupt nahm er ihr den glänzenden Helm, | der glich der Sonne Strahlen und des Zeus Glanz. | Obwohl sie im Staub und im Blut lag, | leuchtete unter den lieblichen Augenbrauen ihr schönes Gesicht auf, [660] | wenn sie auch tot war. Die aber, wie sie es sahen, drängten sich ringsum | und staunten, die Argeier, da sie den glückseligen Göttern glich. | Sie lag nämlich in den Waffen auf der Erde wie die unbezwingbare | Artemis im Schlafe, des Zeus Kind, wenn ihr die Glieder | ermatten, wenn sie in den ausgedehnten Bergen schnelle Löwen jagt. [665] | Sie selbst nämlich machte sie auch unter den Verstorbenen bewunderungswürdig | Kypris, die schönbekränzte Geliebte des starken Ares, | damit sie des untadeligen Peleus Sohn betrübe. | Viele wünschten sich, nach Hause zurückzukehren | und im Bett einer solchen Gemahlin wie dieser zu schlafen. [670] | Und Achilles quälte sich unaufhörlich in seinem Herzen, | weil er sie tötete und nicht als herrliche Gemahlin | in das pferdereiche Phthia führte, da sie an Größe und Aussehen | untadelig war und den Unsterblichen glich. | [...] Sehr traurig aber war des Peleus Sohn [718], | als er des Mädchens liebli-

---

90   In den Versen 675–717 wird die Reaktion des Ares auf den Tod seiner Tochter beschrieben. Zur Interpretation der Passage siehe oben S. 98–100.

che Kraft im Staub sah. | Deshalb zerrissen ihm schlimme Schmerzen das Herz | so stark wie zuvor, als sein Gefährte Patroklos gefallen war.

Die Darstellung der toten Penthesilea als beeindruckend in ihrem Äußeren spielt auf die Beschreibung Hectors in *Ilias* 22.367–371 an.[91] Auch nach ihrem Tod ist Penthesilea nicht nur strahlend in ihrer Schönheit, sondern auch bedrohlich, denn sie ähnelt den Göttern. Insbesondere wird sie mit Artemis verglichen, deren Umgang mit Männern, die sich ihr ungefragt nähern, bekanntermaßen schonungslos ist. Diese Kombination von Schönheit und Autorität ist offenkundig attraktiv, denn nicht nur Achilles, sondern auch die anderen Griechen wünschen sich, mit einer Frau wie Penthesilea verheiratet zu sein. Aufgrund der Zuneigung, die Achilles zu Penthesilea *post mortem* entwickelt, wird die Begegnung von Achilles und Penthesilea in der Forschung regelmäßig „Liebesbeziehung" genannt.[92] Von einer Liebesbeziehung, zu der doch – außer im Fall von Narcissus – mehr als eine Person gehören muss, kann aber schon deshalb keine Rede sein, weil Penthesilea tot ist und zudem von Achilles getötet wurde.

Achilles trauert um Penthesilea wie um Patroclus nicht nur als mögliche Partnerin, sondern vielleicht auch, weil er sich selbst in ihr sieht, den jungen Krieger, der zu früh sterben wird. Penthesilea selbst hatte vergeblich überlegt, darauf hinzuweisen, dass sie Altersgenossen seien, um ihr eigenes Leben zu retten (Q. Smyrn. 1.608). Diese Interpretation wird von dem byzantinischen Gelehrten Eustathius von Thessaloniki bestätigt, der zur Trauer des Achilles um Penthesilea schreibt: ὁ μὲν γὰρ ἐθαύμαζε τὸ κάλλος καὶ ὡς καλὴν ἅμα καὶ ἀνδρείαν ἀνδρειότατος καὶ κάλλιστος ἠλέει κειμένην τὸ ὅμοιον οἰκτιζόμενος (er bewunderte nämlich ihre Schönheit und er trauerte um sie, die zugleich schön und tapfer tot dalag, er als der Schönste und Tapferste beklagte die Ähnlichkeit, Eustathius

---

91   Hom. *Il.* 22.367–371: ἦ ῥα, καὶ ἐκ νεκροῖο ἐρύσσατο χάλκεον ἔγχος, | καὶ τό γ' ἄνευθεν ἔθηχ', ὃ δ' ἀπ' ὤμων τεύχε' ἐσύλα | αἱματόεντ': ἄλλοι δὲ περίδραμον υἷες Ἀχαιῶν, | οἳ καὶ θηήσαντο φυὴν καὶ εἶδος ἀγητὸν [370] | Ἕκτορος: οὐδ' ἄρα οἵ τις ἀνουτητί γε παρέστη. (Sprach es, und aus dem Leichnam zog er die eherne Lanze. | Und die legte er beiseite, er aber raubte von den Schultern die Waffen, | Die blutigen. Und die anderen liefen rings herbei, die Söhne der Achaier; | Die staunten über den Wuchs und das bewundernswerte Aussehen [370] | Hektors, und keiner trat zu ihm heran, der nicht nach ihm stach.) Text: West 2000, Übersetzung: Schadewaldt 1975.

92   Vgl. Blok 1995, 199 und 288, „mutual [eroos]", Bär 2009, 113, „Liebesgeschichte", Lovatt 2013, 306, „romance". King 1985, 27, sieht Achilles' plötzliche Zuneigung als „an example of a theme that will later be very dear to medieval and renaissance hearts: love at first sight." Als erster Beleg dafür, dass Achilles sich in Penthesilea verliebt, nachdem er sie getötet hat, gilt Prop. 3.11.

ad Hom. *Il.* 2.220).[93] Sowohl für Krieger als auch für Kriegerinnen ist Schönheit Zeichen ihres Kriegertums und ihrer gesellschaftlichen Position.[94] In der Forschung wird hingegen die Schönheit Penthesileas nach ihrem Tod vor allem als Zeichen ihrer Weiblichkeit gelesen. Lovatt sieht Penthesilea als Objekt des männlichen Blickes, Bär interpretiert ihre Schönheit als Zeichen dessen, dass sie „als Tote wieder ganz Frau" sei und ihr Kriegertum nicht nur verloren, sondern hinter sich gelassen habe.[95] Die göttliche Schönheit Penthesileas im Tod muss jedoch keineswegs als Hinweis darauf gelesen werden, dass sie keine Kriegerin mehr sei. Ein „schöner Tod" ist vielmehr das angemessene Ende eines Heldenlebens, wie Vernant gezeigt hat: „Through a beautiful death, excellence no longer has to be continually measured against someone else or to be tested in combat. Rather, excellence is actualized all at once and forever after in the deed that puts an end to the hero's life."[96] Penthesileas „schöner Tod", der äußere Schönheit und noble Haltung verbindet, kennzeichnet sie deshalb als machtvolle Kriegerin und Heldin in homerischer Tradition.

Auch nach ihrem Tod wird Penthesileas Kriegertum von Freund und Feind anerkannt, wie die folgenden Beispiele illustrieren. In der ersten Passage wird die Reaktion der Griechen beschrieben, in der zweiten die der Trojaner:

Οἵ δὲ μέγ᾽ οἰκτείραντες ἀγαυὴν Πενθεσίλειαν
Ἀτρεῖδαι βασιλῆες, ἀγασσάμενοι δὲ καὶ αὐτοὶ
Τρωσὶ δόσαν ποτὶ ἄστυ φέρειν ἐρικυδέος Ἴλου
785  σὺν σφοῖσι⟨ν⟩ τεύχεσσιν, ἐπεὶ Πριάμοιο νόησαν
ἀγγελίην προϊέντος· ὃ γὰρ φρεσὶν ᾗσι μενοίνα
κούρην ὀβριμόθυμον ὁμῶς τεύχεσσι καὶ ἵππῳ
ἐς μέγα σῆμα βαλέσθαι ἀφνειοῦ Λαομέδοντος.
[...][97]
800  Τρῶες δ᾽ ὥσ τε θύγατρα φίλην περικωκύσαντες
ἀχνύμενοι τάρχυσαν ἐΰδμητον περὶ τεῖχος
πύργῳ ἔπι προὔχοντι παρ᾽ ὀστέα Λαομέδοντος,
ἦρα φέροντες Ἄρηι καὶ αὐτῇ Πενθεσιλείῃ.
Καί οἱ παρκατέθαψαν Ἀμαζόνας ὅσσαι ἅμ᾽ αὐτῇ
ἑσπόμεναι ποτὶ δῆριν ὑπ᾽ Ἀργείοισι δάμησαν·
          Q. SMYRN. 1.782–788 und 1.800–805

93      Van der Valk 1971, 317, Abschnitt 21.
94      Vgl. das Kapitel zum Äußeren der Amazonen.
95      Lovatt 2013, 308, Bär 2009, 113, vgl. auch ebd., 443.
96      Vernant 1991, 51.
97      In den Versen Q. Smyrn. 1.789–799 wird der einer Königin angemessene Scheiterhaufen
        Penthesileas beschrieben.

> Es bemitleideten aber die sehr edle Penthesileia | die Atreussöhne, die
> Könige, und bewunderten sie auch selbst | und gestatten daher den Tro-
> ern, sie zur Stadt des berühmten Ilos zu bringen | mit ihren Waffen, als sie
> von der Botschaft erfuhren, die Priamos | geschickt hatte. Der hatte näm-
> lich im Sinn, das starkmütige Mädchen mit seinen Waffen und dem Pferd
> | in das große Grabmal des reichen Laomedon zu legen.
> [...]
> Die Troer bejammerten sie wie eine eigene Tochter | und bestatteten sie
> voll Kummer neben der wohlgefügten Mauer | bei einem hervorragenden
> Turm neben den Gebeinen des Laomedon, | indem sie ehrten den Ares
> und Penthesileia selbst. | Und sie beerdigten bei ihr alle Amazonen, die
> ihr gefolgt waren in den Kampf und von den Argeiern erschlagen wurden.

Penthesilea hat das Ziel des homerischen Helden erreicht, sie hat Ehre und
unvergänglichen Ruhm erlangt. Die Griechen gestatten den Trojanern, Penthesilea ehrenvoll beizusetzen, und verzichten auf die Spoliierung. Die Bestattung in der Grabstätte der trojanischen Könige ist die größte Ehre, die die
Trojaner der verbündeten Anführerin erweisen können. Sie beweinen den Verlust Penthesileas, und auch die anderen Amazonen erhalten ein ehrenvolles
Begräbnis, mit dem ihre Verdienste im Kampf anerkannt werden. Eine letzte
Reminiszenz an das Kriegertum Penthesileas ist, dass mit ihrem Grabmal nicht
nur sie selbst, sondern auch der Kriegsgott Ares geehrt wird.

## 4       Die Aristien der Amazonen

Eingangs wurde die Frage gestellt, welche Rolle ethnische Alterität und Genderalterität für die Darstellung der Frauen als Kriegerinnen spielen, wie sich
ihr Kriegertum bewährt und wie es bewertet wird. Die Antwort nach der Analyse ist deutlich: In den Kampfbeschreibungen der Amazonen spielt ethnische
Alterität im Sinne eines Nachweises griechisch-römischer Überlegenheit keine
Rolle. Die Herkunft der Frauen ist in den größeren Zusammenhang des Epos
eingebettet und gehört zu der Gesamtinterpretation, ist aber irrelevant für ihr
Kriegertum.

Camilla und ihre Volsker sind Teil der Völker, die zunächst Krieg gegenein-
ander führen, aber schließlich gemeinsam die Grundlage des römischen Volkes
bilden. Gerade die Vielfalt der ursprünglichen Völker unterstreicht die Bedeutung gemeinsamer Werte für die Römer; Camilla repräsentiert diese Werte. In
den *Punica* stehen Römer und Karthager einander in Feindschaft gegenüber,
der Gegner wird aber nicht als kulturell grundsätzlich anders beschrieben.

Asbyte, deren enge Verbundenheit mit Hannibal mehrfach betont wird, wird in ihrem Kämpfen nicht als Barbarin gekennzeichnet, sondern als Repräsentantin eines nordafrikanischen Volkes. Sie wird mit der Beschreibung ihrer Abstammung im Mythos verankert und in die literarische Tradition eingeschrieben. Auch für Penthesilea bei Quintus Smyrnaeus spielt Ethnizität keine Rolle. Sie wird als Kriegerin sowohl mit Patroclus als auch mit Hector verglichen, also mit einem Griechen und einem Trojaner, und wird damit in dieselbe kulturelle Tradition eingeordnet. Nach ihrem Tod geben die Griechen ihren Leichnam aus Respekt vor ihrer Kampfkraft, die in verschiedenen Gleichnissen betont wird, zur Bestattung zurück an die Trojaner, die sie wie eine Tochter beweinen.

Gender als Kategorie der Wahrnehmung ist in Bezug auf die Amazonen bei Vergil, Quintus Smyrnaeus und Silius Italicus in unterschiedlichem Maße festzustellen. Camillas Handeln in der *Aeneis* ist *transgendered*. Sie kämpft als Frau, und dies wird sowohl im Text selbst als auch in antiken Kommentaren benannt, ohne ihr Kämpfen als Grenzüberschreitung (*sex-role-crossover*) zu disqualifizieren. Als *amor uerus patriae* (wahre Vaterlandsliebe, Verg. *Aen.* 11.892) dient die Kampf- und Opferbereitschaft Camillas nach ihrem Tode als Vorbild für andere Frauen. Das Kämpfen Penthesileas in den *Posthomerica* wird ebenfalls *transgendered* dargestellt. Achilles und auch Penthesilea selbst verweisen auf Genderstereotypen und damit indirekt auf Penthesileas Geschlecht, ohne dass hieran eine Wertung ihres Auftretens im Sinne von Grenzüberschreitung (*sex-role-crossover*) verbunden wäre. Die *Posthomerica* beinhalten jedoch als einziges Epos auch eine explizite Diskussion der Frage, ob Frauen in den Kampf ziehen können oder – im Fall der trojanischen Frauen – sogar müssen. Die Diskussion macht deutlich, dass Kriegertum Männern und Frauen gleichermaßen zugeordnet werden kann, wobei die epische Realität ist, dass kriegerische Frauen eine akzeptierte Minderheit bilden.

Asbytes Darstellung als Kriegerin unterscheidet sich von der Darstellung Camillas und Penthesileas insofern, als ihr Geschlecht über die Tatsache hinaus, dass sie nicht verheiratet ist, nicht thematisiert wird. Sie tötet mehrere Krieger, bevor sie selbst fällt. Ihr letzter Gegner, dem sie schließlich auch unterliegt, hat mit Bedacht Asbyte zum Zweikampf ausgewählt, weil ein Sieg über sie besonders ehrenvoll ist. In Bezug auf das Kämpfen Asbytes ist es möglich, von einer Darstellung zu sprechen, die *gender-neutral* ist.

Camilla, Asbyte und Penthesilea sind durch intertextuelle Verweise in die homerische Tradition eingebettet und miteinander verbunden. Penthesilea wird durch ihr Selbstverständnis, durch Gleichnisse und durch die Reaktion ihrer Gegner und Verbündeten als homerische Heldin und zweiter Hector dargestellt. Alle drei Frauen werden dadurch, wie sie kämpfen und sterben mit Patroclus parallelisiert, Penthesilea und Asbyte auch durch die Art ihrer Bestattung. Besonders auffällig ist Asbyte, weil sie durch ihre Charakterisierung in homerischer Tradition maßgeblich zum traditionellen Charakter des historischen Epos beiträgt.

Die Frage nach der Rolle der Alterität und damit auch nach der Bewertung des Kriegertums ist eindeutig zu beantworten: Die zweifache Alterität der Frauen ist Teil ihrer Darstellung als Kriegerinnen, beeinflusst diese jedoch nicht qualitativ. Alle drei Frauen bewähren sich individuell im Kampf. Sie werden in eigenen Aristien dargestellt, wie sich nicht nur in der Schilderung der Einzelgefechte zeigt, sondern vor allem auch in der Wertschätzung, die sie von ihren Gegnern erfahren.

# KAPITEL 6

# Fazit: Amazonenepisoden als genderrelevante Bauform des Heldenepos

Die Amazonenepisode ist eine Bauform, die in den Kontext epischer Kampfhandlungen eingeordnet ist und zur Konstruktion von Gender beiträgt. Amazonenepisoden zeigen weibliche Krieger im gleichwertigen Kampf mit männlichen, das Kämpfen selbst wird als *transgendered* dargestellt. Die Darstellung der Kriegerinnen als Amazonen kennzeichnet sie als Vertreterinnen traditioneller heroischer Wertvorstellungen. Amazonenepisoden markieren Kriegerinnen so nachdrücklich als Teil des poetologischen und ideologischen Programms des Heldenepos. Die Identifizierung der Amazonenepisoden als genderrelevante Bauform des Heldenepos eröffnet neue Perspektiven für die Interpretation.

Die ethnischen Amazonen im Epos sind – wohl aufgrund historischer Begegnungen mit Völkern, deren Geschlechterordnung sich von der griechischen unterschied – als ein Volk konzipiert. Wie vielen außerordentlichen Kriegern wird auch den Amazonen, sowohl den ethnischen als auch den regionalen, eine göttliche Herkunft zugesprochen, die sowohl ihre besonderen Fähigkeiten im Kampf betont als auch ihren gesellschaftlichen Status hervorhebt. In der epischen Tradition werden Amazonenepisoden über mehr als ein Jahrtausend aufgenommen, kreativ weiterentwickelt und als Teil der Werkaussage präsentiert.

Zum ersten Mal in der überlieferten Literatur manifestieren sich ethnische Amazonen in Homers *Ilias* mit der Formulierung Ἀμαζόνες ἀντιάνειραι (Amazonen, Männern ebenbürtig, Hom. *Il.* 3.189 und Hom. *Il.* 6.186). Diese Junktur ist nicht als Amazonenepisode zu betrachten, formuliert jedoch den Kern der Bauform als „Amazonen" und „Männern ebenbürtig". Die Formulierung wird auch in der Beschreibung anderer Kriegerinnen, insbesondere bei Vergils Camilla, aufgenommen. Gleichzeitig wird in der *Ilias* der Kontext abgesteckt, in dem Amazonen auftreten: Krieg und Kampf. Anders als in der bisherigen Forschung angenommen, treten Kriegerinnen schon bei Homer und im Epischen Zyklus sowohl als Verbündete als auch als Gegnerinnen auf.

Vergil lässt in der *Aeneis* als einziger Autor zwei Amazonenfiguren auftreten. Er hat damit in aller Deutlichkeit die Amazonenepisode in das römische Epos übertragen. Penthesilea, ethnische Amazone und wohl bekannteste Vertreterin ihres Volkes, tritt in einer kurzen Ekphrasis als Verbündete des Aeneas

und der Trojaner auf und ist trotz der Kürze ihres Auftretens intertextuell
eingebunden. Camilla, die regionaler Herkunft ist, figuriert als ebenbürtige
Kriegerin zwischen den zwei herausgehobenen latinischen Figuren Mezentius und Turnus. Vergil vergleicht Camilla mit ethnischen Amazonen und charakterisiert sie als geborene Kriegerin, die mit ihrem strahlenden Auftreten
und unermüdlichen Kampfeswillen die Truppen antreibt und inspiriert. Vergils Camilla ist attraktiv und geschätzt sowohl als Truppenkommandantin als
auch als potentielle Schwiegertochter. Als weiblicher General des Turnus führt
sie den Befehl über männliche und weibliche Soldaten und in ihrem Einsatz für Laurentum gilt sie Männern und Frauen als Vorbild. Ihr besonderer
Status wird durch ihre vertraute Beziehung zu der Göttin Diana unterstrichen. Die innige Verbundenheit mit ihrem Vater, der sie allein erzogen hat,
begründet ihr Kriegertum. Die Forschung hat vergeblich nach einem Vorbild
für Camilla in der lokalen Sagenwelt gesucht. Mit der Einordnung der Amazonenepisode als Bauform des Epos wird diese Frage weniger dringlich: Vergil
hat mit Camilla als Protagonistin eine römische Gestaltung der Amazonenepisode geschaffen, die über intra- und intertextuelle Bezüge zu männlichen und
weiblichen Kriegern wie Penthesilea, Patroclus, Achilles und auch Turnus in
die epische Tradition und die mythologische Vergangenheit Roms eingebettet ist. Camillas Verbundenheit mit dem späteren Rom wird unter anderem
dadurch betont, dass einige ihrer Soldatinnen römische Namen tragen. Ihr
Volk, die Volsker, wird zusammen mit den anderen Verbündeten des Turnus
und denen des Trojaners Aeneas im neuen Volk der Römer aufgehen. Vergil schreibt damit eine Kriegerin in die mythologische Vergangenheit Roms
ein.

Besonders aufschlussreich ist der Vergleich der Argonautenepen von Apollonius Rhodius und Valerius Flaccus. Amazonenepisoden sind aufgrund des
kriegerischen Charakters der Protagonistinnen gekoppelt an kriegerische Auseinandersetzungen. In Apollonius Rhodius' *Argonautica* spielen Kriegshandlungen jedoch eine untergeordnete Rolle; die ethnischen Amazonen werden
sogar von Zeus selbst gehindert, die Argonauten anzugreifen. Apollonius aber
findet in Übereinstimmung mit einer allgemeinen Vorliebe der hellenistischen
Literatur für die Präsentation enzyklopädischen Wissens eine Möglichkeit,
das wichtigste Charakteristikum der Amazonen zu nennen: ihre kriegerische
Natur, die er durch die hellenistisch-aitiologische Darstellung ihrer Abstammung von Ares herausstellt.

Valerius Flaccus konturiert die Rolle der ethnischen Amazonen trotz aller
Übereinstimmungen mit Apollonius anders. Er lässt sie sowohl als Gruppe als
auch individuell auftreten. Die Amazonen erscheinen zunächst am Rande der
Argonautenfahrt als frühere Gegnerinnen des Hercules und potentielle Gefahr.

Die Gruppe der namenlosen Amazonen am Rande der Argonautenfahrt wird von Mars persönlich trainiert, ist aber dem stärksten Helden des griechischen Mythos, Hercules, unterlegen. Die Amazone Euryale strahlt unbändige Kampfesfreude aus und verfügt über beeindruckende Fähigkeiten. Sie wird von König Aeetes geliebt wie eine Tochter und geht schließlich siegreich aus dem Kampf hervor. Die im Vergleich zu Apollonius Rhodius verdichtete Darstellung der Amazonen unterstreicht ihr Kriegertum. Dies hängt mit der stärkeren Betonung der kriegerischen Auseinandersetzung bei Valerius insgesamt zusammen. In der bürgerkriegsähnlichen Auseinandersetzung in Colchis ist keine eindeutige Zuordnung der jeweiligen Gegner zu der Kategorie des Anderen möglich. Auch Euryale kann in dieser Hinsicht nicht eingeordnet werden, denn als Vertreterin der Amazonen, denen die Argonauten nur knapp entronnen waren, kämpft sie nun auf Iasons Seite. In seiner Gestaltung der Amazonen schöpft Valerius Flaccus kreativ aus der epischen Tradition: Wie Apollonius Rhodius lässt er ethnische Amazonen als ein direkt von Mars abstammendes Volk bedrohlicher Kriegerinnen auftreten. Mit Euryale schafft er jedoch in enger Auseinandersetzung mit Vergils Camilla eine herausragende, respektierte und von ihrem König Aeetes wie eine Tochter geliebte Kriegerin, die, anders als Camilla, den Kampf überlebt.

Die unterschiedlichen Darstellungen bei Apollonius Rhodius und Valerius Flaccus zeigen die Flexibilität der Bauform: Das Kriegertum der Amazonen kann in einem aitiologischen Exkurs, in der Niederlage der Amazonen gegen Hercules oder in einer Beschreibung der Lieblingskriegerin des Aeetes thematisiert werden.

Wie Asbyte bei Valerius Flaccus haben auch in Statius' *Thebais* die Amazonen den Kampf gegen Theseus überlebt. *Ex negativo* werden in ihrem sehr kurzen Auftritt in seinem Triumphzug Kernelemente der Bauform genannt, indem auf ihre Stärke im Kampf und ihre Abstammung von Mars verwiesen wird. In der Darstellung Hippolytes spielt ihr biologisches Geschlecht insofern eine Rolle, als sie als Schwangere nicht an dem folgenden Feldzug des Theseus teilnehmen kann. Ihre Schwangerschaft und damit ihre Zuordnung zum biologischen Geschlecht „Frau" bedeutet jedoch nicht, dass Hippolyte ihr Kriegertum verliert. Die Erfüllung der Mutterrolle tritt nicht an die Stelle ihres Kriegertums, sondern an dessen Seite.

Wie Vergils Camilla und Valerius Flaccus' Euryale hat Silius Italicus' Asbyte in den *Punica* kein Vorbild in der bekannten Mythologie oder Geschichtsschreibung. Sie erhält aber eine eigene mythische Genealogie, die sie mit dem Göttlichen verbindet und ihre Kampfkraft begründet. Die Figur ist in schöpferischer Auseinandersetzung mit der epischen Tradition, insbesondere mit Homer, Apollonius Rhodius und Vergil, gestaltet. Das Auftreten Asbytes an der

Seite Hannibals als Kriegerin in der Tradition der Amazonen ordnet den Streit
um Saguntum in die Tradition heroischer Schlachtendarstellungen ein.

In den *Posthomerica* schließlich lässt Quintus Smyrnaeus die Amazone Penthesilea als eine beispielhafte homerische Heldin auftreten. Sie wird als eine
Retterin in höchster Not empfangen, rüstet sich zum Kampf und vertraut auf
ihre Kraft und Überlegenheit als Tochter des Ares. Ihre Verbindung zur Götterwelt wird eingesetzt, um ihren Status und ihr Kriegertum hervorzuheben,
aber auch von Athene instrumentalisiert, um die Griechen zu unterstützen.
Penthesilea kämpft auf der Seite der Trojaner und wird intertextuell als neuer
Hector charakterisiert. Sie verweist in ihrer Gestaltung gleichzeitig auf Camilla
und Patroclus und vielleicht auch auf ihre archaische Vorgängerin, die Amazone Penthesilea der nur in einer Zusammenfassung überlieferten *Aithiopis*.

Quintus Smyrnaeus ergänzt seine Darstellung Penthesileas als attraktive,
sowohl Furcht als auch Hoffnung einflößende Kriegerin um eine Auseinandersetzung mit der Frage, ob Frauen kämpfen können und – im aktuellen Fall
der Belagerung Trojas – sollen. Die Frage des Könnens wird bejahend beantwortet, denn, so die Argumentation, Männer und Frauen unterscheiden sich
nicht grundsätzlich in ihrem Potential zur Kriegsführung. Quintus Smyrnaeus
begründet damit nicht nur textintern den Handlungsspielraum Penthesileas,
sondern aufgrund der starken intertextuellen Bezüge zwischen den Epen auch
*ex post* den der Amazonen in früheren Heldenepen.

Abschließend soll, wie zu Beginn der Arbeit angekündigt, eine Begründung
für das Fehlen von Amazonenepisoden in der *Odyssee* und in Lucanus' *Pharsalia* versucht werden. Die *Odyssee* zeigt die Bewährung des Odysseus auf seiner langen Heimreise nach dem Trojanischen Krieg. Kriegerische Auseinandersetzungen im Sinne heroischer Bewährung spielen auf dieser Reise keine
bedeutsame Rolle. Die Amazonenepisoden sind jedoch an Kriegshandlungen
in einem heroischen Kontext gebunden. In Lucanus' *Pharsalia* ist kein Mangel
an Kampfhandlungen zu beklagen. Heroische Größe kann diesen aber in seiner
Darstellung des Bürgerkriegs zwischen Caesar und Pompeius kaum zugeschrie-
ben werden, so dass Amazonenepisoden auch hier keinen Platz haben.

Die Einordnung der Amazonenepisoden als genderrelevante Bauform des
Heldenepos bietet unterschiedliche Ansätze für die weitere Forschung, nicht
nur in der klassischen Philologie. Zunächst kann das Verhältnis der Amazonenepisoden zur zentralen Aussage der jeweiligen Epen weiter konkretisiert
werden. Das Konzept *transgendered* eröffnet auch in anderen Zusammenhängen neue Perspektiven, insbesondere im Blick auf Verhalten, das traditionell
als grenzüberschreitend in Bezug auf Geschlechterrollen interpretiert wird.
Es stellt sich insgesamt die Frage, welche Interpretationsmöglichkeiten sich
für männliche und weibliche Figuren im Allgemeinen ergeben, wenn man die

Konstruktion von Gender als weniger normativ betrachtet. In diesem Zusammenhang kann auch die Frage der Genredefinition, die in direkter Auseinandersetzung mit Beobachtungen zu Gender geführt wird, nicht außer Acht gelassen werden.

Die Amazonenepisode als genderrelevante Bauform eröffnet auch für die Rezeptionsforschung und die nachantike Literaturwissenschaft neue Perspektiven, denn bis in die Neuzeit hinein sind die antiken Epen gerade auch im Hinblick auf die darin transportierten Wertvorstellungen immer wieder in bildlicher und literarischer Darstellung rezipiert worden.[1] Das mittelalterliche Phänomen der *Neuf Preuses*, zu denen immer auch Amazonen der griechisch-römischen Welt gehörten und die insbesondere den Aspekt des Kriegertums rezipieren, bietet einen vielversprechenden Ansatzpunkt für eine Neubetrachtung der Konstruktion von Gender.[2] Auch die Rezeption des Motivs der kriegerischen Frauen in der neulateinischen Literatur verspricht fruchtbar zu sein.[3] Gerade hier ist eine Auseinandersetzung mit den literarischen Vorbildern der Antike unumgänglich. Wenn das Interpretationspotential von Amazonenepisoden als Bauform des Heldenepos genutzt wird, ist ein neuer Blick auf Gender und Kriegertum möglich.

---

1  Zur Rezeption von Bauformen vgl. Reitz, Finkmann (Hg.) 2019, Vol. III. Für einen ersten Überblick zur Rezeption Penthesileas vgl. Greiner 2010.
2  Vgl. Scheibelreiter 2006.
3  Vgl. D'Alessandro Behr 2018.

# Literaturverzeichnis

Adamietz, J., 1976: Zur Komposition der Argonautica des Valerius Flaccus. München.

Ahl, F., 1982: Lucan and Statius. In: Luce, T.J. (Hg): Ancient Writers: Greece and Rome. New York, 917–941.

Armstrong, J.I., 1958: The Arming Motif in the Iliad. In: American Journal of Philology 79.4, 337–354.

Arrigoni, G., 1982: Camilla, amazzone e sacerdotessa di Diana. Mailand.

Augoustakis, A., 2010: Motherhood and the Other. Fashioning Female Power in Flavian Epic. Oxford.

Augoustakis, A. (Hg.), 2010: Brill's companion to Silius Italicus. Leiden, Boston.

Augoustakis, A., 2014: Valerius Flaccus in Silius Italicus. In: Heerink, Manuwald (Hg.) 2014, 340–358.

Austin, R.G., 1955: P. Vergili Maronis Aeneidos Liber Quartus. With a commentary by R.G. Austin. Oxford.

Austin, R.G., 1971: P. Vergili Maronis Aeneidos Liber Primus. With a commentary by R.G. Austin. Oxford.

Aymard, J., 1951: Essai sur les chasses romaines des origines à la fin du siècle des Antonins. Paris.

Baier, T., 2001: Valerius Flaccus. *Argonautica* Buch VI. Einleitung und Kommentar. München.

Baier, T. (Hg.), 2013: Der neue Georges. Ausführliches lateinisch-deutsches Handwörterbuch. Auf der Grundlage der 8., verbesserten und vermehrten Auflage von Heinrich Georges, Hannover und Leipzig 1913, neu bearbeitet von Tobias Dänzer.

Bär, S., 2009: Quintus Smyrnaeus „Posthomerica" 1. Die Wiedergeburt des Epos aus dem Geiste der Amazonomachie. Mit einem Kommentar zu den Versen 1–219. Göttingen.

Basson, W.P., 1986: Vergil's Camilla: A Paradoxical Character. Acta Classica 29, 57–68.

Baumbach, M. u. a. (Hg.), 2007: Quintus Smyrnaeus: Transforming Homer in second sophistic epic. Berlin.

Baumbach, M., 2020: Camilla und die Parodie der Aristie in Vergils *Aeneis* 11.648–724. In: Antike und Abendland 65–66.1, 56–69.

Baumbach, M., Bär, S., 2007: An Introduction to Quintus Smyrnaeus' *Posthomerica*. In: Baumbach u. a. (Hg.) 2007, 1–26.

Becker, T.H., 1997: Ambiguity and the Female Warrior: Vergil's Camilla. Electronic Antiquity: Communicating the Classics 4.1. http://scholar.lib.vt.edu/ejournals/ElAnt/V4 N1/becker.html#%2818%29 (Abrufdatum: 19.04.2021).

Bernstein, N.W., 2016: Rome's Arms and Breast: Claudian, *Panegyricus dictus Olybrio et Probino consulibus* 83–90 and its Tradition. In: The Classical Quarterly 66.1, 417–419.

Bernstein, N.W., 2017: Silius Italicus, Punica 2. Edited with an Introduction, Translation, and Commentary. Oxford.

Bettenworth, A., 2004: Gastmahlszenen in der antiken Epik von Homer bis Claudian. Göttingen.

Beye, C.R., 1969: Jason as Love-hero in Apollonios' *Argonautika*. In: Greek, Roman and Byzantine Studies 10.1, 31–55.

Bierl, A., Latacz, J. (Hg.): Homers Ilias, Gesamtkommentar (Basler Kommentar, BK)

- Band II 2003: Zweiter Gesang (B). Faszikel 1: Text (M. West) und Übersetzung (J. Latacz). Berlin, New York.
- Band II 2003: Zweiter Gesang (B). Faszikel 2: Kommentar. Von Claude Brügger, Magdalene Stoevesandt und Edzard Visser.
- Band III 2009: Dritter Gesang (Γ). Faszikel 1: Text (M. West) und Übersetzung (J. Latacz). Berlin, New York.
- Band III 2009: Dritter Gesang (Γ). Faszikel 2: Kommentar. Von Martha Krieter-Spiro. Berlin, New York.
- Band IV 2008: Sechster Gesang (Z). Faszikel 1: Text (M. West) und Übersetzung (J. Latacz). Berlin, New York.
- Band IV 2008: Sechster Gesang (Z). Faszikel 2: Kommentar. Von Magdalene Stoevesandt. Berlin, New York.
- Band VIII 2009: Vierundzwanzigster Gesang (Ω). Faszikel 1: Text (M. West) und Übersetzung (J. Latacz). Berlin, New York.
- Band VIII 2009: Vierundzwanzigster Gesang (Ω). Faszikel 2: Kommentar. Von Claude Brügger. Berlin, New York.

Binder, E., Binder G. (Hg., Üs.), 2008: P. Vergilius Maro. Aeneis. Lateinisch/Deutsch. Stuttgart.

Blok, J.H., 1995: The early Amazons: modern and ancient perspectives on a persistent myth. Leiden, New York, Köln.

Blundell, S., 1995: Women in ancient Greece. Cambridge, Mass.

Borowski, S., 2016: Quintus Smyrnaeus. Dichter in de homerische traditie. In: Lampas 49.2, 98–109.

von Bothmer, D., 1957: Amazons in Greek Art. Oxford.

Bowra, C.M., [1952] 1966: Heroic Poetry. New York.

Boyd, B.W., 1992: Virgil's Camilla and the traditions of catalogue and ecphrasis (Aeneid 7. 803–817). American Journal of Philology 113.2, 213–234.

Boyten, B., 2010: Epic Journeys: Studies in the Reception of the Hero and Heroism in Quintus Smyrnaeus' *Posthomerica*. Diss. London. http://discovery.ucl.ac.uk/1310146/1/1310146.pdf (Abrufdatum: 19.04.2021).

Braun, L., 2010: Über den Wandel epischer Bauformen im lateinischen Epos der Neuzeit. Hyperboreus 16–17, 479–492.

Braund, D., 1996: Ruling Roman Britain. Kings, Queens, Governors and Emperors from Julius Caesar to Agricola. London, New York.

Braund, S.M., 1996: Ending Epic: Statius, Theseus and a merciful release. In: Proceedings of the Cambridge Philological Society 42, 1–23.

Bremer, J.M., 2000: The Amazons in the Imagination of the Greeks. In: Acta antiqua Academiae Scientiarum Hungaricae 40, 51–59.

Brill, A., 1972: Die Gestalt der Camilla bei Vergil. Heidelberg.

Buckley, E., 2010: War-epic for a new era: Valerius Flaccus' *Argonautica*. In: Kramer, N., Reitz, C. (Hg.): Tradition und Erneuerung: Mediale Strategien in der Zeit der Flavier. Berlin, New York, 431–455.

Butler, J., 1991: Das Unbehagen der Geschlechter. Frankfurt am Main.

Campbell, M., 1981: A Commentary on Quintus Smyrnaeus Posthomerica XII. Leiden.

Campbell, M., 1983: Index verborum in Apollonium Rhodium. Hildesheim u.a.

Connell, R., Pearse, R., 2015: Gender. In World Perspective. 3. Aufl. Cambridge.

Conte, G.B., 1994: Latin Literature. A History. Baltimore.

Conte, G.B., 2011: P. Vergilius Maro: Aeneis. Recensuit atque apparatu critico instruxit Gian Biagio Conte. Berlin, New York.

Courtney, E., 1970: C. Valeri Flacci Argonauticon: libri octo. Recensuit Edward Courtney. Leipzig.

D'Alessandro Behr, F., 2018: Arms and the Woman. Classical Tradition and Women Writers in the Venetian Renaissance. Columbus, OH.

DeForest, M.M., 1994: Apollonius' *Argonautica*. A Callimachean Epic. Leiden.

Delz, I., 1987: Sili Italici Punica edidit Iosephus Delz. Stuttgart.

Dewar, M., [1996] 2015: Claudian: Panegyricus de Sexto Consulatu Honorii Augusti. Oxford. DOI: 10.1093/actrade/9780198149644.book.1 (Abrufdatum: 19.04.2021).

Dillon, J., 1995: The Equality of the Sexes – Variations on a rhetorical theme in the fourth century AD. In: Hermathena 158, 27–35.

DNP = Der Neue Pauly. Enzyklopädie der Antike. Hg. von Hubert Cancik und Helmuth Schneider. Stuttgart, Weimar 1996–2003.

Dominik, W.J., 2010: The reception of Silius Italicus in modern scholarship. In: Augoustakis (Hg.) 2010, 425–447.

Dominik, W.J. u.a. (Hg.), 2015: Brill's Companion to Statius. Leiden, Boston.

Dowden, K., 1997: The Amazons: development and functions. In: Rheinisches Museum für Philologie. Neue Folge 140.2, 97–128.

Dräger, P., 2001: Die Argonautika des Apollonios Rhodios. Das zweite Zorn-Epos der griechischen Literatur. München, Leipzig.

DuBois, P., [1982] 1991: Centaurs and Amazons. Women and the Pre-History of the Great Chain of Being. Ann Arbor.

Duckworth, G.E., 1936: Foreshadowing and Suspense in the Posthomerica of Quintus of Smyrna. In: American Journal of Philology 57.1, 58–86.

Duerst-Lahti, D., Kelly, R.M., 1995: On Governance, Leadership, and Gender. In: Duerst-Lahti, Kelly (Hg.) 1995, 11–37.

Duerst-Lahti, D., Kelly, R.M. (Hg.), 1995: Gender Power, Leadership, and Governance. Ann Arbor.

Egan, R.B., 1983: Arms and Etymology in 'Aeneid' 11. In: Vergilius 29, 19–26.

Ehlers, W.-W., 1980: Gai Valeri Flacci Setini Balbi Argonauticon libros octo. Recensuit Widu-Wolfgang Ehlers. Stuttgart.

van Emde Boas, E., de Temmerman, K. (Hg.), 2018: Characterization in Ancient Greek Literature. Leiden.

Feeney, D., 1991: The Gods in Epic. Poets and Critics of the Classical Tradition. Oxford.

Feichtinger, B., 2002: Gender Studies in den Altertumswissenschaften: Rückblicke, Überblicke, Ausblicke. In: Feichtinger, B., Wöhrle, G. (Hg.): Gender Studies in den Altertumswissenschaften – Möglichkeiten und Grenzen. Trier, 11–23.

Foley, H.P., 2005: Women in Ancient Epic. In: Foley (Hg.) 2005, 105–118.

Foley, J.M. (Hg.), 2005: A Companion to Ancient Epic. New York.

Fornasier, J., 2007: Amazonen. Frauen, Kämpferinnen und Städtegründerinnen. Darmstadt.

Fowler, D., 1987: Vergil on killing virgins. In: Whitby, J. u. a. (Hg.): Homo viator: classical essays for John Bramble. Bristol, 185–198.

Foxhall, L., 2013: Studying Gender in Classical Antiquity. Cambridge u. a.

Fränkel, H., 1968: Noten zu den Argonautika des Apollonios. München.

Fratantuono, L., 2007: Madness Unchained. A reading of Virgil's *Aeneid*. Lanham, Md.

Fratantuono, L., 2009: A Commentary on Virgil, *Aeneid* XI. Brüssel.

Fucecchi, M., 2006: Una guerra in Colchide. Valerio Flacco, *Argonautiche* 6, 1–426. Introduzione, traduzione e commento a cura di Marco Fucecchi. Pisa.

Fucecchi, M., 2007: Camilla e Ippolita, ovvero un paradosso e il suo rovescio. In: CentoPagine I, 8–15, http://hdl.handle.net/10077/2795 (Abrufdatum: 19.04.2021).

Fucecchi, M., 2019: Teichoscopies in classical and late antique epic. In: Reitz, Finkmann (Hg.) 2019, Vol. II, 207–244.

Fuhrmann, M., 1968: Die Funktion grausiger und ekelhafter Motive in der lateinischen Dichtung. In: Jauss, H.R. (Hg.): Die nicht mehr schönen Künste: Grenzphänomene des Ästhetischen. Poetik und Hermeneutik III. München, 23–66.

Ganiban, R.T., 2007: Statius and Virgil. The Thebaid and the reinterpreation of the Aeneid. Cambridge.

Gärtner, Th., 2010: Rezension zu Bär 2009: Quintus Smyrnaeus, Posthomerica 1: Die Wiedergeburt des Epos aus dem Geiste der Amazonomachie. Mit einem Kommentar zu den Versen 1–219. Hypomnemata Bd. 183. In: Bryn Mawr Classical Review http://bmcr.brynmawr.edu/2010/2010-07-27.html (Abrufdatum: 19.04.2021).

Gärtner, U., 2005: Quintus Smyrnaeus und die Aeneis: zur Nachwirkung Vergils in der griechischen Literatur der Kaiserzeit. München.

Gärtner, U., 2007: Zur Rolle der Personifikationen des Schicksals in den *Posthomerica* des Quintus Smyrnaeus. In: Baumbach u. a. (Hg.) 2007, 211–240.

Gärtner, U., 2010: Quintus Smyrnaeus. Der Untergang Trojas. Griechisch und Deutsch. Darmstadt.

Georgii, H., 1969: Tiberi Claudi Donati ad Tiberium Claudium Maximum Donatianum filium suum interpretationes Vergilianae. 2 Bände. Stuttgart.

Glei, R., 2008: Outlines of Apollonian Scholarschip 1955–1999. In: Papanghelis, Th.D., Rengakos, A. (Hg.): Brill's Companion to Apollonius Rhodius. Second, revised edition. Leiden, Boston, 1–28.

Goldberg, M.Y., 1998: The Amazon Myth and Gender Studies. In: Hartswick, K.J., Sturgeon, M.C. (Hg.): ΣΤΈΦΑΝΟΣ. Studies in Honor of Brunilde Sismondo Ridgway. Philadelphia, 89–100.

Goldhill, S., 1991: The Poet's Voice. Essays in Poetics and Greek Literature. Cambridge.

Graf, F., 1984: Women, War, and Warlike Divinities. In: Zeitschrift für Papyrologie und Epigraphik 55, 245–254.

Gransden, K.W., 1991: Virgil, Aeneid: Book XI. Cambridge, New York, Melbourne.

Green, P., 1997: The Argonautika by Apollonios Rhodios. Translated, with introduction, commentary and glossary. Berkeley, Los Angeles, London.

Greiner, B., 2010: Penthesilea. In: Brill's New Pauly Supplements I – Volume 4: The Reception of Myth and Mythology. http://dx.doi.org/10.1163/2214-8647_bnps4_e913180 (Abrufdatum: 19.04.2021).

Griffin, J., 1980: Homer on life and death. Oxford.

Hainsworth, J.B., 1991: The Idea of Epic. Berkeley, Los Angeles, Oxford.

Hall, E., 1989: Inventing the Barbarian. Greek Self-Definition through Tragedy. Oxford.

Hall, J.B. (Hg.), 2007: P. Papinius Statius. *Thebaid* and *Achilleid*. Vol. I. Newcastle.

Hardwick, L., 1990: Ancient Amazons – Heroes, Outsiders or Women? In: Greece & Rome 37, 14–36.

Harlow, M. (Hg.), 2012: Dress and Identity. Oxford.

Hatto, A.T., 1991: Eine allgemeine Theorie der Heldenepik. Opladen.

Heerink, M., 2013: Silius versus Valerius. Orpheus in the Punica and the Argonautica. In: Manuwald, Voigt (Hg.) 2013, 267–277.

Heerink, M., 2015: Echoing Hylas: a study in Hellenistic and Roman metapoetics. Madison, Wis., London.

Heerink, M., 2016: Virgil, Lucan and the meaning of Civil War in Valerius Flaccus' *Argonautica*. In: Mnemosyne 69, 511–525.

Heerink, M., Manuwald, G., (Hg.), 2014: Brill's Companion to Valerius Flaccus. Leiden, Boston.

Heinze, R., [1903] 1957. Virgils epische Technik. Darmstadt.

Hershkowitz, D., 1998: Valerius Flaccus' *Argonautica*. Abbreviated Voyages in Silver Latin Epic. Oxford.

Heuzé, P., 1985: L'image du corps dans l'œuvre de Virgile. Rom.

Hinds, S., 2000: Essential Epic: Genre and gender from Macer to Statius. In: Depew, M.,

Obbink, D. (Hg.): Matrices of Genre: authors, canons and society. Cambridge, Mass., 221–244.

Hölscher, T., 2000: Feindwelten – Glückswelten: Perser, Kentauren und Amazonen. In: Hölscher (Hg.) 2000, 287–320.

Hölscher, T. (Hg.), 2000: Gegenwelten zu den Kulturen Griechenlands und Roms in der Antike. München, Leipzig.

Holmes, B., 2012: Gender. Antiquity and its Legacy. London, New York.

Hopkinson, N., 2018: Quintus Smyrnaeus. Posthomerica. Cambridge, Mass., London.

Horsfall, N., 1988: Camilla, o i limiti dell'invenzione. In: Athenaeum 66, 31–51.

Horsfall, N., 2000: Virgil, Aeneid 7: a commentary. Leiden, New York, Köln.

Horsfall, N., 2003: Virgil, Aeneid 11: a commentary. Leiden, New York, Köln.

Huld, M.E., 2002: Some Thoughts on Amazons. In: Journal for Indo-European Studies 30, 93–102.

Hunter, R.L., 1993: The *Argonautica* of Apollonius: literary studies. Cambridge.

Ivantschik, A., 2013: Amazonen, Skythen und Sauromaten: Alte und moderne Mythen. In: Schubert, Weiß (Hg.) 2013, 73–87.

Jacobs, F., [1793] 1972: Ioannis Tzetzae Antehomerica, Homerica et Posthomerica e codicibus edidit et commentario instruxit Fridericus Iacobs. Neudruck der Ausgabe 1793. Osnabrück.

James, A., 2004: The Trojan Epic: Posthomerica. Baltimore, London.

James, A., 2007: Quintus of Smyrna and Virgil – A Matter of Prejudice. In: Baumbach u. a. (Hg.) 2007, 145–157.

James, A., Lee, K., 2000: A Commentary on Quintus of Smyrna Posthomerica v. Leiden, Boston, Köln.

Jens, W. (Hg.), 1971: Die Bauformen der griechischen Tragödie. München.

de Jong, I.J.F., [1987] 2004: Narrators and Focalizers. The presentation of the story in the *Iliad*. London.

de Jong, I.J.F., 2012: Homer. Iliad. Book XXII. Cambridge.

Juhnke, H., 1972: Homerisches in römischer Epik flavischer Zeit. Untersuchungen zu Szenennachbildungen und Strukturentsprechungen in Statius' Thebais und Achilleis und in Silius' Punica. München.

Kakridis, P.J., 1964: Frauen im Kampf. Pap. Osl. 1413 – Verg. Aen. 11, 891–895 – Quint. Smyrn. Posthomer. 1, 403–476. In: Wiener Studien 77, 5–14.

Keith, A.M., 2000: Engendering Rome: women in Latin epic. Cambridge.

Keith, A.M., 2010: Engendering orientalism in Silius' Punica. In: Augoustakis (Hg.) 2010, 355–373.

Keith, A.M., 2013: *Sexus muliebris* in Flavian Epic. In: Eugesta [Journal of Gender Studies in Antiquity] 3, 281–302. https://eugesta-revue.univ-lille3.fr/pdf/2013/AlisonKeith-3_2013.pdf (Abrufdatum: 19.04.2021).

Keith, A.M., 2016: Rezension zu Mayor 2014: The Amazons: Lives and Legends of Warrior Women across the Ancient World. In: American Journal of Philology 137.1, 174–177.

Keydell, R., 1954: Quintus Smyrnaeus und Vergil. In: Hermes 82.2, 254–256.

King, K.C., 1985: Achilles Amator. In: Viator 16, 21–64.

Kirk, G.S., 1985: The Iliad: A Commentary. Volume I: books 1–4. Cambridge.

Klein, T.M., 1983: Apollonius' Jason: Hero and Scoundrel. In: Quaderni Urbinati di Cultura Classica 13.1, 115–126.

Knauer, G.N., 1979: Die Aeneis und Homer. Studien zur poetischen Technik Vergils mit Listen der Homerzitate in der Aeneis. Göttingen.

Konstan, D., Raaflaub, K.A. (Hg.), 2010: Epic and History. Oxford.

Koopman, N., 2018: Ancient Greek Ekphrasis: Between Description and Narration. Five Linguistic and Narratological Case Studies. Leiden, Boston.

Krischer, T., 1971: Formale Konventionen der homerischen Epik. München.

Kühlmann, W., 1973: Katalog und Erzählung. Studien zu Konstanz und Wandel einer literarischen Form in der antiken Epik. Freiburg im Breisgau.

Kühner, R., Blass, F., [1890/1892], 2015: Ausführliche Grammatik der Griechischen Sprache. Erster Teil: Elementar- und Formenlehre. Darmstadt.

Kühner, R., Stegmann, C., [1912], 1962: Ausführliche Grammatik der Lateinischen Sprache. Satzlehre Teil 1 und 2. Darmstadt.

Kullmann, W., 1960: Die Quellen der Ilias. Wiesbaden.

Küppers, J., 1986: Tantarum causas irarum. Untersuchungen zur einleitenden Bücherdyade der Punica des Silius Italicus. Berlin, New York.

Lamberton, R., 2005: Ancient Reception. In: Foley (Hg.) 2005, 164–173.

Lämmert, E., 1955: Bauformen des Erzählens. Stuttgart.

Latacz, J., 1977: Kampfparänese, Kampfdarstellung und Kampfwirklichkeit in der Ilias, bei Kallinos und Tyrtaios. München.

Lawall, G., 1966: Apollonius' Argonautica: Jason as anti-hero. In: Yale Classical Studies 19, 119–169.

Lebedynsky, I., 2009: Les Amazones. Mythe et réalité des femmes guerrière chez les anciens nomades de la steppe. Paris.

Leduc, G. (Hg.), 2008: Réalité et Représentations des Amazones. Paris.

Lee, M.M., 2015: Body, Dress, and Identity in Ancient Greece. Cambridge.

Lefkowitz, M.R., 1986: Rezension zu Tyrrell 1984: Amazons. A Study in Athenian Mythmaking. In: Classical Philology 81.1, 82–84.

LIMC = Lexicon iconographicum mythologiae classicae. Zürich, München 1981–1999.

Lindblom, A., 1999: The Amazons. Representatives of Male or Female Violence? In: Arctos 33, 67–91.

Loman, P., 2004: No Woman No War: Women's Participation in Ancient Greek Warfare. In: Greece & Rome 51, 34–54.

Loraux, N., 1989: Les expériences de Tirésias. Le féminin et l'homme grec. Paris.

Lovatt, H., 2005: Statius and Epic Games. Sport, Politics and Poetics in the *Thebaid*. Cambridge.

Lovatt, H., 2010: Interplay: Silius and Statius in the Games of *Punica* 16. In: Augoustakis (Hg.) 2010, 155–176.

Lovatt, H., 2013: The Epic Gaze. Vision, Gender and Narrative in Ancient Epic. Cambridge.

Maciver, C.A., 2012: Quintus Smyrnaeus' Posthomerica: Engaging Homer in late antiquity. Leiden, Boston.

Manuwald, G., Voigt, A. (Hg.), 2013: Flavian epic interactions. Berlin, Boston.

Marks, R.D., 2008: Getting Ahead: Decapitation as Political Metaphor in Silius Italicus' Punica. In: Mnemosyne 61, 66–88.

Marks, R.D., 2010: The Song and the Sword: Silius's Punica and the Crisis of Early Imperial Epic. In: Konstan, Raaflaub (Hg.) 2010, 185–211.

Martin, R.P., 2005: Epic as Genre. In: Foley (Hg.) 2005, 9–19.

Mayor, A., 2014: The Amazons: lives and legends of warrior women across the ancient world. Princeton, Oxford.

McManus, B.F., 1997: Classics and Feminism: Gendering the Classics. New York.

van der Meije, S.R., 1987: Achilles' god-given strength. Iliad A 178 and Gifts from the Gods in Homer. In: Mnemosyne 40, 241–267.

Miniconi, P.-J., 1951: Étude des thèmes «guerriers» de la poésie épique gréco-romaine, suivie d'un Index. Paris.

Morello, R., 2008: *Segregem eam efficit*. Vergil's Camilla and the Scholiasts. In: Casali, S., Stok, F. (Hg.): Servio: stratificazioni esegetiche e modelli culturali. Brüssel, 38–57.

Murgatroyd, P., 2009: A Commentary on Book 4 of Valerius Flaccus' *Argonautica*. Leiden, Boston.

Nelis, D.P., 2005: Apollonius of Rhodes. In: Foley (Hg.) 2005, 353–363.

Nethercut, J., 2019: History and myth in Graeco-Roman epic. In: Reitz, Finkmann (Hg.) 2019, Vol. II, 193–212.

Newlands, C.E. u.a., 2015: Reading Statius. In: Dominik u.a. (Hg.) 2015, 3–27.

Nünning, V., Nünning A. (Hg.), 2004: Erzähltextanalyse und Gender Studies. Stuttgart, Weimar.

Otis, B., 1963: Virgil: a study in civilized poetry. Oxford.

Penrose, W.D., 2016: Postcolonial Amazons. Female Masculinity and Courage in Ancient Greek and Sanskrit Literature. Oxford.

Penwill, J., 2013: Imperial encomia in Flavian epic. In: Manuwald, Voigt (Hg.) 2013, 29–54.

Perrin, B., 1914: Plutarch Lives. With an English Translation by Bernadotte Perrin. Cambridge, Mass., London.

Phillips, A.A., Willcock M.M., 1999: Xenophon and Arrian on hunting. Warminster.

Pigoń, J., 2014: Camilla and Asbyte: Two Female Warriors in Roman Epic. In: Iodice, M.G., Zagórski, M. (Hg.): Carminis Personae – Character in Roman Poetry. Frankfurt am Main u. a., 29–46.

Pollmann, K.F.L., 2004: Statius Thebaid 12. Introduction, Text, and Commentary. Paderborn u. a.

Pownall, F., o. J.: Hellanikos of Lesbos (4). In: Brill's New Jacoby. Edited by Ian Worthington u. a. http://dx.doi.org/10.1163/1873-5363_bnj_a4 (Abrufdatum: 26.04.2021).

Preußer, H.-P., 2010: Der Mythos der Amazonen. Eine männliche Konstruktion und ihre feministischen Fehldeutungen. In: Franke-Penski, U., Preußer, H.-P. (Hg.): Amazonen – Kriegerische Frauen. Würzburg, 35–48.

Putnam, M.C.J., 1998: Virgil's Epic Designs. Ekphrasis in the *Aeneid*. New Haven, London.

Pyy, E., 2010: *Decus Italiae virgo*. Virgil's Camilla and the Formation of *Romanitas*. In: Arctos 44, 181–203.

Pyy, E., 2021: Women and War in Roman Epic. Leiden.

Raabe, H., 1974: *Plurima mortis imago*. Vergleichende Interpretation zur Bildersprache Vergils. München.

Raaflaub, K.A., 2005: Epic and History. In: Foley (Hg.) 2005, 55–70.

Reece, S., 2005: Homer's Iliad and Odyssey: from oral performance to written text. In: Amodio, M.C. (Hg.): New Directions in oral theory. Medieval and Renaissance Texts and Studies 287. Tempe, Ariz., 43–91.

Reed, J.D., 2007: Virgil's Gaze. Nation and poetry in the *Aeneid*. Princeton, Oxford.

Reinhold, M., 1970: History of Purple as a Status Symbol in Antiquity. Brüssel.

Reitz, C., Finkmann, S., 2019a: Introduction. In: Reitz, Finkmann (Hg.) 2019, Vol. I, 1–24.

Reitz, C., Finkmann, S., 2019b: Battle scenes in ancient epic – a short introduction. In: Reitz, Finkmann (Hg.) 2019, Vol. II, 3–12.

Reitz, C., Finkmann, S. (Hg.), 2019: Structures of Epic Poetry. Vol. I–III. Berlin, Boston.

Ripoll, F., 2015: Statius and Silius Italicus. In: Dominik u. a. (Hg.) 2015, 425–443.

Rosenmeyer, T.G., 1960: Virgil and Heroism. *Aeneid* XI. In: The Classical Journal 55.4, 159–164.

Rostovtzeff, M., 1943: The Parthian Shot. In: American Journal of Archaeology 47.2, 174–187.

Saylor, C.F., 1974: The Magnificent Fifteen: Vergil's Catalogues of the Latin and Etruscan Forces. In: Classical Philology 69.4, 249–257.

Schadewaldt, W., 1975: Homer: Ilias. Neue Übertragung von Wolfgang Schadewaldt. Frankfurt am Main.

Scheibelreiter, G., 2006: Höfisches Geschichtsverständnis. Neuf Preux und Neuf Preuses als Sinnbilder adeliger Weltsicht. In: Mitteilungen des Instituts für Österreichische Geschichtsforschung 114.1, 251–288.

Schenk, P., 1984: Die Gestalt des Turnus in Vergils Aeneis. Königstein im Taunus.

Schenk, P., 1999: Studien zur poetischen Kunst des Valerius Flaccus. Beobachtungen zur Ausgestaltung des Kriegsthemas in den Argonautica. München.

Schmidt, E.G., 1999: Quintus Smyrnaeus – der schlechteste Dichter des Altertums? In: Phasis 1, 139–150.

Schneider, L., Seifert, M., 2010: Sphinx. Amazone. Mänade. Bedrohliche Frauenbilder im antiken Mythos. Stuttgart.

Schönberger, O., 1966: Camilla. In: Antike und Abendland 12.2, 180–188.

Schössler, F., 2008: Einführung in die Gender Studies. Berlin.

Schröter, R., 1950: Die Aristie als Grundform homerischer Dichtung und der Freiermord in der Odyssee. Marburg.

Schubert, C., Weiß, A. (Hg.), 2013: Amazonen zwischen Griechen und Skythen. Gegenbilder in Mythos und Geschichte. Berlin, Boston.

Schweizer, H.J., 1967: Vergil und Italien: Interpretationen zu den italischen Gestalten der Aeneis. Aarau.

Scott, J.W., 1986: Gender: A Useful Category of Historical Analysis. In: The American Historical Review 91.5, 1053–1075.

Scott, J.W., 2010: Gender: Still a Useful Category of Analysis? In: Diogenes 57.1, 7–14.

Sharrock, A., 2015: Warrior Women in Roman Epic. In: Fabre-Serris, J., Keith, A. (Hg.): Women and war in antiquity. Baltimore, 157–178.

Small, S.G.P., 1959: Virgil, Dante and Camilla. In: The Classical Journal 54.7, 295–301.

Spaltenstein, F., 1986: Commentaire des Punica de Silius Italicus (livres 1 à 8). Genf.

Spaltenstein, F., 2004: Commentaire des *Argonautica* de Valérius Flaccus (livres 3, 4 et 5). Brüssel.

Spaltenstein, F., 2005: Commentaire des *Argonautica* de Valérius Flaccus (livres 6, 7 et 8). Brüssel.

Stewart, A., 1995: Imag(in)ing the Other: Amazons and Ethnicity in Fifth-Century Athens. In: Poetics Today 16.4, 571–597.

Stocks, C., 2014: The Roman Hannibal. Remembering the Enemy in Silius Italicus' *Punica*. Liverpool.

Stocks, C., 2019: Simply the best? Epic *aristeiai*. In: Reitz, Finkmann (Hg.) 2019, Vol. II, 39–75.

Stoevesandt, M., 2004: Feinde – Gegner – Opfer. Zur Darstellung der Troianer in den Kampfszenen der Ilias. Basel.

Stover, T., 2012: Epic and Empire in Vespasianic Rome. A New Reading of Valerius Flaccus' *Argonautica*. Oxford, New York.

Suerbaum, W., 2010: Rezension zu Fratantuono 2009: A commentary on Virgil, Aeneid XI. In: Gnomon 82.4, 313–321.

Suzuki, M., 1989: Metamorphoses of Helen. Authority, Difference, and the Epic. Ithaca, N.Y., London.

Taube, C., 2013: Literarische Amazonenbilder der Antike. In: Schubert, Weiß (Hg.) 2013, 38–55.

Testart, A., 2002: Les Amazones, entre mythe et réalité. In: L'Homme 163, 185–194.

Thilo, G., Hagen, H., 1961: Servii Grammatici qui feruntur in Vergilii Carmina Commentarii. 3 Bände. Unveränderter photomechanischer Nachdruck der Ausgabe Leipzig 1881–1902. Hildesheim.

Toepffer, J., 1894: Amazones. In: Wissowa, G. (Hg.): Paulys Realencyclopädie der classischen Altertumswissenschaften, Band I.2. Stuttgart, Spalten 1754–1771.

Trollope, W., 1827: Ὁμήρου Ἰλιάς The Iliad of Homer. Chiefly from the text of Heyne. With Copious English Notes. Vol. I. London.

Tsomis, G.P., 2018a: Quintus Smyrnaeus. Kommentar zum siebten Buch der Posthomerica. Stuttgart.

Tsomis, G.P., 2018b: Quintus Smyrnaeus: Originalität und Rezeption im zehnten Buch der Posthomerica. Ein Kommentar. Trier.

Tyrrell, W.B., 1984: Amazons. A Study in Athenian Mythmaking. Baltimore, London.

Uccellini, R., 2006: Soggetti eccentrici: Asbyte in Silio Italico. In: Giornale italiano di filologia: rivista trimestrale di cultura 57, 229–253.

Ulf, C., 2003: Was ist und was will ,Heldenepik': Bewahrung der Vergangenheit oder Orientierung für Gegenwart und Zukunft? In: Ulf, C. (Hg.): Der neue Streit um Troia. Eine Bilanz. München, 262–284.

Ulf, C., Rollinger, R. (Hg.), 2002: Geschlechter – Frauen – Fremde Ethnien. In antiker Ethnographie, Theorie und Realität. Innsbruck u.a.

van der Valk, M., 1971: Eustathii Archiepiscopi Thessalonicensis Commentarii ad Homeri Iliadem pertinentes ad fidem codicis Laurentiani editi. Vol. I. Leiden.

Vernant, J.P., 1991: A "Beautiful Death" and the Disfigured Corpse in Homeric Epic. In: Vernant, J.P.: Mortals and Immortals. Collected Essays. Edited by Froma I. Zeitlin. Princeton, 50–74.

Vian, F., 1959: Recherches sur les Posthomerica de Quintus de Smyrne. Paris.

Vian, F., 1963: Quintus de Smyrne. La Suite d'Homère. Tome 1, Livres I–IV. Texte établi et traduit par Francis Vian. Paris.

Vian, F., 1966: Quintus de Smyrne. La Suite d'Homère. Tome 2, Livres V–IX. Texte établi et traduit par Francis Vian. Paris.

Vian, F., 1969: Quintus de Smyrne. La Suite d'Homère. Tome 3, Livres X–XIV. Texte établi et traduit par Francis Vian. Paris.

Vian, F., 1974: Apollonios de Rhodes. Argonautiques. T. 1, Chants I–II / texte établi et commenté par Francis Vian; traduit par Émile Delage et Francis Vian. Paris.

Viparelli, V., 2008: Camilla: A Queen Undefeated, Even In Death. In: Vergilius 54, 9–23.

Vlassopoulos, K., 2013: Greeks and Barbarians. Cambridge.

Wagner-Hasel, B., 1986: Männerfeindliche Jungfrauen? Ein kritischer Blick auf Amazonen in Mythos und Geschichte. In: Feministische Studien 5.1, 86–105.

van Wees, H., 1992: Status Warriors. War, Violence and Society in Homer and History. Amsterdam.

West, G.S., 1985: Chloreus and Camilla. In: Vergilius 31, 22–29.

West, M.L., 2000: Homeri Ilias. Recensuit / Testimonia congessit Martin L. West. Volumen alterum Rhapsodiae XIII–XXIV. Stuttgart, Leipzig.

West, M.L., 2013: The Epic Cycle. A Commentary on the Lost Troy Epics. Oxford.

Wierlacher, A. (Hg.), 1993: Kulturthema Fremdheit. Leitbegriffe und Problemfelder kulturwissenschaftlicher Fremdheitsforschung. München.

Wijsman, H.J.W., 1996: Valerius Flaccus, *Argonautica*, Book V. A Commentary. Leiden, Boston.

Wijsman, H.J.W., 2000a: Valerius Flaccus, *Argonautica*, Book VI. A Commentary. Leiden, Boston.

Wijsman, H.J.W., 2000b: Gesander alter Mezentius (Valerius Flaccus 6.279–385). In: Mnemosyne 53.1, 58–70.

Wilhelm, M., 1987: Venus, Diana, Dido and Camilla in the *Aeneid*. In: Vergilius 33, 43–48.

Williams, M.F., 1991: Landscape in the *Argonautica* of Apollonius Rhodius. Hildesheim u.a.

Williams, R.D., 1960: The Pictures on Dido's Temple (Aeneid I. 450–493). In: The Classical Quarterly 10.2, 145–151.

Williams, R.D., 1961: The Function and Structure of Virgil's Catalogue in Aeneid 7. In: The Classical Quarterly 11.2, 146–153.

Wilson, M., 2004: Ovidian Silius. In: Arethusa 37.2, 225–249.

Zeitlin, F.I., 1996: Playing the Other: Gender and Society in Classical Greek Literature. Chicago, Ill.

Zissos, A., 2008: Valerius Flaccus' *Argonautica* Book 1. Edited with introduction, translation and commentary. Oxford.

# Stellenverzeichnis